Redescobrindo os fundamentos básicos do cristianismo

Márcio José Pinheiro

Redescobrindo os fundamentos básicos do cristianismo

Revisão: André Braga Soares

Impresso no Brasil

Belo Horizonte/MG

Copyright © 2018 Márcio José Pinheiro

Todos os direitos reservados.

ISBN: 978-85-923067-6-2

DEDICATÓRIA

Dedico este livro aos fiéis irmãos em Cristo e amigos, André Braga Soares e à sua digníssima esposa, Marina Sousa Braz Braga Soares. Este casal são grandes estudiosos da Palavra de Deus, instrumentos do Deus Eterno, que contribuíram muitíssimo com a dedicação de tempo, sabedoria e conhecimento na Palavra, sem as quais, esta obra não seria realizada.

Nossa geração perdeu o entusiasmo pela defesa da verdade. Mais assustador do que a pregação herética dos falsos profetas, é o silêncio dos profetas de Deus (Hernandes Dias Lopes).

Sumário

Palavras do autor 10
O que é fundamento? 14
Os fundamentos cristãos é a base do conhecimento espiritual 17
O verdadeiro cristão 20
A inspiração das Escrituras 26
O cânon das Escrituras 34
   A questão dos apócrifos da Bíblia 38
   O cânon do Novo Testamento 44
A inerrância das Escrituras 51
A existência de Deus 63
   Crendo nas evidências através da criação 70
   Crendo nas evidências das Escrituras 73
   Provas tradicionais da existência de Deus 76
   Crendo nas evidências do próprio Cristo 77
   Quanto se pode conhecer de Deus? 83
O Espírito Santo 87
   O que é o Espírito Santo? 87
   A obra do Espírito Santo 95
   O Espirito Santo glorifica a Cristo 97
   O Espírito Santo nos leva a Jesus Cristo 98
   O Espírito Santo dá vida e poder 99
   O Espírito concede dons espirituais 100

- O Espírito Santo purifica 101
- Ele concede o fruto do Espírito 102
- O Espírito Santo dá evidências da presença de Deus 102
- O Espírito Santo guia e dirige o povo de Deus 104
- O Espírito Santo ensina e ilumina 105
- O Espírito Santo unifica 106
- Reproduz o caráter de Cristo e nos leva ao serviço 106
- Alguns símbolos que descrevem o Espirito Santo 107

A pessoa de Cristo 111
- Jesus experimentou uma sucessão de emoções humanas 117
- Tentado como nós, porém sem pecado 118
- Por que Cristo se tornou homem? 122
- A divindade de Cristo 126
- Sinais de que Jesus possuí atributos divinos 129
- As declarações de Cristo 132

Propiciação 137
- Propiciação ou expiação – O que usar? 139
- O dia da expiação e o sangue de Jesus 140
- Por que há a necessidade da expiação? 143
- A necessidade de Cristo fazer a propiciação por nossos pecados 146
- A ira e a justiça divina 148
- A dor de suportar a ira de Deus 153
- Termos que descrevem diferentes aspectos da expiação 156
- A soberania de Deus quanto a nossa salvação 158
- Somos declarados justos pela fé ou pelas as obras? 162

- A questão do pecado 166
  - A origem do pecado 167
  - O pecado original e o primeiro Adão 170
  - Possuímos uma natureza pecaminosa por causa de Adão 174
  - Podemos minimizar a nossa responsabilidade? 177
  - Existe graus de pecado? 179
- A importância da ressureição 182
  - A ressurreição de Jesus 183
  - Como explicar a ressurreição, existe provas e qual é seu sentido para um cristão? 188
  - 29 motivos que tenho para crer que Jesus ressuscitou ... 195
- Principais movimentos heréticos 201
  - Ebionismo 202
  - Gnosticismo 204
  - Docetismo 210
  - Marcionismo 211
  - Montanismo 214
  - Monarquianismo 217
  - Arianismo 219
  - Adocionismo 223
  - Apolinarianismo 226
  - A heresia pelagiana 227
  - Eutiquianismo 231
  - Nestorianismo 233
- Dizimo 237

Definição e origem 238

O dízimo na visão das Escrituras 239

Por que é importante dar o dízimo? 244

Batismo 248

O que antecede o batismo 250

O significado espiritual do batismo? 253

Os tipos de batismo 255

Quem pode ser batizado? 257

Batismo infantil – O ponto de vista católico 259

Batismo infantil – O ponto de vista protestante ... 261

Jejum 263

Tipos de jejum 268

Por que devemos jejuar? 271

Oração 278

Tipos de oração 280

Qual deve ser nossa motivação para orar? 284

Possessão demoníaca 287

O que a Bíblia diz a respeito de possessão demoníaca? . 292

Atividades demoníacas na Bíblia 295

Jesus nos deu autoridade para repreender demônios ... 301

Um cristão pode ser influenciado por demônios? 304

Como podemos identificar influências demoníacas? 307

Os milagres bíblicos 314

A Bíblia registra vários tipos de milagres 317

Qual é o propósito dos milagres? 320

Devemos buscar milagres hoje? 322

Os anjos na visão bíblica 326
A adoração aos anjos 328
O anjo do Senhor, quem é ele? 329
Os anjos têm asas? 331
Satanás e seus anjos segundo à Palavra de Deus 336
Os demônios estão ativos ainda hoje no mundo? 340
Um cristão pode ser possuído por demônios? 343
Novo céu e nova terra 348
Céu, inferno e purgatório 358
O inferno ou o hades 362
A doutrina do purgatório 366
A Bíblia não ensina a doutrina do purgatório 370
Considerações práticas sobre o juízo final 373
Predestinação, eleição e livre arbítrio 382
Fontes de consulta 405

Palavras do autor

Redescobrindo os fundamentos do cristianismo, nasceu inicialmente da vontade do Espírito Santo de Deus, em uma bela manhã de uma quinta-feira do mês de Junho/2018, quando conversava com meu primo sobre os problemas encontrados nas igrejas nos dias de hoje. O assunto no momento, versava sobre as falsas profecias que rotineiramente são entregues seja em lares ou mesmo na própria igreja, a falta de vontade que muitos brasileiros, não procuram mais ler bons livros relacionados à Palavra de Deus – não excluindo aqui a própria Palavra de Deus – e especialmente apresentar bons testemunhos de uma nova vida em Cristo.

Nesse momento, criticava que os cristãos costumavam passar diversas horas de seu tempo livre frente ao WhatsApp ou mesmo Facebook e Instragam, porém não se dedicava uma hora desse tempo para ler, conhecer a Palavra de Deus e se relacionar com seu divino autor.

Temos consciência de que em nossas vidas existem coisas importantes bem como coisas necessárias em nossas vidas. A tecnologia é importante, pois tem auxiliado o ser humano a ter um melhor tipo de vida, trazendo conhecimento técnico, científico e mesmo sentido existencial. Entretanto, a tecnologia não pode suprir plenamente o ser humano, do ponto de vista espiritual as verdades reveladas por Deus nosso Criador.

É verdade que atualmente sabemos mais hoje do que se sabia em qualquer outra época de nossa história, contudo, o conhecimento que a humanidade vem acumulando é de grande valor, inclusive para nós cristãos, mesmo que algumas delas possam nos parecer supérfluas, mas a informação que traz a verdadeira suficiência em Deus à nossa alma e dá significado à vida, encontra-se ausente.

Por outro lado, as coisas necessárias: é tudo aquilo que se torna indispensável e nesta categoria incluímos o conhecimento dos relatos bíblicos, como o conhecimento, o entendimento correto da vida e obra de nosso Senhor Jesus Cristo. Nessa linha de pensamento, defendemos que nem tudo que é importante para o ser humano (conhecimento científico e tecnológico) é necessário para o mesmo, mas tudo que é necessário (conhecimento espiritual) é importante para o verdadeiro cristão.

Oséias 4.6 está escrito que o povo de Deus está sendo destruído por falta de conhecimento de sua Palavra. Nesse momento, desabafei com tristeza no coração, dizendo que os cristãos hoje necessitam redescobrir os fundamentos do verdadeiro cristianismo. Brincando, disse que este é um bom título para um livro, quando Deus imediatamente fala ao meu coração: "Escreva". Perturbei-me, não consegui almoçar direito, quando repentinamente, em minha mente pude visualizar a capa do livro, reforçando assim a ideia de escrever sobre o assunto. Nos três dias seguintes, acordava sempre depois das três horas da madrugada, pensando no livro.

Toda casa deve ser construída sobre uma base sólida, caso contrário, está sujeito a desabar. De forma analógica, todo cristão deve ter um fundamento firme baseado na verdadeira doutrina bíblica. A Bíblia, porém, é nosso alicerce, construída sobre uma rocha sólida que é o Senhor Jesus e a sua Palavra, conforme está escrito em 1 Co. 3.11. Além de recebermos Jesus como Salvador, é necessário ter o conhecimento das doutrinas que caracterizam nosso compromisso com Deus e apresentemos fruto do Espírito.

Redescobrindo os fundamentos do cristianismo não traz novos conceitos para uma vida cristã, mas os ensinamentos aqui apresentados, auxiliará seus leitores a valorizar mais o necessário ao invés do importante, buscando assim, mais as coisas de Deus do que as coisas do homem. Deus os abençoe em nome de Jesus Cristo.

"Pelo que deixando os rudimentos da doutrina de Cristo, deixemo-nos levar para o que é perfeito, não lançando de novo o fundamento de arrependimento de obras mortas e de fé em Deus, o ensino de batismos e da imposição de mãos, e sobre ressurreição de mortos e do

juízo eterno. Isso faremos, se Deus permitir" (Hb 6.1-2).

O que é fundamento?

Inicialmente é necessário entender o que é fundamento, por que ele é necessário e por que devemos estar fundamentados. Poderíamos simplesmente escrever que fundamento nada mais significa do que base, alicerce, no entanto, perderíamos outras definições da palavra. Segundo a Grande Enciclopédia Delta Larousse, fundamento significa: base, parte de uma acumulação natural que suporta o resto da massa, "alicerce, base de edifício, (fig) sustentáculo, elemento essencial sobre o qual se apoia todo o resto". Base sólida, certeza, realidade, motivo (1971, volume 7, pág. 2953).

Neste sentido, os fundamentos do cristianismo são a base sólida, o alicerce, o sustentáculo, a certeza, a realidade e o motivo em que suas doutrinas se apoiam. Por trás de toda doutrina cristã, há um conceito, um estudo em que se formou. Às vezes é invisível ou passa desapercebido aos olhos de alguns, mas independente de se ter conhecimento ou não a respeito, esses fundamentos existem, são consistentes e estão presentes. Assim é quando olhamos para uma casa, normalmente não seu alicerce não fica à vista, mas ele está lá e é a base para toda a edificação permanecer em pé.

O fundamento é necessário e não podemos edificar uma casa sem antes construir o alicerce. Caso o façamos, seremos como o construtor imprudente descrito por Jesus, que edifica uma casa sobre a areia que vindo a chuva e o vento, a faz desabar, conforme Mt 7.24 e seguintes. Os fundamentos do cristianismo ou da fé cristã, são necessários, pois são neles que apoiamos toda a nossa fé, por isso, devem estar estruturados sobre a rocha, para assim termos condições de defender as verdades nela contida.

Lembrando que esses fundamentos são absolutos e não pode ser relativado que com o passar do tempo, pode variar ou mesmo se adaptar a uma determinada situação. Em outras palavras, os fundamentos da fé cristã nunca poderá mudar, pois são absolutos e não necessitam ser adaptados. É certo que não podemos interpretar toda a Bíblia Sagrada literalmente, mas também é certo de que as verdades espirituais nela contida, não podem ser revogados, pois nunca se revoga algo absoluto.

Isto nos leva a perguntar por que devemos estar fundamentados? A resposta para esta questão é fácil de se responder, porque todo aquele que aceita a Jesus Cristo e pretende verdadeiramente ser discípulo dele, precisa ter no mínimo, um conhecimento claro e objetivo acerca das verdades fundamentais espirituais apresentadas do Reino de

Deus, da vida e obra de seu Senhor e Mestre com todas as suas implicações. Estas verdades devem estar impregnadas em nossas vidas, formando um terreno sólido fértil sobre o qual edificamos a nossa fé.

Sabiamente, Boice pergunta se cremos nesses ensinamentos; em resposta ele afirma de maneira decisiva:

> Cremos que a Bíblia é de fato a Palavra de Deus escrita de acordo com Seu próprio ensinamento e do Senhor Jesus Cristo? Hoje é popular duvidar disso, o que tem causado muita confusão na teologia e na Igreja cristã. Mas a dúvida não é nova. É a mais fundamental e original de todas as dúvidas. É encontrada nos lábios de Satanás nos capítulos iniciais da Bíblia: *Ora, a serpente era mais astuta que todas as alimarias do campo que o SENHOR Deus tinha feito. E esta disse à mulher: É assim que Deus disse: Não comereis de toda árvore do jardim?* Gênesis 3.1
>
> A questão é: podemos confiar em Deus? A Bíblia é verdadeiramente a Sua Palavra? Cremos nisso sem nenhuma reserva intelectual? Se questionamos a palavra de Deus e se temos reservas intelectuais quanto à sua autoridade, nunca nos interessaremos por um verdadeiro estudo bíblico, nem chegaremos à plenitude da sabedoria sobre Deus e nós mesmos que Ele deseja para nós. Por outro lado, se aceitamos essas verdades, desejamos estudar a Bíblia, e, consequentemente, cresceremos em conhecimento e devoção (BOICE, 2011, pág. 44,45).

Os fundamentos cristãos é a base do conhecimento espiritual

Temos dissertado sobre o que é fundamento, no entanto, vale a pena salientar que fundamento é antes de tudo, a base principal da qual todo cristão deve apoiar toda a sua convicção de ser. Esses fundamentos não são apenas assentimento intelectual a respeito das doutrinas, é o conhecimento intelectual e pessoal sobre as verdades que nos são apresentadas. É diferente de sabedoria ou do conhecimento puro e simples que é o saber ou aprendizado e entendimento sobre alguma coisa.

Sabedoria, segundo os dicionários, é a qualidade de uma pessoa sábia, com muitos conhecimentos, é erudição, mas antes de tudo, a verdadeira sabedoria é conhecer e compreender as revelações divinas que nos são apresentadas. A Bíblia nos apresenta no livro de Provérbios, no capítulo 8 sobre a sabedoria, e um dos meus versículos prediletos são: *"Porque melhor é a sabedoria do que os rubis e tudo o que se deseja nada se pode comparar com ela"* (v. 11) *"Quanto melhor é adquirir a sabedoria do que o outro! E quanto mais excelente, adquirir a prudência do que a prata!"* (v. 16).

Jesus durante seu ministério terreno, demonstra que o verdadeiro conhecimento vem de Deus que se revelou a nós através das Sagradas Escrituras, enfatizou que esse conhecimento começa pelo conhecimento da realidade espiritual. A isso, podemos acrescentar também, o conhecimento da vida e obra de Jesus, como Salvador da humanidade e único intercessor entre Deus e os homens, conforme 1 Jo 2.1.

Exposto isto, é necessário dizer que para grande parte dos cristãos, Deus é triuno, ou seja uma trindade formada por: pai (Deus), filho (Jesus) e o Espírito Santo, no entanto, não podemos dizer que Deus são três pessoas. Deus é uno em sua essência e trino quanto a sua manifestação. Toda a base da fé cristã está alicerçada no fato de Deus enviar o seu filho Jesus Cristo cabendo a ele, a responsabilidade de divulgar o verdadeiro entendimento da Palavra de Deus entre os homens, para ser o nosso salvador que na condição de Deus encarnado, morreu na cruz no Calvário para a remissão de nossos pecados. Jesus tornou-se nosso substituto ao morrer na cruz em nosso lugar, satisfazendo assim, todas as demandas da lei e ao mesmo tempo, satisfazendo todos os preceitos da justiça divina.

No entanto, Jesus não foi reconhecido pelos seus, como o messias que eles aguardavam e mesmo hoje, eles ainda o aguardam, porém, tanto a ressurreição como a ascensão de Jesus aos céus, mesmo nos dias atuais, uma prova convincente de que ele é o messias, o filho de Deus Unigênito que veio para nos tirar das garras do pecado. Essa é a base de nossa fé ensinado por Jesus, que é traduzida nas palavras de Mt 22.37-39, onde lemos que devemos amar a Deus sobre todas as coisas e amar ao próximo como a nós mesmo

Infelizmente, os cristãos da geração atual, por não estarem bem fundamentados no conhecimento e por não se tornaram praticantes da Palavra de Deus, não progrediram no conhecimento de Deus e por este motivo, alguns são facilmente manipulados com qualquer vento de doutrina. Cada cristão deve-se firmar na Palavra de Deus, ser capaz de compreender, praticar, ensinar e defender os fundamentos que nos aproximam de Cristo. É triste dizer, mas esta geração além de ser conhecida como a geração dos shopping centers, WhatsApp, Facebook também é conhecida como geração analfabeta da Bíblia.

O verdadeiro cristão

As pessoas normalmente se dizem ser cristãos, pelos simples fato de acreditar que Jesus é um fato histórico indiscutível e creem nele. Mas, de modo algum podemos chamá-los de cristãos, para isso, é necessário que esses atendam a alguns requisitos básicos para serem considerados realmente cristãos. Não basta crer em Cristo para ser cristão, pois até mesmo os católicos, espíritas são considerados cristãos nesta linha de pensamento, e muitos deles são grandes conhecedores da vida de Cristo, às vezes tem um conhecimento maior e melhor do que os próprios evangélicos. Para realmente sermos considerados verdadeiros cristãos, precisamos ter uma base bem sólida em quatro pilares essenciais.

O primeiro pilar é que devemos aceitar Jesus Cristo como nosso único e suficiente salvador e mediador entre Deus e os homens. Não existe outro além dele. Se verdadeiramente crermos em Jesus Cristo como nosso único e suficiente salvador e mediador entre Deus e os homens, então nada mais que natural, entregarmos a nossa vida a ele. Este é um pilar inegociável, pois temos conhecimento de pessoas que frequentam igrejas regularmente, mas não aceita Jesus Cristo como seu Salvador. João 3.16 está escrito: *"Porque Deus amou o mundo de tal maneira que deu o seu Filho unigênito, para que todo o que nele crê não pereça, mas tenha a vida eterna"*.

"Meus filhinhos, escrevo a vocês estas coisas para que vocês não pequem. Se, porém, alguém pecar, temos um intercessor junto ao Pai, Jesus Cristo, o Justo" (1 Jo 2.1)

Mas para ser um verdadeiro cristão, não é só aceitar Jesus como seu Salvador e intercessor que vai lhe garantir o céu e a vida eterna, para isso, devemos tomar posse do segundo pilar, que parte do princípio de que deve haver transformação. Em outras palavras, queremos dizer que não adianta você aceitar a Jesus como seu único Salvador e continuar sendo a mesma pessoa, sem haver transformação, ou seja, continuar com todos os defeitos, praticando os mesmos pecados de antes. A verdadeira conversão do cristão, é seguida de reconhecimento de ser um pecador, arrependimento dos erros cometidos do passado, confissão a Deus e mudança de atitude.

Em outras palavras, isto quer dizer que se você mentia, fará de tudo para não mentir mais; se prostituía, não mais o fará; se seu coração está cheio de inveja, ódio e ressentimentos, você os substituíra por amor; os vícios serão um problema do passado. Ao converter-se a Jesus

Cristo, há transformação, se isso não aconteceu, ore a Deus, persista em não mais praticar os erros do passado, em fazer o mal, preencha sua mente e coração com as verdades do evangelho, com amor a Deus e a sua criação, porque o amor é uma poderosa arma para a nossa transformação. 2 Coríntios 5.17 *"E, assim, se alguém está em Cristo, é nova criatura, as coisas antigas já passaram; eis que se fizeram novas"*.

O verdadeiro cristão deve ainda conhecer a Palavra de Deus e lê-la, sendo este o terceiro pilar. Algumas pessoas ainda não veem a importância de se ler a Bíblia, pensando que por haver sido escrito a vários séculos atrás, nada de importante tem a acrescentar ao seu conhecimento. No entanto, podemos ler em Mc 13.31: *"Passará o céu e a terra, porém as minhas palavras não passarão"*. Esse versículo por si só, já nos mostra que a Palavra de Deus é atual inclusive para os dias de hoje, por este motivo, é importante para o verdadeiro cristão, conhecer e ler a Palavra de Deus. É através da Palavra de Deus que operamos a nossa transformação. A leitura da Bíblia Sagrada é a via que Deus utiliza para falar conosco.

Entretanto, de nada vale aceitar a Jesus como seu único e suficiente salvador, não haver transformação em sua vida e conhecer a Palavra de Deus, se você não praticar o que a Palavra nos ensina. Praticar a Palavra de Deus é outro pilar que o verdadeiro cristão deve se apoiar. Lc 11.28 está escrito: *"Ele porém respondeu: Antes, bem-aventurados são os que ouvem a Palavra de Deus e a guardam"*. Concordo com MacArthur quando diz que embora o texto esteja se referindo ao relacionamento de

Maria com Jesus, sua mãe terrena, este versículo contém uma verdade imutável para todos que ouve e obedece a Palavra de Deus.

O fato é que de nada vale lermos a Palavra de Deus diversas vezes seguida, se não aplicarmos seus ensinamentos em nossa vida e em nosso relacionamento diário com as pessoas que convivem próxima de nós. Temos que ler a Palavra de Deus, pois ela é o manual do Criador para nós, mas além de ler a Palavra, é imprescindível praticar. Conhecimento sem aplicação de nada vale. Devemos nos apossar dessas verdades sem hesitação, pois até mesmo a indecisão é uma decisão, é a decisão de não decidir.

Depois de apresentado esses pilares, é fácil de perceber que o comportamento de um verdadeiro cristão deve ser diferenciado, pois a Palavra de Deus deve impulsiona-lo sempre na pratica de boas obras e provocar a morte do velho homem, renascendo em Cristo. Lembrando que praticar boas obras é uma obrigação de todo ser humano e essa prática de modo algum pode ser vista como um meio de salvação. Isto é uma prerrogativa divina e esta prerrogativa é imutável. A igreja católica romana já utilizou o slogan "fora da igreja não há salvação", assim como o kardecismo: "fora da caridade não há salvação", mas o verdadeiro slogan do cristão deve ser "fora de Cristo não há salvação".

> Essa convicção de que apenas através de Jesus encontramos a verdadeira salvação que todo cristão tem, alguns chamam de fé não procede do coração ou de um mero assentimento intelectual, é o Espírito Santo que nos fala através da Palavra de Deus. Assim

> também, o Espírito Santo que habita em nós, nos induz a sermos melhores do que antes, ele muda nossas ações e comportamentos mundanos. O nosso corpo é o templo vivo do Espírito Santo. Quando Paulo usa a figura do templo emprega a palavra naós, o Santo dos Santos, o lugar santíssimo onde a glória de Deus se manifesta. Leon Morris diz que aonde quer que vamos, somos portadores do Espírito santo, templos em que apraz a Deus habitar. Isso deve eliminar toda forma de conduta que não seja apropriada para o templo de Deus nada que seja inconveniente no tempo de Deus é decente no corpo do filho de Deus (LOPES, 2008, pág. 120).

Se nosso corpo é habitação do Espírito Santo, então tudo aquilo que não for digno de habitar na casa de Deus, também não é digno de nosso corpo, pois somos a morada onde Deus habita. Por isso devemos tentar ao máximo eliminar aquele velho homem que éramos e nesse sentido, o verdadeiro cristão é mais propenso a arrepender, a deixar seus pecados para trás, não fazendo do pecado uma prática, reconhece Jesus Cristo publicamente diante do mundo, perdoa a si mesmo e as pessoas que o fere, muito mais rápido e fácil do que o homem natural.

Além disso, ele procura viver uma vida que produz frutos para Deus, procura preservar sua comunhão com o Criador, ama a Deus e a seu próximo. Entretanto, a conclusão que podemos apresentar depois de exposto esses pilares e mostrar alguns comportamentos praticados pelo verdadeiro cristão, temos a acrescentar que para ser cristão, não basta ir apenas a igreja, com a Bíblia em baixo do braço ou instalada em seu celular, o cristão deve praticar o que a Palavra diz. Infelizmente, conheço muitos cristãos que só abrem a Bíblia na igreja quando o orador pede para abrir em determinado livro. Depois disso, ela é um objeto quase que sagrado para alguns, pois não a tocam e só torna a reabrir no próximo culto.

A inspiração das Escrituras

Antes mesmo de crer nas Escrituras como Palavras de Deus, é natural termos certa dúvida com relação a isso. A menos que o Espírito Santo nos convença do contrário, podemos levar essa dúvida escondida ou não em nossas mentes, mesmo que estejamos frequentando uma igreja. "O conceito teológico de inspiração refere-se ao fato de a Escritura Sagrada ser o pronunciamento do Deus que não pode mentir, e constituir, portanto, a infalível Palavra de Deus" segundo explica Pfeiffer, Vos e Rea (2009, pag. 973), entretanto, eles ainda explicam que a definição da palavra inspiração "altera um pouco o sentido bíblico, sugerindo uma elevação meramente psicológica dos poderes do escritor, ao invés de enfatizar a "inspiração" divina das Escrituras".

Para aqueles que creem nas palavras bíblicas e as têm como sua regra de fé, ou seja, creem que as Escrituras, devem ser analisadas e entendidas na perspectiva divina e não meramente humanas, alguns versículos são de grande valia e mais que suficientes para esvair qualquer tipo de dúvida, como 1 Ts 2.13: *"Também agradecemos a Deus sem cessar o fato de que, ao receberem de nossa parte a palavra de Deus, vocês a aceitaram, não como palavra de homens, mas conforme ela verdadeiramente é, como palavra de Deus, que atua com eficácia em vocês, os que creem"*.

Outro versículo bíblico que anula qualquer tipo de dúvida está contido nas palavras de 2 Tm 3.16: *"Toda a Escritura é inspirada por Deus e útil para o ensino, para a repreensão, para a correção e para a instrução na justiça"*. Isto equivale dizer que toda a Bíblia, Antigo e Novo Testamento são livros inspirados por Deus; essas palavras querem dizer que a Bíblia é a revelação de Deus à humanidade e não o homem revelando o conhecimento de Deus.

Em outras palavras, a Escritura não apenas afirma que é inspirada por Deus, mas é também é suficiente para nos equipar com a verdade espiritual. O cristianismo autêntico sempre sustentará o fato de que as Escrituras é a revelação onde Deus se faz conhecido aos homens e não o contrário. Esta verdade se aplica a qualquer pessoa, crendo ela ou não. A Bíblia é a Palavra de Deus para a humanidade e o verdadeiro significado de suas palavras, é determinado por Deus. A aplicação prática que podemos dar a 2 Tm 3.16 é que a autoridade da Bíblia por si só, afirma de si mesma e que todas as palavras nas Escrituras são palavras de Deus, mesmo que escritas por homens que foram inspirados pelo Espírito Santo.

"O adjetivo gr. Theopneustos (traduzido em 2 Timóteo 3.16 como "é inspirado por Deus") tem apenas um sentido passivo, afirmando que as Escrituras foram "exaladas" por Deus de forma que elas são a sua Palavra e oráculo. Portanto, as Escrituras são aquilo que o Deus Espírito Santo diz (Hb 3.7)" (PFEIFFER, VOS e REA, 2009, pág. 973).

Temos ainda a afirmação que o apóstolo Pedro complementando a inspiração divina das Escrituras. O apóstolo diz que as profecias das Sagradas Escrituras não vem de homem, porém tem origem da parte de Deus, inspirada pelo Espírito Santo. *"Antes de mais nada, saibam que nenhuma profecia da Escritura provém de interpretação pessoal, pois jamais a profecia teve origem na vontade humana, mas homens falaram da parte de Deus, impelidos pelo Espírito Santo"* (2 Pe 1.20,21).

Menzies e Horton são oportunos ao afirmar que Deus é um Deus que fala e deseja comunicar-se conosco através da pessoa de Jesus Cristo que é a palavra viva. Hb 1.1,2 está escrito: *"Havendo Deus, outrora, falado, muitas vezes e de muitas maneiras, aos pais, pelos profetas, nestes últimos dias, nos falou pelo Filho, a quem constituiu herdeiro de todas as coisas, pelo qual também fez o universo"*. Concordo com Champlin quando afirma que Deus fala e o silêncio de eterno foi quebrado, pois temos uma revelação. A revelação através da Bíblia é o meio utilizado por Deus para falar e é a base de toda a religião.

> Deus falou desejando ser compreendido, entrar em comunicação com os homens, pelo que se expressou de formas inteligíveis, e conseguiu, durante todo o

passado, fazer conhecido dos homens a si mesmo e à sua vontade. Não se manteve silencioso, permitindo que os homens apalpassem após ele, se pudessem encontra-lo. Ele encontrou a mão estendida e guiou o inquiridor. Esse "falar" no passado foi em preparação para o falar final, em Cristo (CHAMPLIN, 2014, volume 5, pág. 613).

Mcgrath (2005, pág. 247) é oportuno quando relata que o conceito de relação não significa apenas uma "mera transmissão de um conjunto de conhecimentos, mas sim a manifestação pessoal de Deus na história. Deus tomou a iniciativa por intermédio de um processo auto-revelação, que atinge seu ápice e plenitude na história de Jesus de Nazaré"

A Bíblia declara que todas as palavras contidas nas Escrituras são palavras inspiradas pelo Espírito Santo de Deus e não nega que são palavras escritas por homens. Isto pode ser visto tanto no Antigo como no Novo Testamento. No Antigo Testamento, podemos ler a frase "assim diz o Senhor" e o que vem logo a seguir, é considerado as palavras ditas pelo próprio Deus. Em outras palavras, a pessoa que preferia estas palavras reivindicava a condição de mensageiros do próprio Deus, sendo uma declaração que suas palavras a seguir vinha de Deus e não dar crédito aquelas palavras ou mesmo desobedecer, significava não dar crédito ou desobedecer ao próprio Deus.

Já no Novo Testamento, encontramos passagens indicam que todos os escritos são vistos como Palavras de Deus, como citamos anteriormente 2 Tm 3.16, 2 Pe 1.20, 21, entretanto, em nossa opinião a que mais indica isto são as palavras do próprio Jesus quando dizia está escrito, eu, porém, vos digo.

As reivindicações da Bíblia afirmando que ela é a Palavra de Deus é aceita por todo cristão à medida que eles a leem. Essa convicção interna que todo verdadeiro cristão possui, de que as palavras da Bíblia são palavras divinas inspirada pelo Espírito Santo vem quando ele fala ao nosso coração e por intermédio delas, cremos que essas são as palavras de nosso Criador falando conosco. A Bíblia é o único livro que lança mão de uma autoridade superior que é Deus e ao mesmo tempo, afirma ser a palavra dele e não um livro que contém a Palavra de Deus como outros livros.

A Bíblia de modo algum tem seus recursos visando à razão humana, à lógica ou à verdade científica como autoridade, ela demonstra que as Escrituras são as palavras de Deus, pressupondo a realidade das verdades espirituais.

A verdade cristã de que a Bíblia é a Palavra de Deus, não está sujeita a mudanças, nem é anulada por causa de opiniões contrárias, nem precisa ser adaptada ou reinterpretada para cada geração para fazer sentido. A verdade por si só, não necessita ser reinventada ou remodelada a fim de se tornar relevante ao nosso tempo. A mesma verdade que todos os personagens bíblicos acreditavam é ainda verdade para nós, por isso Ml 3.6 enfatiza: "porque eu, o Senhor não mudo; e é por isso, ó filhos de Jacob que não sois consumidos". Devemos nos lembrar que o tempo é mutável, mas a verdade, não, vale ainda dizer que as Escrituras são imutáveis, como assim também é o nosso Deus. Em outras palavras, nós necessitamos mudar nosso entendimento sobre as verdades contidas nas Palavras de Deus e não tentar mudar o sentido e até mesmo manipular as Escrituras, tentando harmonizá-las com os conceitos do mundo.

Daniel oportunamente expõe essa questão dizendo que a contextualização da Palavra não significa adaptação, sendo que "os princípios da Palavra de Deus não podem ser adaptados à nossa realidade".

> Quando procuramos adaptar o que a Bíblia diz aos nossos gostos, padrões pessoais e cultura, temos todas as possibilidades do mundo de corromper a doutrina bíblica. Essa atitude nos levará a torcer as Escrituras. [...] nunca se deve ir à Bíblia para procurar textos que possam servir de embasamento para ideias próprias sobre determinado assunto. Devemos, muito pelo contrário, ir à Bíblia para saber o que ela diz sobre o assunto em questão. E o que encontrarmos deve ser aceito completa e fervorosamente. Afinal, as Escrituras são a nossa única regra de fé e prática.
>
> Se surge alguma coisa absolutamente inédita no mundo, algo considerado antes imprevisível, o cristão deve fazer aquele fato passar pelo crivo da Palavra de Deus para extrair assim o seu posicionamento e não aceitar passivamente o que dizem as "mentes privilegiadas" da sociedade. Não que o crente seja alienado. Ele deve ouvir as impressões à sua volta, mas sua posição deve resultar da passagem de todas essas impressões da comunidade à sua volta pelo filtro da Palavra (DANIEL, 2007, pág. 102,103).

Alguém pode objetar que a afirmação de que as Escrituras é a Palavra de Deus, seja um argumento inválido ou seja um argumento que entra em loop, ou seja, um argumento circular que gira em torno de si mesmo e não leva a lugar algum. Entretanto, isso não torna a argumentação inválida, pois todos os argumentos sejam eles em favor ou contra, não é um problema unicamente do cristão que argumenta a favor da autoridade da Bíblia. Se olharmos atentamente, veremos que mesmo aqueles que não creem na autoridade da Bíblia, também faz uso de algum tipo de argumento circular, essa argumentação é realizada de maneira implícita em que baseia sua própria crença, pois geram e giram em discussões ou pressupostos sem qualquer tipo de provação histórica, sendo alguns deles, fora do contexto ou entendimento dentro de seu próprio achismo.

Aqui se faz necessário uma séria advertência que devemos ter em mente. O fato de afirmarmos categoricamente que todas as palavras das Escrituras são Palavras de Deus, não deve ser interpretada que Deus ditou palavra por palavra e os homens a escreveram. Esclarecemos que quando dizemos que todas as palavras da Bíblia são Palavras de Deus, estamos nos referindo sobre o resultado final que trouxe as Escrituras a existência. Certamente Deus comunicou aos autores bíblicos, o que Ele queria dizer, mas vemos pelos escritos que eles tem várias formas e estilos de escritas.

Esta variedade pode ser visto no livro de Hebreus 1 onde está escrito que Deus nos falou através dos profetas de muitas maneira e também quando o evangelista Lucas, também no capítulo 1 afirma que os escritos tem como fonte pessoas que testemunharam, ou seja, foram testemunhas oculares dos acontecimentos relatados, além dele reunir informações históricas e avalia-las segundo ainda com a orientação do Espírito Santo.

Queremos dizer com estas palavras que Deus é o

único autor e utilizou diversos escritores para completar o livro que conhecemos como Bíblia Sagrada, no entanto, deve ficar claro e evidente que ele inspirou seus escritores a escreverem, respeitando o estilo de redação e a personalidade de cada autor.

Com relação à exatidão das informações, mesmo que relatado por pessoa que não presenciou os fatos, como o livro de Gênesis escrito por Moisés, cremos que esses relatos, eram exatamente o que Deus queria que Moisés escrevesse. Moisés colocou essas palavras no livro e essas palavras são inteiramente deles, mas por outro lado, também são as palavras que Deus queria que Moisés escrevesse.

O cânon das Escrituras

O vocábulo grego kanon, que é de origem semítica (cf. o heb. Qaneh, em Ez 40.3 etc.), originalmente significava instrumento de medir, para mais tarde ser empregado no sentido metafórico de "regra de ação" semelhantemente. O termo encontrou seu lugar no vocabulário eclesiástico. A princípio denotava o credo formulado, especialmente o símbolo do batismo, ou a doutrina da igreja em geral. Era igualmente usado para indicar as regulações eclesiásticas de natureza variegada, como do mesmo modo significava simplesmente "lista" ou "série". Não foi senão nos meados do quarto século de nossa era que o termo parece ter sido aplicado à Bíblia. No uso grego, a palavra "cânon" parece ter primeiramente denotado apenas a lista de escritos sagrados, mas, no latim, também se indicava que as Escrituras são a regra de ação investida com autoridade divina (DOUGLAS, 2006, pág. 194).

Com a definição apresentada, podemos acertadamente dizer que a palavra cânon, nos leva a concluir que o cânon das Escrituras é a lista de todos os livros contidos na Bíblia Sagrada que foram reconhecidamente aceitos como livros organizados e considerados inspirados, sendo essa uma regra de nossa fé. Nessa mesma linha de raciocínio, Menzies e Horton acrescentam que os originais não existem mais, provavelmente pelo constante uso e manuseio, entretanto, devido ao trabalho dos copistas, esses chegaram até nosso tempo.

Lembrando ainda que devido à "natureza fidedigna das Bíblias atuais está vinculada a história do cânon, à transmissão e às traduções dos livros das Sagradas Escrituras" tornam seus textos confiáveis.

> Na época de Jesus, os 39 livros do Antigo Testamento já eram plenamente aceitos pelo judaísmo como divinamente inspirados. O Senhor referiu-se repetidas vezes ao Antigo Testamento, reconhecendo-o como Palavra de Deus (Mt 19.4 e 22.29). Para se conferir a confiança que os escritores do Novo Testamento tinham no Antigo, basta conferir as centenas de citações da Lei, dos Profetas e dos Escritos feitas por eles (MENZIES e HORTON, 2011, pág. 25).

Assim sendo, é bom salientar que a própria Bíblia dá testemunho do desenvolvimento histórico que foram preservados como palavras escritas de Deus, iniciando com o próprio Moisés que depositou as Tábuas da Lei na arca da aliança.

Mais tarde, após a morte de Moisés, vemos que Josué acrescentou também palavras no Livro da Lei de Deus, conforme pode ser visto em Js 24.26a. No entanto, é bom nos lembrar que em Dt 4.2 está escrito: *"Nada acrescentem às palavras que eu ordeno a vocês e delas nada retirem, mas obedeçam aos mandamentos do Senhor, o seu Deus, que eu ordeno a vocês"*, reafirmado em Dt 12.32: *"Apliquem-se a fazer tudo o que eu ordeno a vocês; não acrescentem nem tirem coisa alguma".* Essas palavras traduzindo em uma linguagem simples quer dizer que Deus havia deixado a ordem de não se acrescentar ou mesmo tirar as palavras que Ele havia dado ao povo por intermédio de Moisés.

Esse acabou sendo um problema que perdurava até a época de Jesus, no entanto, para aqueles mais atentos aos relatos bíblicos, essa aparente contradição não existe, pois sabemos que após o Pentateuco, Josué acrescentou palavras e isto nos leva em conta que não foi uma decisão pessoal dele, mas que o próprio Deus havia autorizado esse acréscimo. Mais tarde houve novos acréscimos, especificamente quando aqueles que exerciam o ofício de profeta, receberam ordem de Deus para escrever em livros.

> Assim fala o Senhor, Deus de Israel: Escreve num livro todas as palavras que eu disse (Jeremias 30.2[1]).
> O conteúdo do cânon do Antigo Testamento continuou aumentando até o fim do processo de escrita. Se datarmos Ageu de 520 a.C. Zacarias de 520-518 a.C. (talvez com material acrescentado depois de 480 a.C.) e Malaquias por volta de 435 a.C., teremos ideia das datas aproximadas dos últimos profetas do Antigo Testamento. Coincidindo grosso modo, com esse período estão os últimos livros da história do Antigo Testamento – Esdras, Neemias e Ester. Esdras foi para Jerusalém em 458 a.C. e

---

[1] Outras palavras que ilustram o crescimento da coleção de palavras escritas de Deus são 2 Cr 9.29; 12.15; 13.22; Is 30.8; Jr 29.1; 36.1-32; 45.1; 51.60; Ez 43.11; Dn 7.1; Hc 2.2. Esses acréscimos eram feitos em geral por intermédio de um profeta

Neemias esteve também ali em 445-433 a.C. Ester foi escrito algum tempo depois da morte de Xerxes I (Assuero) em 465 a.C. e é provável que isso tenha ocorrido durante o reinado de Artaxerxes (464-423 a.C.). Desse modo, depois de aproximadamente 435 a.C. não houve mais acréscimos ao cânon do Antigo Testamento. A história do povo judeu foi registrada em outros escritos, tais como os livros dos Macabeus, mas eles não foram considerados dignos de inclusão na coleção das palavras de Deus que vinham dos anos anteriores (GRUDEM, 1999, pág. 29,30).

Segundo ainda Grudem, não há qualquer registro de alguma controvérsia entre Jesus e os judeus, incluindo aqui os seus discípulos, bem como os líderes judeus e até mesmo o povo judeu de um modo geral. Levando-nos a crer que todos eles "estavam plenamente de acordo em que acréscimos ao cânon do Antigo Testamento tinham cessado após os dias de Esdras, Neemias, Ester, Ageu, Zacarias e Malaquias". Isso é facilmente perceptível pelas citações feitas por Jesus e pelos demais autores do Novo Testamento sobre o Antigo Testamento. "Segundo uma contagem, Jesus e os autores do Novo Testamento citam mais de 295 vezes várias partes das Escrituras do antigo Testamento como palavras autorizadas por Deus, mas nem uma vez sequer citam alguma declaração extraída dos livros apócrifos ou qualquer outro escrito como se tivessem autoridade divina" (GRUDEM, 1999, pág. 30,31).

Joiner é oportuno quando cita que "os 66 livros que compõe a Bíblia usada pelos cristãos evangélicos são os únicos considerados canônicos por esses cristãos" e que "o cânon do Antigo Testamento contou com a confirmação de Jesus" porque ele nunca citou qualquer livro apócrifo:

Temos a plena certeza de que o Antigo Testamento, tal como o conhecemos, foi aceito integralmente por nosso Senhor. Ele fez referência aos cinco livros da lei (o Pentateuco). Também citou os Profetas e os Salmos. As Escrituras hebraicas que Jesus utilizava são idênticas ao Antigo Testamento que utilizamos. O testemunho da autenticidade do antigo Testamento é, portanto, incontestável. No entanto, o testemunho de Cristo exclui os livros apócrifos (JOINER, 2007, pág. 621).

A questão dos apócrifos da Bíblia

Apócrifos. Palavra comumente usada para designar uma coletânea de livros edificantes, porém não incluídos no cânon das Escrituras. Terminologia. Apócrifos como um adjetivo grego, significando "coisas ocultas" é encontrado em Daniel 2.22 (Theodotian); Sir 14.21; 39.3,7; 42.19; 43.32; 48.25 e no NT em três passagens (Mc 4.22; Lc 8.17; Cl 2.3). Inicialmente era equivalente a esoterikos – escritos destinados ao círculo íntimo e impossível de ser entendido por mais alguém – "guardados para os sábios dentre o povo" (cf, IV Ed 14). Mas, com Agostinho (De civ. Dei xv.23), uma segunda ideia de obscuridade da origem ou autoria é sugerida. Desde a época de Jerônimo tem-se designado livros não-canônicos e, desde a época da Reforma, uma coletânea definitiva de tais livros. Carlstadt definiu "Apócrifos" como escritos excluídos do cânon, quer os autores dos livros fossem conhecidos ou não (Pfeiffer, Vos, Rea, 2009, pág. 155,156).

Com a definição da palavra apócrifo, temos a dizer que embora a maioria dos cristãos aceitem os 39 livros do Antigo Testamento e os 27 livros contidos no Novo

Testamento, ainda existem algumas igrejas cristãs que aceitam outros livros como se os mesmos fossem livros inspirados. Esses livros são conhecido como apócrifos ou livros deuterocanônicos. O termo deuterocanônico vem da junção das palavras deutero e canônico, significando "segundo", contudo, é muito bom lembrar que a palavra segundo expressa "em relação ao tempo e não em importância".

Beaumont informa que os livros deuterocanônicos ou apócrifos são textos judeus escritos entre os anos 300 a.C. ao final do século I de nossa era. Esses livros não eram considerados como Escrituras, no entanto, foram incluídos na Septuaginta que é a tradução das Escrituras hebraicas para o grego. "Como a maioria dos primeiros cristãos era formada por gentios de fala grega, a Septuaginta inevitavelmente se tornou a "Bíblia" lida por eles, sendo esta a forma como os deuterocanônicos foram aceitos pela Igreja".

Nessa mesma linha de pensamento, Miller e Huber acrescentam que a redação dos livros apócrifos aconteceu entre os anos de 300 a.C. e 70 d.C., que incluem narrativas românticas, histórias e livros de sabedoria. Informam ainda:

> Os livros incluídos no cânon oficial da Bíblia Hebraica não foram os únicos textos judaicos antigos lidos amplamente pelos judeus e, mais tarde, pelos cristãos. Muitos textos de grande respeito nunca foram aceitos na Bíblia. Os mais importantes desses são geralmente classificados em dois grupos. O primeiro grupo contém os textos incluídos na primeira tradução grega da Bíblia (a Septuaginta), mas que não foram aceitos no cânon posterior. A

maior parte desses textos foi incluída no Antigo Testamento católico, mas não são considerados canônicos pelos protestantes que os chamam de livros apócrifos (que em grego, significa "ocultos"). O segundo grupo consiste em mais de 50 livros de natureza diversa (MILLER e HUBER, 2007, pág. 58).

A menção feita por esses autores do segundo grupo, são conhecidos como livros pseudepígrafos. Isto quer dizer que são livros cujo título ou nome de autor são falsos e que procuram imitar o estilo de literatura dos livros bíblicos. Esses livros, segundos os estudiosos, surgiram em um período que compreende cerca de 400 anos, ou seja, surgiram entre os anos 200 a.C. e 200 d.C., sendo que a maioria deles são escritos que utilizam pseudônimo de pessoas muito conhecidas da Bíblia Sagrada, como Enoque, Moisés, Salomão, Isaías, Elias, Abraão, entre outros.

> Cerca de 20 desses livros pertencem ao tipo de literatura visionária conhecida como apocalíptica (da palavra grega apocalypsis, que significa revelação). Os mais conhecidos dentre eles são os três livros de Enoque, que contam a história dos anjos decaídos que são mencionados de passagem em Gênesis 6.1-4 e falam sobre a vida eterna para os justos. Normalmente, um livro apocalíptico é ambientado num período turbulento do passado, como os anos de cativeiro na Babilônia, e é narrado por uma figura bíblica de destaque, como Adão, Abraão ou Elias. Em geral, serve para demonstrar, através das visões, que Deus sempre está no controle, guiando os acontecimentos de acordo com o seu plano. A maioria dos textos apocalípticos foi escrita em períodos de perseguição, apresentando exemplos do passado para mostrar que Deus guiaria o seu povo diante dos problemas atuais e que o bem iria triunfar no final

(MILLER e HUBER, 2007, pág. 59).

É importante salientar que apesar desses livros serem de origem judaica, alguns desses livros tiveram seus textos revisados e acrescentados por cristãos. A realidade é que tanto os livros apócrifos ou deuterocânonicos como os livros pseudepígrafos tem sua importância, mesmo que os cristãos não os aceitem como livros canônicos (que é correto). Esta importância deve ser vista pelo ponto de vista que esses livros demonstram algumas atitudes, crenças e ideias dos judeus da época de Jesus Cristo que acabaram entrando no Novo Testamento.

> Que deve ser dito então acerca dos apócrifos, a coleção dos livros incluídos no cânon pela igreja católica romana (Tobias, Judite, acréscimos a Ester, Sabedoria de Salomão, Eclesiástico, Baruc (incluindo a carta de Jeremias), Cântico dos Três Jovens, Susana, Bel e o Dragão e 1 e 2 Macabeus), mas excluídos pelo protestantismo? Esses livros nunca foram aceitos como Escrituras pelos judeus, mas ao longo da história inicial da igreja as opiniões se dividiram sobre se eles deviam ou não fazer parte das Escrituras. Na realidade, a evidência cristã mais antiga coloca-se de modo decisivo contra a visão dos apócrifos como Escrituras, mas o uso desses livros foi se difundindo gradualmente em algumas partes da igreja até o tempo da Reforma. O fato de que esses livros foram incluídos por Jerônimo em sua tradução da Bíblia, a Vulgata Latina (completada em 404 d.C.), serviu de apoio à sua aceitação, embora o próprio Jerônimo tenha dito que eles não eram "livros do cânon", mas apenas "livros da igreja", úteis e proveitosos para os crentes. O amplo uso da Vulgata Latina nos séculos subsequentes assegurou contínuo acesso a eles, mas o fato de que esses livros não

tinham nenhum original hebraico, a exclusão deles do cânon judaico, bem como a ausência de citação deles no Novo Testamento levaram muitos a encará-los com desconfiança ou a rejeitar-lhes a autoridade (GRUDEM, 1999, pág. 30).

Grudem ainda nos informa que "existem incongruências doutrinárias e históricas em vários desses livros" e citando E. J. Young (O Cânon do Antigo Testamento – páginas 167/168) observa:

> Não existe nenhum sinal nesses livros que ateste origem divina. [...] Tanto Judite como Tobias contêm erros históricos, cronológicos e geográficos. Os livros justificam a falsidade e a fraude e faz com que a salvação dependa de obras meritórias. [...] Eclesiástico e Sabedoria de Salomão inculcam uma moralidade baseada em conveniências. Sabedoria ensina a criação do mundo a partir de matéria preexistente (11.17). Eclesiástico ensina que dar esmolar propicia expiação pelo pecado (3.30). Em Baruc se diz que Deus ouve as orações dos mortos (3.4), e em 1 Macabeus há erros históricos e geográficos (Idem, pág. 32).

Foi somente no ano de 1546 no Concílio de Trento que a igreja católica romana declarou oficialmente que os apócrifos fazem parte do cânon, excetuando aqui os livros de 1 e 2 Esdras e as oração de Manasses. Lembrando que esse Concílio "foi a resposta da igreja católica romana aos ensinos de Martinho Lutero e da Reforma Protestante que se espalhavam rapidamente". Com isso, é demonstrada a falácia da citação apresentada pelos romanistas que os protestantes retiraram alguns livros da Bíblia e que a Bíblia deles é a correta.

Oportunamente, Grudem informa que "os livros apócrifos contêm apoio para o ensino católico de oração pelos mortos e de justificação pela fé com obras, não pela fé somente" e quando ela declarou que esses apócrifos fazem parte do cânon das Escrituras, eles reivindicavam autoridade de escolher qual obra pode ser considerada como Escritura inspirada por Deus, enquanto os protestantes sustentam que a igreja não pode levar não tem esse direito, ela deve "apenas reconhecer o que Deus já determinou que fosse escrito como palavra dele próprio" e por este motivo, os escritos deuterocânonicos ou apócrifos, não devem e também não podem ser considerados parte das Escrituras Sagradas como livros inspirados pelo Espírito Santo, pois os mesmos contêm ensinos incoerentes com o restante da Bíblia.

Quais são esses livros que foram aceitos pela igreja católica romana e pela igreja ortodoxa oriental? Beaumont (pág. 16) apresenta uma tabela com as seguintes informações: Livros aceitos por essas igrejas são: Tobias, Judite, Adições ao livro de Ester, Sabedoria de Salomão, Eclesiástico (ou Sabedoria de Jesus, filho de Siraque), Baruque, A carta de Jeremias, Adições ao livro de Daniel, 1 Macabeus e 2 Macabeus. Livros adicionais aceitos pela igreja ortodoxa oriental: 1 Esdras, A oração de Manassés, Salmo 151, Macabeus e 4 Macabeus. No apêndice da Vulgata (tradução para a língua latina) é aceito o livro de 2 Esdras.

Lawrence defende a ideia que os livros apócrifos foram escritos por líderes religiosos judeus no período entre o Antigo e o Novo Testamento. Informa que alguns livros apócrifos como Eclesiástico e Tobias, foram encontrados em Qumran entre os famosos Manuscritos do Mar Morto. Comenta ainda que "a Igreja Católica Romana e as Igrejas Ortodoxas conferem aos apócrifos o status de "canônicos", mas não apresentam um consenso em relação aos textos que devem ser incluídos nessa categoria" (2008, pág. 13).

O cânon do Novo Testamento

Com relação a canonicidade do Novo Testamento, historicamente, Menzies e Horton (pág. 25), relatam que no século IV, Atanásio, um dos teólogos mais ortodoxos daquele tempo (367 d.C.), e bispo de Alexandria "fez uma seleção de todos os livros que até então circulavam no mundo mediterrâneo, e que se diziam documentos apostólicos", após sua análise, chegou à conclusão que apenas 27 livros podiam ser considerados como livros inspirados, sendo esses 27 livros os mesmos aceitos tanto pelas igrejas romanistas como as igrejas protestantes.

Entretanto, é bom lembrarmos de que o Antigo Testamento, registra em síntese, os atos de Deus na criação, a criação do povo hebreu com o chamado de Abraão, o relato de seus descendentes, a escravidão no Egito bem como o êxodo com a peregrinação no deserto e entrada na terra de Canaã; entre outros muitos assuntos como o exílio e a volta do cativeiro. Contudo, o acontecimento mais importante é que esse volume da Bíblia tem seu fechamento com a expectativa da vinda do messias para o seu povo, quando Deus finalmente se cala, até o aparecimento de João Batista.

Este silêncio de Deus não deve ser interpretado como ausência da ação de Deus na história. Esse período até pouco antes do relato dos fatos que mostram as circunstâncias do nascimento de João Batista, é conhecido como período intertestamentário ou período interbíblico, período esse muito bem sintetizado por Tognini (2009, pág. 7). Este estudioso nos diz que "depois da pregação do profeta Malaquias, o cânon sagrado do Antigo Testamento foi concluído. A partir daí haveria 400 anos de silêncio profético até o advento de Cristo, quando a comunicação profética reabriu-se com João Batista, o Precursor do Messias, a "voz do que clama no deserto" (Mt 3.3)

> O Período Interbíblico tem início com a interrupção da atividade profética entre o povo de Deus. Malaquias foi o último profeta a transmitir as palavras do Senhor até o começo do ministério de João Batista. O ministério de Malaquias pode ser datado entre 470 a.C. a 433 a.C. O seu livro foi escrito em alguma data desse período.
>
> Malaquias termina com a promessa do precursor do Messias (Ml 4.4-6; 3.1). Mateus 3.1 é o cumprimento fiel dessa profecia. No entanto, entre a profecia (Ml 3.1) e seu cumprimento (Mt 3.1), transcorreram nada menos de 400 anos. [...] Os 400 anos do Período Interbíblico caracterizam-se pela cessação da revelação bíblica, pelo silêncio profundo em que Deus permaneceu em relação ao seu povo, pois durante esse tempo nenhum profeta se levantou em nome de Deus (TOGNINI, 2009, pág. 13,14).

Conhecendo esses fatos, podemos afirmar que o desenvolvimento do cânon do Novo Testamento tem início com os escritos dos apóstolos, lembrando que o registro das Escrituras ocorre pela intervenção de Deus na história da redenção da humanidade e principalmente sob a inspiração do Espírito Santo e na história da redenção, a vinda do messias tem o destaque especial. Esta acaba sendo a razão principal pela qual os livros do Novo Testamento consistem pelos escritos dos apóstolos e outros que foram aceitos devido a associações feita a eles ou a mensagem propagada por eles, como Lucas, Atos dos apóstolos, Carta aos Hebreus e Judas.

Relatado isso, devemos voltar nossa atenção a questão principal desse tópico que é a canonicidade do Novo Testamento. Para um livro ser considerado canônico, é necessário ou mesmo indispensável que ele tenha autoridade divina, ou seja, tenha sido comprovadamente sido escrito pelos apóstolos e se as palavras foram consideradas pela igreja primitiva como Palavras de Deus. Devemos ter em mente que não bastava apenas ter sido escrito pelos apóstolos, pois nem tudo que eles escreveram podem ser considerados como Escritura ou Palavra de Deus, porque se assim não fosse, até uma lista de compras, por exemplo, que tivesse sido escrito por eles, também deveria ser considerado como Palavra de Deus.

Devemos ser sensatos, afirmando que o reconhecimento dos escritos deles, só podem ser considerados inspirados pelo Espírito Santo, quando esses escreviam orientações ou mesmos instruções apostólicas a determinada igreja, ou era direcionada a cristãos como Timóteo e Filemom e conste ainda o pedido deles, orientando a seus destinatários que circulassem aquela carta a outras igrejas, conforme pode ser visto em Cl 4.16, 1 Ts 2.13. Portanto, para que uma obra fosse incluída e considerada canônica, era necessário além da autoria apostólica, a sua preservação pela igreja sob direção dos apóstolos.

No sentido mais prático, devemos levar em consideração o que a Bíblia diz a respeito de si mesma. Nela há diversas afirmações declarando que são palavras de Deus, mesmo que tenha sido escritas por homens. Versículos como 2 Tm 3.16 que afirma explicitamente essa verdade não pode ser descartada, especialmente as palavras escritas pelo apóstolo Pedro, quando afirma: *"porque nunca jamais qualquer profecia foi dada por vontade humana, entretanto, homens [santos] falaram da parte de Deus movidos pelo Espírito Santo"* (2 Pe 1.21).

Outras passagens devem ser vistas com bons olhos, pois de maneira semelhante, afirmam esta verdade. Em Mt 1.22 são citadas as palavras em Is 7.14 como "o que fora dito pelo Senhor por intermédio do profeta". Também em Mateus 4.4 na passagem da tentação de Cristo, lemos respondendo ao diabo, fazendo citações do livro de Deuteronômio. A que deve nos chamar mais atenção é quando Jesus diz: *"Está escrito, não só de pão viverá o homem, mas de toda palavra que procede da boca de Deus"*. Esta é uma referência direta de Dt 8.3 e no contexto das menções feitas pelo diabo das Escrituras e das respostas de Jesus a cada tentação apresentada, revela que as palavras que procedem *"da boca de Deus"* são as Escrituras.

No entanto vale lembrar que nossa convicção de que

as palavras da Bíblia são Palavras de Deus vem à medida que a lemos e quando o Espírito Santo fala ao nosso coração por intermédio palavras da Bíblia. Alguém pode dizer que isso não vale como prova, que é subjetivo, entretanto, vale a pena lembrar que aqueles em que o Espírito Santo opera, reconhece que as palavras da Bíblia são realmente Palavras de Deus. Jesus disse em Jo 10.27 que as ovelhas dele, ouvem a sua voz, as conhecem e o seguem. De modo análogo, diremos que todos que são ovelhas de Cristo ouvem a sua voz, o conhece e seguem as palavras de seu bom pastor e enquanto leem a Bíblia Sagrada, são convencidos de que essas palavras são Palavras de Deus.

Pode-se citar ainda que as profecias citadas se cumpriram, exceto as relativas a volta de Cristo e julgamento final que ainda estão por acontecer e estas palavras, vem ao longo dos séculos, transformando e mudando vidas pelas verdades contidas nos Evangelhos. Este é um fato incontestável, pois se não fosse realidade e não pudesse ser visto a olho nu, hoje em dia, as igrejas estariam completamente vazias, isto é, se elas ao menos existissem.

É importante percebermos que as Escrituras como autoridade é a forma escrita em tábuas de pedra, mais tarde escritos pelos profetas em livros. Isto é de suma importância, porque podemos encontrar pessoas que conscientemente ou não, querem ou mesmo tentam substituir, dando novos significados as palavras escritas nas Escrituras por revelações e ou ensinos secretos passados a poucas pessoas.

Entretanto, para encerrar a questão da canonicidade bíblica, citaremos os cinco princípios utilizados para que os livros constantes na Bíblia fossem declarados inspirados por Deus e tivessem sua inclusão no cânon das Escrituras, apontados por Mcdowell. Lembrando antes de tudo que não foi a igreja que criou o cânon e nem foi ela que decidiu quais livros seriam chamados de a Palavra de Deus inspirada, antes, ela apenas reconheceu quais seriam esses livros. Isto equivale dizer que foi Deus e não a igreja ou pessoas que elevaram esses livros ao status de Palavra de Deus.

O primeiro desses princípios tem como base se o livro foi escrito por um profeta de Deus. Em caso afirmativo, era um ponto a ser considerado como palavra inspirada. O segundo princípio era se o escritor teve a confirmação de atos de Deus, ou seja, se sinais vinham acompanhados da mensagem, pois esses sinais, mais comumente conhecidos como milagres era considerado como ato de Deus para confirmar a sua Palavra. Nesse caso citamos como exemplo, Moisés, Elias, Eliseu, Samuel, Paulo, João, entre muitos outros e podemos ainda citar até mesmo o próprio Jesus.

O terceiro princípio, tem como base se a mensagem relata a verdade sobre Deus. McDowell cita 2 Co 1.17,18 dizendo que Deus não pode contradizer a si mesmo e que ele não pode mentir, conforme Hb 6.18, "logo, nenhum livro com alegações ou afirmações falsas pode ser a Palavra de Deus. Por motivos como esses, os Pais da igreja seguiram a fórmula: "na dúvida, exclua". Isso aumentava a validade do discernimento deles dos livros canônicos"

(2013, pág. 113).

O quarto princípio é se o livro vinha acompanhado do poder de Deus, em outras palavras, isto queria dizer se o livro trazia consigo a força transformadora para edificação (2 Tm 3.17) e evangelização (1 Pe 1.23). Caso a mensagem não tivesse esse produzisse esse efeito, então ela não tinha o poder de transformar vidas e considerava-se que aparentemente Deus não estava por trás da mensagem. "A presença do poder transformador de Deus era uma indicação forte de que um livro tinha o seu selo de aprovação" sentencia McDowell.

Quinto e último princípio era se os livros foram reconhecidos pelo povo de Deus. Sobre este princípio, o autor comenta:

> "Paulo disse dos tessalonicenses 'Também damos sempre graças a Deus porque, quando recebestes de nós a palavra da mensagem de Deus, vós a aceitastes não como palavra de homens, mas como o que realmente é, a Palavra de Deus' (1 Ts 2.13). Qualquer debate que tenha havido posteriormente acerca do lugar de um livro no cânon, as pessoas em melhor condição para conhecer suas credenciais proféticas seriam aquelas que conheceram pessoalmente o profeta que o escrevera. Assim, apesar de todo o debate posterior sobre a canonicidade de alguns livros, as evidências decisivas são as que atestam sua aceitação original pelos crentes contemporâneos dessas obras" (Geisler, GIB, p.229). Quando um livro era recebido, coligido, lido e usado pelo povo de Deus como Palavra de Deus, era considerado canônico (MCDOWELL, 2013, pág. 113).

A inerrância das Escrituras

O Dicionário on-line de Português, assim define a palavra inerrância: "característica do que é inerrante, incapaz de errar ou de estar errado, incapacidade ou impossibilidade de errar, qualidade do que não se move, daquilo que permanece sempre no mesmo lugar; imobilidade". Entretanto essa definição sob a ótica escriturística, referindo-se Bíblia, é mais explicita na definição realizada por Andrade:

> [do lat. Inerrantia, infalível, que não erra] Doutrina segundo a qual a Bíblia Sagrada não contém quaisquer erros, por ser a inspirada e infalível Palavra de Deus. Ela é inerrante tanto nas informações que nos transmite como nos propósitos que esboça. O testemunho da arqueologia e das ciências afins tem confirmado este atributo da Bíblia. Sua inerrância é plena e absoluta (ANDRADE, 2010, pág. 229).

Entretanto, sabemos que o significado de inerrância não é vista com bons olhos e muito menos aceita até mesmo por alguns cristãos, pois algumas aparentes contradições que costumeiramente pessoas apontam na tentativa de desmerecer toda a Bíblia Sagrada acaba sendo uma verdadeira falácia. Os aparentes erros tem como princípio nosso julgamento pessoal ou não entendimento teológico, histórico ou contextual do texto. Quando se refere aos escritos, não incluindo as diversas versões produzidas, o erro e a falsidade mencionada, pelo menos em parte, é caracterizada pela expressão que os escritores bíblicos fizeram das palavras citadas por Deus.

Porém, por inerrância das Escrituras estamos nos referindo que as Escrituras nos manuscritos originais e não das cópias que sobreviveram e chegaram as nossas mãos, em nada afirma o que é contrário aos fatos. Salientamos que essa afirmação encontra-se centrada na questão da veracidade dos originais que foram escritos por seus autores e não em possível erro que podem ter sido cometido na linguagem das Escrituras. O ponto principal que desejamos passar e que deve ser considerada sempre em primeiro lugar, é a inerrância das Escrituras quanto aos seus propósitos, promessas e profecias.

É interessante salientar que o termo inerrância, é bem diferente de rejeição total ou parcial das Escrituras; isto porque podemos encontrar pessoas que aplicam este termo de forma literal, inclusive com relação a sua literatura. No entanto, essas pessoas se esquecem de que em texto algum de qualquer obra literária, não encontraremos essa precisão gramatical questionada. Se este for o caso, poderemos utilizar palavras sinônimas ou adjetivos como infabilidade, fidelidade, confiabilidade, veracidade e etc., pelo menos preserva a ênfase que se deve dar. Contudo, o que não pode acontecer é haver dúvidas quanto ao caráter único e a autoridade que a Bíblia tem como a Palavra de Deus.

Ao analisarmos friamente essas questões, perceberemos que a Bíblia nunca falhou em seu propósito, sua promessa e plano de salvação, mesmo nos dias de hoje continuam sendo cumpridos na vida de milhares e milhares de pessoas ao longo de toda a história da humanidade e até o momento, jamais as profecias contidas em seus livros, deixaram de ser observadas. Isto é, não incluindo aqui as profecias apocalípticas que ainda pertencem ao nosso futuro.

Assim sendo, a definição de inerrância das Escrituras em termos bem simples, deve significar que a Bíblia sempre diz a verdade em relação a todos os assuntos que ela trata, apesar dela não comunicar detalhadamente todos os fatos que gostaríamos que fossem conhecidos por nós, mas isso em nada diminui ou anula a afirmação de que quando ela (a Bíblia) se refere àquele assunto, pode-se ter a convicção de que aquilo que ela diz acerca de qualquer assunto é verdade.

Talvez a dificuldade que muitas pessoas encontram em afirmar a inerrância das Escrituras, pode ter como base porque ela pode empregar uma linguagem comum da fala que utilizamos em nosso cotidiano, mesmo quando ela retrata descrições cientificas ou mesmos históricas de algum fato ou evento que está acontecendo ou está para acontecer. Essas expressões de nosso cotidiano pode ser vista na Bíblia quando ela diz que o sol nasce ou mesmo quando a pessoa diz que viu uma nuvem do tamanho de uma mão, ou ainda que a chuva cai, além de muitas outras. Isto acontece porque o que foi escrito é relatado pela ótica de quem fala. Na perspectiva de um observador que preza mais o lado intelectual e científico, dizer que o sol nasce a cada manhã, pode ser considerado o cúmulo da ignorância, entretanto, esse tipo de pessoa não considera a descrição poética ou mesmo romântica do assunto.

Contudo, o ponto principal disso é que mesmo que as Escrituras não apresente detalhadamente as verdades que nos são reveladas ou mesmo que ela nos apresente informações vagas, devemos ter em mente que podemos fazer afirmações vagas ou mesmo imprecisas sem que ela seja uma afirmação falsa. Exemplo disso pode ser visto que a igreja a qual congrego, fica pouco mais de 4 km de onde moro, ou mesmo que para ir à igreja, eu atravesso 3 bairros. Essas duas informações apesar de ser informações vagas e imprecisas, de modo algum é uma afirmação falsa. Assim também devemos ver os relatos bíblicos que podem nos parecer vagos e imprecisos, mas ainda assim, eles são totalmente verdadeiras.

Um fator não muito importante, mas utilizado por pessoas que querem negar a inerrabilidade das Escrituras é que algumas passagens contêm uma linguagem rebuscada, um estilo esmerado e outros contêm erros de linguagem, mais se aproximando de uma linguagem comum utilizada pelo povo em geral. Essas questões não invalida a fidedignidade das declarações constadas nos relatos bíblicos, porque mesmo que esteja escrito gramaticalmente incorreto ou contenha uma linguagem requintada, temos de considerar que esses escritos expressam a verdade. Devemos levar em consideração que os escritos originais da Bíblia (que não sobreviveram ao nosso tempo) continham erros gramaticais ou mesmo que algum copista possa tê-lo cometido, mas isso de modo algum anula a fidedignidade da Escritura.

Temos a Bíblia como a única autoridade em questões de fé e prática, mesmo que a mesma apresente aparentes erros. Essa declaração não quer dizer que devemos nos alienar e rejeitar toda argumentação que firam esse princípio, pois essa acaba sendo uma das objeções mais frequentes apontada. Entretanto, devemos nos lembrar que o propósito das Escrituras não é nos ensinar tratados científicos ou históricos, mas resumidamente, ela se propõe a nos ensinar em áreas relacionadas à nossa fé religiosa bem como nossa conduta ética e moral, ou seja, ela nos ensina como devemos crer e como devemos viver bem.

Quanto aos aparentes erros que algumas pessoas argumentam que a Bíblia contém, a maioria das vezes e também para muitos deles, isso os impedirá de aceitar a inerrância das Escrituras, visto que isto é um grande empecilho deles se convencerem a aceitar as Escrituras. Contudo, independente de qual seja a questão, é necessário antes mesmo de apresentarmos argumentação comprovando a inerrabilidade, perguntemos onde estão esses erros, qual o versículo específico que ele ou ela identificou esse erro. É interessante mencionar que muitas vezes, poderemos constatar que a objeção feita, muitos não tem ideia de onde se encontra, no entanto, se limitam a citar alguma passagem, sem levar em consideração a exegese e a hermenêutica. A frequência desses ditos erros apresentados, é ainda maior quando constatamos que quase sempre, se trata de má interpretação ou mesmo não conhecimento das Escrituras.

Quando temos conhecimento da passagem apresentadas com entendimento bíblico correto, podemos contra argumentar, evitando imposição de ideias, caso não tenhamos esse correto entendimento bíblico. Nesse último caso, é muito bom lançarmos mão de um recurso muito útil que pode estar a mão de qualquer cristão que realmente se interessa pela Palavra de Deus, consultar no mínimo 3 a 4 comentários bíblicos e a mesma quantidade de Bíblias de Estudo, se possível ainda, verificar a passagem no escrito original, antes de partir para uma contra resposta.

Às vezes, podemos imaginar ou mesmo ser questionado dizendo que o termo inerrância que atribuímos as Escrituras, seja um exagero ou um termo exato demais para se utilizar em relação às Escrituras, pois a própria Bíblia não utiliza essa expressão sobre ela mesma. Exagero ou não, temos a dizer que estudiosos com muito mais conhecimento escriturístico utilizaram o termo inerrância e o definiram como correto, há alguns séculos, no entanto, eles também sempre admitiram as limitações inerentes, por isso, não utilizaram o termo inerrância para demonstrar ou exprimir um tipo de precisão científica absoluta que seja indiscutível.

Lembrando ainda que muitas vezes utilizamos termos extra bíblicos para facilitar o entendimento e muitas vezes, resumir um ensino bíblico correto. Por exemplo, muitas pessoas dizem que a palavra trindade não tem nas Escrituras e todo cristão tem consciência desse fato, mas nós mesmo assim a utilizamos para mostras a triunidade de Deus através das pessoas de Deus, Jesus e o Espírito Santo. Devemos lembrar sempre a essas pessoas que Deus é trino quanto a sua personalidade e uno quanto a sua essência, pois não cremos em 3 deuses, mas apenas em um que é o verdadeiro Deus e não existe outro deus ou deuses que se compare a Ele.

Outro exemplo mais fácil de mostrar que utilizamos termos extra bíblicos para facilitar o entendimento das pessoas, é quando dizemos que Jesus encarnou como homem. *"Aquele que é a Palavra tornou-se carne e viveu entre nós. Vimos a sua glória, glória como do Unigênito vindo do Pai, cheio de graça e de verdade"* (Jo 1.14). Do mesmo modo, a palavra encarnação não existe na Bíblia, mas é mais fácil dizer que Jesus encarnou do que se fez ou tornou-se carne. Assim, ambas as expressões extra bíblicas são úteis, porque resume um conceito verdadeiro bíblico que nos possibilita argumentar sobre qualquer ensino ou doutrina com maior facilidade e entendimento.

Como citamos anteriormente, nenhum manuscrito original sobreviveu aos nossos tempos, isto é verdade e o que temos é cópia de cópia da cópia, portanto essa argumentação é falha de se dizer que a Bíblia é inerrante, pois ela tem como base que a inerrância deve ser apenas atribuída aos primeiros exemplares ou aos exemplares originais dos documentos bíblicos. Ao que nos parece, a pergunta mais óbvia seria dizer por que crer nas doutrinas de um texto que ninguém possui? Grudem formulou uma pergunta quase nas mesmas proporções: "De que serve, então, atribuir tamanha importância a uma doutrina que se aplica só a manuscritos que ninguém possui?

> Em resposta a essa objeção, pode-se declarar primeiro que sabemos o que o manuscrito original dizia em mais de 99% das palavras da Bíblia. Mesmo em muitos dos versículos em que existem variantes textuais (ou seja, palavras diferentes em diferentes cópias antigas do mesmo versículo), a decisão correta é muitas vezes bem clara, havendo na realidade bem poucos pontos em que a variante textual é de difícil avaliação e ao mesmo tempo importante para determinação do significado. Na pequena porcentagem de casos em que existe incerteza significativa quando ao conteúdo do texto original, o sentido geral da grasse é, via de regra, bem claro pelo contexto. (Não é preciso ser versado em hebraico ou grego para saber onde estão essas variantes, porque as traduções moderna as indicam em notas marginais como palavras como "alguns manuscritos antigos dizem..." ou "outras autoridades antigas acrescentam...").
>
> Isso não quer dizer que o estudo das variantes textuais seja importante, mas que o estudo das variantes textuais não nos deixa confusos quanto ao conteúdo dos manuscritos originais (GRUDEM, pág. 2009, 63,64).

O fato é que se houve erros cometidos pelos copistas durante seu trabalho, são apenas erros humanos, não podendo ser atribuídos a Deus e como Grudem bem descreveu a questão, "a frase é, via de regra, bem claro pelo contexto". Aqui vale ainda salientar que ao começarmos questionar o que a Palavra de Deus diz a respeito, estaremos indiretamente impondo um padrão de verdade pessoal acima de qualquer verdade espiritual que a Bíblia possa nos apresentar e se rejeitamos a inerrância bíblica, então estaremos afirmando que a Bíblia está errada em algumas de suas doutrinas. A isso, respondemos com as palavras abaixo:

> A Bíblia jamais nos induzira ao erro. Ela é a admirável revelação de Deus como nosso Criador e Redentor; um Deus pessoal que nos ama e se interessa por nós; um Deus que tem um plano e que enviou a seu filho a fim de morrer em nosso lugar (1 Co 15.3). Um Deus que continuará a operar até que Satanás seja esmagado, e estabelecidos novos céus e nova terra. A Bíblia toda mostra-nos que Ele é digno de confiança; podemos depender totalmente dEle. Sua própria natureza garante a autoridade, a infalibilidade e a inerrância de sua Palavra (MENZIES e HORTON, 2011, pág. 24,25)

Para reforçar a questão da inerrabilidade dos escritos bíblicos, especialmente sobre possíveis erros de transcrições dos originais, citamos uma forte argumentação a respeito realizado por Boa e Júnior:

> Muitas pessoas têm a ideia de que no processo de copiar e recopiar os livros da Bíblia, século após século, algumas partes se perderam, outras foram acrescentadas e agora ninguém sabe o que a Bíblia disse originalmente sobre qualquer assunto. Isso é um mito. O texto original de todos os livros da Bíblia foi notavelmente preservado e sua mensagem sobreviveu com toda a clareza.
>
> Três fatos sobre as cópias dos manuscritos nos garantem que o texto original dos livros da Bíblia nos foi transmitido com toda a integridade. O primeiro fato é que temos muitos manuscritos antigos da Bíblia, tanto do Antigo Testamento hebraico quanto do Novo Testamento grego. Por exemplo, temos milhares de manuscritos do Antigo Testamento hebraico que foram encontrados por toda a Europa e o Oriente Médio, inclusive uma coletânea especialmente incrível descoberta por estudiosos no

> Cairo, em 1896. Temos também os rolos do mar Morto, cujos primeiros rolos foram encontrados em 1947 contendo uns duzentos manuscritos do Antigo Testamento. Semelhantemente, temos centenas de cópias de cada livro do Novo Testamento em um montante de mais de cinco mil manuscritos gregos que se acham em museus e bibliotecas espalhados pelo mundo inteiro.
>
> O segundo fato é que a qualidade dos manuscritos é muito boa. A descoberta dos rolos do mar Morto deu prova concreta de que os escribas judeus tinham conservado o teto com precisão surpreendente. Verificou-se que são muito poucas as leituras variantes entre os rolos bíblicos e os manuscritos medievais tradicionais, e grande parte destas são variações em soletração e estilo [...]
>
> O terceiro fato é que o intervalo de tempo entre os originais e as nossas cópias mais antigas é extraordinariamente curto em se tratando de documentos antigos. A descoberta dos rolos do mar Morto, que datam de 200 a.C. a 68 d.C., reduziu drasticamente o intervalo de tempo entre a escrita do Antigo Testamento (entre 1400 a.C. e 400 a.C.) e as cópias mais antigas que temos desses documentos sacros (BOA & Jr, 2008, pág. 91-93).

Dentro dessa mesma linha de pensamento, citamos ainda uma palestra proferida pelo pastor, teólogo, filósofo e arqueólogo Rodrigo Silva, intitulada "As novas revelações sobre os Manuscritos do Mar Morto", onde o mesmo compara fatos entre as cópias encontradas nas cavernas de Qumran e a cópia mais antiga que sobreviveu até os nossos dias. Lembrando que a descoberta desses manuscritos, possibilitaram afirmar que a Bíblia apesar dos autógrafos não terem sobrevivido, as cópias das cópias conservaram exatas. Ele cita como exemplo o manuscrito de Isaias é 1.400 anos mais velho do que a cópia mais antiga possuída desse mesmo documento.

Foi ainda apontado algumas diferenças entre os manuscritos e as cópias mais antigas da qual as Bíblias tiveram suas versões. Os textos mais antigos antes dos manuscritos do mar Morto, eram o Codex de Allepo de 930 d.C. e o Codex de Leningrado de 1008 d.C. e a diferença entre esses Codex dos manuscritos encontrados em Qumram tem um intervalo de tempo de 1.250 anos. A comparação realizada mostraram que entre o texto de Qumran e o Codex, foram encontradas 166 palavras hebraicas diferentes, 17 letras do texto atual, sendo 10 letras de soletração, 4 de estilo e 3 formavam a palavra "luz" que não tinha no texto mais antigo. Essa palavra foi detectada no texto de Is 53.11.

O resultado final da comparação dos achados nos 11 sítios de Qumran, teve o seguinte resultado: diferenças ortográficas (107), diferença em consoantes (10), diferenças em formas gramaticais (24), adição de palavras (6), palavras diferentes (11) e omissão de palavras (5). Exemplo das diferenças citadas:

Is 6.3 o Codex de Leningrado mostra santo, santo, santo; manuscritos do mar Morto: santo, santo.

Is 12.4 Codex de Leningrado "vocês dirão"; manuscritos do mar Morto "você dirá".

Is 37.25 Codex de Leningrado mostra a palavra "águas" e os manuscritos do mar Morto, mostra "águas estranhas".

Is 53.11 Codex de Leningrado mostra "ele verá a

luz"; manuscritos do mar Morto "ele verá".

Depois de todas as comparações, afirmaram os estudiosos que os textos de Qumram e o Codex de Leningrado que tem uma diferença de 1250 anos entre um e outro, contém 95% das palavras são idênticas e essas diferenças nunca são erros doutrinários, mas gramaticais. Isto por si só, é uma prova da confiabilidade dos textos bíblicos, mesmo que se possam encontrar pequenos erros.

Para encerrar, foi dito sobre a preservação desses livros, comparados aos livros seculares. Por exemplo, o livro que se possui mais número de cópias é Ilíada de Homero com 658 cópias, entretanto, só cópias do Novo Testamento que sobreviveram são mais de 5.400 cópias, no entanto, foram descobertos mais de 40 mil fragmentos de textos bíblicos do Antigo Testamento, apenas nas cavernas de Qumran que juntos representam todos os livros do Antigo Testamento, com exceção ao livro de Ester. Lembrando ainda, que a Bíblia foi o livro mais perseguido de toda a história. Depois desses dados, é bom pararmos um pouco e analisar se de fato devemos manter ainda a incredulidade do que dizem os textos bíblicos.

A existência de Deus

Todos nós, em algum momento de nossas vidas, pode ter deparado com uma questão sobre quem é Deus, sobre a sua existência e se Ele realmente se importa conosco como muitas vezes somos ensinados a crer. Mas, na realidade quem é Deus? Somos ensinados a crer que tudo que acontece de bom provem de Deus, que ele é um senhor de idade, de barba e cabelos brancos, com poderes inimagináveis, um ser superior a nós, seres humanos. Dentro de nossa ingenuidade, cremos, pois somos condicionados a respeitar as pessoas de mais idade e aceitar as coisas que nossos pais ensinam.

Entretanto, se hoje perguntássemos a nós mesmos se esses conceitos que nos foram ensinados quando criança, são ainda válidos ou se ainda cremos dessa mesma forma, veremos que quase todos teremos dificuldades de responder positivamente, apesar dessas definições terem um fundo de verdade. De um modo geral, crescemos intelectual, moral e espiritualmente, deixamos algumas coisas de crianças para trás. O apóstolo Paulo sabiamente nos fala desse crescimento nas seguintes palavras *"Quando eu era menino, falava como menino, pensava como menino e raciocinava como menino. Quando me tornei homem, deixei para trás as coisas de menino"* (1 Co 13.11).

Porém, infelizmente nem todos atingiram a idade adulta espiritualmente falando, pois mesmo não crendo em algumas coisas de menino, ao se tornarem pais, ensinam erroneamente essas mesmas coisas a seu filhos. A maioria das vezes, cometem alguns dos mesmos erros aprendidos, ensinando que Deus é aquele senhor bondoso de cabelos e barbas brancas, como se fosse um tipo de papel noel celestial, que mora no céu, feito um ET, com poderes sobrenaturais feito um super homem e que é um ser superior a todos nós ou é um poder superior. Mas superior à que? Em qual sentido ensinamos que Deus é superior e como a criança entenderá isso?

Infelizmente ensinar que Deus é um ser ou poder superior, é dar vazão para aceitação de outros deuses. Desse modo, você estará deixando de honrar o único e verdadeiro Deus ou até mesmo deixando brechas para se duvidar de sua real existência. Você pode achar que sou extremista, não afirmo o contrário, pois esse tipo de ensinamento pode levar a pessoa a crer em alguns conceitos antigos de Deus como o panteísmo e o politeísmo.

Vale a pena enfatizar que esses ensinamentos infantis sem qualquer base bíblica, são repassadas com a desculpa de querer proteger a criança de um crescimento prematuro. É compreensível esse ponto de vista, mas devemos desde tenra idade começar a ensinar alguns conceitos básicos de nossas crenças de forma correta, pois quando tiverem na idade de questionar, o ensino será melhor absorvido, não necessitando inicialmente começando a descontruir alguns conceitos errados ensinados para serem substituídos por conceitos mais nobres e corretos.

Como fizemos referência ao panteísmo e ao politeísmo, é bom salientar que esses dois conceitos são contraditórios ao monoteísmo e ateísmo, além de trazer um certo prejuízos para a crença das famílias ditas cristãs. O panteísmo tem como fundamento ou crença de que tudo é Deus. Obviamente, podemos discordar disso porque se tudo é Deus, então poderemos afirmar que diversas contradições, dizendo que tanto bem como o mal é Deus, que a vida é Deus assim como a morte, o certo e o errado também é Deus e assim por diante. Em última instância, podemos ainda afirmar que o nada é Deus e o nada, conforme nossa concepção não existe, então Deus não existe. Isto acaba sendo uma espécie de ateísmo disfarçado, pois como poderemos avaliar o nada? Qual é o propósito do nada?

Certamente, teremos muita dificuldade para responder essa questão, principalmente quando teremos que explicar que do nada, nada veio, ou seja, o nada a partir do nada, criou alguma coisa. Esta ideia é incoerente e absurda de se aceitar e a melhor explicação, seria aceitar o conceito de Deus ensinado no monoteísmo. Contudo, devemos falar um pouco sobre o politeísmo que baseia sua crença em muitos deuses. A falácia dessa crença resume-se na seguinte pergunta: se realmente existem muitos deuses, então quem estaria no comando? Sabemos que onde não há ordem, reina o caos e os deuses do politeísmo estão em constantes guerras, não tem fundamento moral, praticam a poligamia, usam de subterfúgios para ter relações sexuais com outras mulheres e até mesmo deusas. Hunt oportunamente relata:

> Se há muitos deuses, para que deus devemos orar? Para o deus favorito da pessoa? Qual o fundamento de um deus em particular para se tornar o favorito de uma pessoa? Deve-se ao fato de que alguma vez essa pessoa orou a ele e parece que respondeu à oração? Como pode haver qualquer certeza de que um deus em particular pode fazer o que lhe foi pedido? Isso se assemelha a orar para vários santos. No entanto, São Cristóvão, o santo patrono dos viajantes, a quem milhares de pessoas pedem proteção foi recentemente retirado do panteão católico. A hierarquia da igreja admite hoje que Cristóvão foi um mito e que qualquer poder que ele aparentava ter demonstrado em favor de seus devotos era obviamente uma ilusão (HUNT, 2006, pág. 45,46).

A mitologia greco-romana apresenta um panteão de deuses e criaturas sobrenaturais e dentro de seus relatos, podemos encontrar deuses que parecem estar em um nível mais elevado que outros, ou seja, é mais forte, é o criador dos mundos. Se analisarmos friamente essa situação, podemos perguntar, se um deus tem uma posição mais elevada do que o outro ou é mais forte de outros deuses, então esses ditos deuses ou deus não pode ser o verdadeiro

Deus.

No livro de Salmos encontramos o seguinte relato: *"Entre os deuses não há semelhante a ti, Senhor, nem há obras como as tuas. Todas as nações que fizeste virão e se prostrarão perante a tua face, senhor, e glorificarão o teu nome. Porque tu és grande e operas maravilhas, só tu és Deus"* (Sl 86,8-10 ARC). Deus segundo a definição da Grande Enciclopédia Larousse Cultural (pág. 1878) é "ser supremo, transcendente, criador e autor único e universal de todas as coisas", porém, para ampliação da ideia, recorremos a outra fonte que assim define Deus: "(do hb. Elohim; do gr. Theos; do lat. Deus) Ser Supremo, Absoluto e Infinito por excelência. Criador dos céus e da terra (Gn 1.1). Eterno e imutável (Is 26.4). Onipotente, onisciente e onipresente (Jó 42.2; Al 139). Espírito (Jo 4.24). Ser incriado, é a razão primeira e última de tudo quanto existe (Jo 1.1-4)" (ANDRADE, 2010, pág. 137).

Little acertadamente diz que Deus é uma pessoa porque "Ele tem personalidade, mente, coração e Espírito. Da mesma forma, Ele nos criou à Sua imagem, com personalidade, mente, coração e espírito. O Todo-poderoso está vivo, ao nosso alcance e aguarda que o procuremos" e além do mais, nós podemos falar com Ele (2009, pág. 21). Após tudo o que foi relatado sobre Deus até o momento, é pertinente perguntar: Como sabemos que Deus existe?

A resposta para esta questão, pode ser apresentada em partes, pois a crença na doutrina da existência de Deus é o princípio primordial de toda religião que aceita a sua existência. Em parte alguma das Escrituras Sagradas, seus escritos procuram provar a existência de Deus, simplesmente afirmam que Deus existe e Ele é o criador de todas as coisas; também os escritos bíblicos tentam ensinar ou comprovar cientificamente essa doutrina. Nós cristãos aceitamos essa doutrina da existência de Deus como uma verdade inquestionável.

Porque concluímos que a existência de Deus é um fato aceito por milhares e milhares de pessoas, desde que a humanidade começou que ninguém conseguiu comprovadamente negar, fazendo que aqueles que creem em sua existência, mudem de opinião. Entretanto, esta verdade bíblica independe do conhecimento humano, conforme 1 Co 1.21a, pois tudo o que sabemos a respeito de Deus, foi Ele próprio que nos revelou. Nenhuma investigação racional conseguirá comprovar cientificamente a existência de Deus, porque Deus está além das limitações humanas.

Lopes citando Calvino diz que "nós só conhecemos a Deus porque Deus se revelou a nós" e acrescenta: "O conhecimento de Deus não é produto da investigação humana, mas da revelação divina. Nós não O conhecemos pela sabedoria humana. Antes, O conhecemos porque Ele se revelou a nós. Deus se revelou na natureza, na consciência, nas Escrituras e em Jesus Cristo" (LOPES, 2008, pág. 44).

A crença que temos na existência de Deus, não é uma fé cega destituída da racionalidade. Na própria história da humanidade vemos que os homens detinham a crença na existência de Deus. Esta crença é universal, pois sempre poderemos encontrar vestígios que testemunham essa crença, mesmo entre as civilizações mais remotas. Lembrando aqui que o nome Deus é uma designação latina de um poder supremo que criou e controla todas as coisas. Apesar da diversidade do caráter das diversas divindades adoradas em tempos remotos, algumas nações eram monoteístas, cultuavam apenas a um só Deus e isto, de um modo geral, o número incomparável de diversos deuses falsos encontrados, isso acaba sendo é uma forte evidência a favor da existência de um Deus verdadeiro.

Dostoiévski certa vez afirmou que existe no homem um vazio do tamanho de Deus. Esta afirmação é correta, pois todas as pessoas de qualquer parte do mundo tem uma profunda intuição de que Deus existe, de que são criaturas de Deus e de que Ele é o nosso Criador.

A Bíblia Sagrada reconhece a existência de pessoas que negam essa profunda intuição de Deus: *"Disse o néscio no seu coração: Não há Deus"* (Sl 14.1a; 53.1a). Néscio é "característica de quem não possui conhecimento, capacidade, sentido ou coerência. Ignorante, estúpido, incompetente, incoerente. Néscio é sinônimo de: ignorante, ignaro, estúpido, incapaz, inepto, absurdo" (Dicionário on-line de português).

O apóstolo Paulo é enfático quando escreveu: *"Porque do céu se manifesta a ira de Deus sobre toda a impiedade e injustiça dos homens, que detêm a verdade em injustiça; porquanto o que de Deus se pode conhecer neles se manifesta, porque Deus lho manifestou. Porque as suas coisas invisíveis, desde a criação do mundo, tanto o seu eterno poder com a sua divindade, se entendem e claramente se veem pelas coisas que estão criadas, para que eles fiquem inescusáveis"* (Rm 1.18-20).

A Bíblia de Estudo Aplicação Pessoal em suas notas marginais a estes versículos relata que ninguém é indesculpável por crer em Deus, pois Ele "se revelou de várias maneiras: por meio de sua criação, de sua Palavra e de seu Filho Amado", enfatizando ainda que "cada pessoa pode aceitar ou rejeitas Deus e sua verdade". Acrescentando:

> Paulo afirmou que Deus se revelou claramente a todas as pessoas por meio de sua criação. Ainda assim, algumas rejeitam até esse conhecimento básico sobre Deus como o Criador. Além disso, todas possuem um sensor interno, a consciência, que aponta para aquilo que Deus deseja, mas preferem desprezá-la. Em outras palavras, os padrões morais das pessoas sempre são melhores que o seu comportamento. Elas não têm desculpa (2009, pág. 1553).

O que podemos dizer a respeito disso é que Deus colocou sobre todos nós a responsabilidade por recusarmos o que Ele tem nos mostrado sobre si mesmo através da criação. O cristão tem essa íntima consciência de Deus, pois o Espírito Santo nos dá testemunho de que somos filhos de Deus.

Crendo nas evidências através da criação

Sabemos que todo efeito deve ter uma causa plausível e que não há o menor sentido em afirmar que do nada, veio a existência de algo, como afirma uma teoria. Mas o que é importante nisso, é que devemos nos lembrar que não passa de uma teoria e nada pôde ser comprovado. No entanto, como podemos conceber a ideia da possibilidade de existir alguma coisa, sem uma causa primária que desencadeou a criação inicial. O universo, por exemplo, não poderia vir a existir por si só ou espontaneamente. Como conceber a ideia de uma explosão que deu condições propícias à criação de tudo que conhecemos a partir do nada?

Contemplemos o imenso universo, de onde vieram aqueles enormes planetas, que giram com grandeza solene? De onde surgiram os oceanos, o próprio céu, as constelações, luas e continentes de nosso planeta? De onde viemos, como passamos a existir? Estas e outras perguntas podem ser feitas e dar espaço para muitos tipos de respostas, no entanto, toda a grandiosidade que a tecnologia moderna tem nos apresentado do universo, toda essa harmonia, de modo algum poderia ou pode surgir do acaso. Os cristãos, chama essa causa primária de Deus, visto que Deus é eterno e sem começo, sendo esta a resposta mais sensata a ser aceita, assim, a existência de Deus pode ser provada pela existência do mundo, das coisas ao nosso redor e do universo que podemos admirar.

Nada mais lógico dizer que o mundo teve um princípio e ele não se autocriou. A esse princípio, nomeamos Deus, pois para aqueles que não admitem nada além do mundo físico, são forçados a crer, erroneamente, que o mundo se autocriou quando nada existia. Mas como o nada pode vir a existência, se a própria existência também não existia? Onde poderemos atribuir um poder criador sem a existência de Deus? Dadas a toda essas circunstâncias, questionamentos e conhecimentos limitados, toda causa que descarta Deus é secundária e não pode ser a causa primária criadora do universo que conhecemos. Assim sendo, temos que admitir que na impossibilidade do mundo se autocriar, de todas as coisas ou forças que conhecemos, são limitados e insuficientes para se criar, a existência de Deus é mais que necessária e lógica de se crer.

Sobre essa questão a Bíblia Sagrada diz: *"Quem fez tudo isso? Quem chama as gerações à existência desde o princípio? Eu, o Senhor, que sou o primeiro, e que sou eu mesmo com os últimos"* (Is 41.4). Também nos escritos neotestamentários temos que *"... o Deus que dá vida aos mortos e chama à existência coisas que não existem, como se existissem"* (Rm 4.17c). Entretanto, é bom observamos a consideração traçada por Langston

> Suponhamos que no princípio, ao invés de um Criador, origem dos céus e da terra, houvesse 92 elementos diferentes chamados átomos. Ensina-nos a física moderna que existem 92 destes elementos irredutíveis de que se compõem os corpos materiais. Observemos a maneira por que trabalham estes elementos. Note-se que, apesar de irracionais, cegos, surdos, mudos e sem poder algum de comunicação entre si, principiaram eles a deitar os alicerces fortes e sólidos do universo, empregando sempre material mais duro e de maior resistência: a pedra. Não sabemos como, nem onde arranjaram eles o material[...]
>
> Uma vez feito os alicerces, construíram, sem o auxílio de qualquer inteligência, mais nove camadas, exigindo cada qual, na sua construção, longo tempo. Estes andares ou camadas geológicas, são tão

distintas, tão separadas uma das outras, que os geólogos têm dado a cada uma nome especial.

Esses átomos, sem saberem o que estavam fazendo, por serem irracionais, fizeram cada andar superior mais belo e luxuoso que os inferiores, dando sempre a máxima atenção aos pormenores, às minúcias, e seguindo sempre, embora cegamente, um plano geral. Não obstante haver ao todo noventa e duas diferentes espécies de trabalhadores, ainda que impossibilitados de comunicarem-se entre si, trabalhavam todos em geral, e cada um em particular, na mais perfeita harmonia com os seus companheiros. Se um deles produzia certa erva numa parte do mundo, todos os outros produziam ervas da mesma espécie. Se um produzia algum animal, todos os outros seguiam o mesmo plano do seu companheiro. Destarte, havia entre eles uma combinação perfeita. Todos trabalhavam na maior harmonia e os seus produtos eram iguais. Comportavam-se como se fosse um todo indivisível. E tudo isto acontecia sem que houvesse a menor combinação entre eles. Ainda mais, não havia entre eles um governador ou mestre, como há a abelha-mestra entre as abelhas: todos eram iguais. Não havia plano, não havia combinação; havia somente a força irracional que residia em cada átomo (LANGSTON, 1999, pág. 70,71).

Com estas palavras, Langston está nos dizendo que se não cremos na existência de um Deus como a Bíblia Sagrada o descreve, então teremos de admitir que esses 92 elementos são a causa primária da criação. Em outras palavras, isto nos diz que se cremos nessa teoria, estaremos transformando ou fazendo desses 92 elementos um deus.

Crendo nas evidências das Escrituras

Inicialmente é importantíssimo salientar que as evidências contidas nas Sagradas Escrituras sobre a existência de Deus, só tem valor para aqueles que aceitam e creem que seus livros são a revelação de Deus para a humanidade. Para aqueles que a aceitam, esses podem encontrar provas de que Deus existe, pois este ensino está por toda a Bíblia. Como já nos referimos antes, a Bíblia sempre pressupôs que Deus existe e nunca se preocupou em provar essa verdade. O primeiro versículo do primeiro livro, não apenas apresenta provas da existência de Deus, como também informa que Ele é o criador de todas as coisas: *"No princípio, criou Deus os céus e a terra"* (Gn 1.1). Como nós cristãos aceitamos a realidade de que a Bíblia é verdadeira, então para nós é muito fácil deduzir que com base nessa informação inicial de Gênesis, sabemos não apenas que Deus existe, como também aprendemos outras coisas sobre sua natureza e seus atos.

A Bíblia nos diz muito sobre Deus e com isso temos a capacidade de entender a respeito de sua pessoa e atributos, mas para que isso possa acontecer, é necessário despertarmos para as realidades espirituais contido em suas páginas e nascermos de novo. Nós nos tornamos nova criatura pela experiência que temos com Deus e quando despertamos para as realidades espirituais contidas na Bíblia, não apenas damos testemunho da existência de Deus, como também a possibilidade de se ter comunhão entre Deus e os homens.

O mundo em que vivemos nos dá um vasto testemunho da existência de Deus. Paulo diz que *"desde a criação do mundo os atributos invisíveis de Deus, seu eterno poder e sua natureza divina, têm sido vistos claramente, sendo compreendidos por meio das coisas criadas*" (Rm 1.20). Essas referências às "*desde a criação do mundo*" e "*coisas criadas*" é uma indicação que evidencia o caráter de Deus, porém a passagem mais esclarecedora é quanto a Bíblia afirma que o próprio homem foi criado à imagem e semelhança de Deus (Gn 1.26).

Fazer o homem a imagem de Deus é o mesmo que dizer que nosso Criador definiu o relacionamento peculiar do homem com ele, conforme McArthur. "Na sua vida racional, o homem era semelhante a Deus no sentido de que era capaz de raciocinar e tinha intelecto, vontade e sentimento. No sentido moral, ele era semelhante a Deus porque era bom e sem pecado" acrescenta McArthur. É saudável lembrar que Deus nos fez a sua imagem e semelhança, isto quer dizer que Ele não nos fez iguais, mas semelhantes, porque somos feitos à sua imagem, é o motivo de sabermos que Ele é um Deus pessoal que se importa conosco, ama e espera que o conheçamos verdadeiramente.

Outra referência bíblica que aponta a existência de Deus, pode ser encontrada no Sl 19.1, quando o salmista escreve que "*os céus manifestam a glória de Deus e o firmamento anuncia a obra das suas mãos*". Quando olhamos para o céu, podemos ver as nuvens, o sol, a lua e as estrelas, com a ajuda de um telescópio, podemos ver estrelas anos luz de distância, constelações e toda essa beleza e grandeza que escapam a olho nu, teve um Criador que os fez e os sustenta. Portanto, como afirmamos anteriormente, quando declaramos crer na existência de

Deus, não o fazemos movidas por infantis crenças ou mesmo em alguma fé cega alheia de qualquer evidência racional.

At 17.24-28: *"O Deus que fez o mundo e tudo o que nele há é o Senhor dos céus e da terra e não habita em santuários feitos por mãos humanas. Ele não é servido por mãos de homens, como se necessitasse de algo, porque ele mesmo dá a todos a vida, o fôlego e as demais coisas. De um só fez ele todos os povos, para que povoassem toda a terra, tendo determinado os tempos anteriormente estabelecidos e os lugares exatos em que deveriam habitar. Deus fez isso para que os homens o buscassem e talvez, tateando, pudessem encontrá-lo, embora não esteja longe de cada um de nós. Pois nele vivemos, nos movemos e existimos', como disseram alguns dos poetas de vocês: 'Também somos descendência dele".*

Provas tradicionais da existência de Deus

Grudem relata que a maior parte das provas sobre a existência de Deus, podem ser classificadas em quatro argumentos: cosmológico, teleológico, ontológico e moral. O argumento cosmológico praticamente foi exposto nas crenças nas evidências através da criação, que considera que tudo ou qualquer coisa conhecida do universo tem uma causa e como o próprio universo teve necessariamente uma causa, "a causa de universo tão grandioso só pode ser Deus".

O segundo argumento é o teleológico que se concentra "na evidência da harmonia, da ordem e do planejamento no universo, e argumenta que esse planejamento dá provas de um propósito inteligente". Explicando que a palavra grega telos, significa fim, meta ou propósito. "Como o universo parece ter sido planejado com um propósito, deve necessariamente existir um Deus inteligente e determinado que o criou para funcionar assim".

O argumento ontológico parte da ideia de Deus ser "maior do que qualquer coisa que se possa imaginar" e essa característica da existência pertence a tal ser, pois "maior é existir que não existir". O último argumento é moral que os seres humanos tem do certo e do errado, bem como da necessidade de prevalecer a justiça, concluindo que deve existir um Deus sendo essa a fonte que nos capacita a distinção do certo, do errado e que algum dia Ele vai impor à justiça a todas as pessoas.

> Como todos esses argumentos se baseiam em fatos sobre a criação que realmente são verdadeiros, podemos dizer que todas essas provas (quando cuidadosamente formuladas) são, num sentido objetivo, provas válidas. São válidas porque de fato, o universo realmente tem Deus como causa, realmente dá provas de um planejamento deliberado, Deus realmente existe como ser maior do que qualquer coisa que se possa imaginar e ele realmente nos deu um senso do certo e do errado e um senso de que seu juízo virá algum dia (GRUDEM, 1999, pág. 99,100).

Crendo nas evidências do próprio Cristo

Dissertar sobre a existência de Deus apresentando inúmeras argumentações para que você tenha recursos de analisar essa realidade, por mais importante e surpreendente que sejam essas argumentações, tudo isso estaria incompleto se deixássemos de citar que o próprio Deus se fez conhecido na pessoa que o mundo inteiro conhece como Jesus Cristo. Ninguém neste mundo pode ignorar que Jesus é o personagem mais fascinante, intrigante, cativante e influente de toda a história da humanidade. Ele é a razão mais importante que temos para crer que a Bíblia é a palavra de Deus escrita e a única autoridade para cristãos sobre qualquer questão a respeito da fé e conduta.

Mesmo os não cristãos não podem negar a importância de Jesus na história, porque mais da metade do mundo o tem como o Filho de Deus e aqueles que não aceitam Jesus como manifestação do próprio Deus, pelo menos o considera o maior profeta do mundo, um mestre bom, sábio, um grande líder religioso e no mínimo um revolucionário para sua época que trouxe o conhecimento ensinamentos sobre uma vida além de nossa existência terrena e dividiu a história da humanidade em duas partes: antes de Cristo e depois de Cristo. Isto por si só, já é um forte argumento de que ele realmente existiu e também da importância da pessoa de Cristo, não apenas para os cristãos, mas para toda a humanidade, mesmo que esses não o aceitem como Deus encarnado.

Hoje em dia é muito comum alguém contrastar a autoridade da Bíblia, mas vemos que tal resistência é injustificável e ao contrário do senso comum dizendo que

Jesus foi um grande líder religioso ou qualquer outra citação que não seja que ele é o Deus Homem que se fez carne, veremos que Jesus se identificava tanto com as Escrituras que cumpriu todos os seus requisitos cabalmente. O grande apreço de Jesus pelas Escrituras, naquela época pelo Antigo Testamento, pois o Novo Testamento como o conhecemos ainda não estava redigido, pode ser visto no fato dele se referir a ela como autoridade infalível. Em diversas ocasiões vemos Jesus se referiu às Escrituras para justificando suas ações, como por exemplo, quando ele expulsou os comerciantes no templo (Mc 11.15-17), sua submissão na cruz (Mt 26.53,54), entre diversas outras.

Alguém pode até argumentar que mesmo que Jesus tivesse tal apreço pelas Escrituras, ele centrou a fé de seus discípulos em si mesmo, ao invés de centrar em um programa moral ou mesmo social ou até mesmo em um conjunto de doutrinas como era o judaísmo daqueles tempos. Mas vale a pena dizer que o assunto central que Jesus ensinou, encontra-se no âmago do Novo Testamento, resumindo-se em quem é Jesus?

As informações desconcertantes para muitos e impressionantes para a maioria das pessoas que Jesus fez acerca de si mesmo, nos mostra que ele não é uma pessoa qualquer, nem um grande mestre religioso ou simplesmente como fundador de uma religião que se encontra viva e ativa até hoje. Nós cristãos, o aceitamos como o Filho divino de Deus, a manifestação do próprio Deus encarnado, nosso Senhor e Salvador. Entretanto, Jesus deu prova de sua humanidade como também de sua divindade, além de declarações dizendo que ele é o próprio Deus e isto nos leva a fazer referência na tri-argumentação sobre Jesus.

Essa tri-argumentação nos leva analisar Jesus como um mentiroso, enganador, impostor ou oportunista que tentou tirar proveito de seus contemporâneos, ou ele era insano e por último, Jesus é o que afirmava ser. A primeira possibilidade a ser considerada é que Jesus era um impostor, um mentiroso que viu oportunidade de tirar proveito enganando o povo deliberadamente para ganho pessoal. Antes de prosseguirmos, precisamos esclarecer as implicações que envolvem esse parecer. Em primeiro lugar, devemos observar que se Jesus realmente foi um enganador, então ele seria o melhor enganador que já viveu e até hoje ele é respeito até mesmo por aqueles que o consideram simplesmente um homem qualquer. Jesus afirmou categoricamente ser o Cristo, afirmava ser Deus, lembrando que essas alegações não foram feitas em ambientes onde se acredita na existência de muitos deuses ou mesmo de semideuses. Essas alegações foram feitas no coração do judaísmo, cuja crença é monoteísta.

Os judeus às vezes, eram ridicularizados, perseguidos por sua crença rígida em um só Deus. É nesse contexto que Jesus fez suas declarações e o que ele ganhou com isso? Todos nós sabemos o resultado, pois ele sofreu difamações, perseguições, privações, espancamentos e etc. Se Jesus fosse um realmente um impostor, se não fosse Deus como afirmava ser, ele poderia ainda ter sido considerado um endemoninhado, pois ele garantiu que todos que confiassem nele e em suas palavras, seriam salvos.

Se Jesus não fosse quem afirmava ser, então realmente ele seria um grande impostor, um mentiroso, um enganador, no entanto, um enganador visa seu próprio bem e benefícios para si, Jesus, ao contrário disso, recebeu tudo aquilo que um verdadeiro enganador evita e no ápice de seu sofrimento, teve como recompensa a mais terrível de todas as condenações de sua época, a morte na cruz. Para se ter ideia desse sofrimento, Lopes citando Carson, descreve as três formas de flagelo que a pessoa passava, lembrando que o chicote utilizado era feito com largas tiras de couro, com pedaços de ferro e ossos nas pontas:

> A flagelação aplicada pelos romanos podia tomar uma de três formas: a fustigatio, um espancamento menos severo aplicado por crimes relativamente leves, como vandalismo; a flagelatio, uma flagelação brutal aplicada a criminosos cujos crimes eram mais sérios; a verberatio, o castigo mais terrível de todos e que estava sempre associado a outras punições, incluindo a crucificação (LOPES, 2015, pág. 467,468).

Como poderemos considera-lo um mentiroso, impostor, se ele recebeu exatamente o oposto que todo impostor visa e quando temos comprovações de vidas que foram transformadas para melhor? Como poderíamos culpá-lo de enviar seguidores ingênuos a pregar o amor, a Palavra de Deus às gerações desesperançosas? Seria ele um enganador? Essa explicação seria plausível, se ao contrário disso, ele tivesse enriquecido e tido uma vida de marajá (como costumamos dizer). Devido a isso, a conclusão mais sensata que podemos chegar é que de modo algum poderemos considerar Jesus como um mentiroso, um impostor ou enganador e isso nos leva a segunda argumentação: Jesus era louco.

Ao lermos os evangelhos, a conclusão parece fazer-nos crer que Jesus possa ter sido um desiquilibrado intelectualmente falando ou um louco, mas devido à importância dada até os dias de hoje, podemos afirmar que Jesus era na verdade, o homem mais são e sensato que já viveu. Vemos nas Escrituras que ele falava com autoridade, parecendo sempre estar no controle da situação e isso é uma forte evidência dele não se enquadrar na teoria de ser mentalmente insano.

Outra razão pela qual não se pode levar em consideração a insanidade de Jesus, tem como principal evidência, a reação do comportamento desse tipo de pessoa. Enquanto algumas pessoas clinicamente diagnosticas como loucas ou insanas, tem um comportamento de difícil convivência, sendo penoso deixá-los sendo tratados em clínicas especializadas, vemos que Jesus não se adequava a esse tipo, pois diversas pessoas o defendiam, largavam tudo para segui-lo, vinham até mesmo para ouvir seus ensinamentos e ficavam admirados com tamanha sabedoria. Isto não é a postura que adotamos diante de alguém que perdeu sua sanidade.

Podemos ficar retraídos com o comportamento irracional de algumas pessoas insanas, quando essas em suas alucinações demonstram agressividade e se tornam um perigo para as pessoas que o cercam, mas isso, dificilmente, nos daria motivos para matá-los. Contudo, vemos que as verdades ensinadas por Jesus, comprometia os ganhos ilícitos e até os ensinamentos que as autoridades religiosas governantes defendiam com unhas e dentes. Foi essa a motivação principal, além da blasfêmia que esses homens acusaram a Jesus, levando-o a morte.

Assim sendo, mesmo que desejássemos, pedindo a Deus para o levar essa pessoa insana, não chegaríamos ao ponto de matar para nos ver livres da pessoa. Devido a coerência dos ensinamentos de Jesus, também, dificilmente poderemos enquadrá-lo como louco. Se Jesus não pode ser enquadrado de forma alguma como impostor, mentiroso, enganador, oportunista, louco, então devemos lançar mão do último recurso e afirmar o que Jesus sempre afirmou de si mesmo: ele é Deus.

De forma alguma vemos que as duas opções não são viáveis e as peças também não se encaixam e analisando os fatos da vida, os sinais que acompanhavam suas pregações, os ensinamentos morais e espirituais que Jesus trouxe ao nosso conhecimento, não encontramos base para chama-lo de mentiroso ou louco, então, qual seria alternativa mais coerente? Se Jesus não era enganador, nem louco, só nos restou uma única possibilidade: Jesus é quem disse ser, ele é Deus, e se ele é Deus, essa acaba sendo a prova mais convincente que podemos apresentar sobre a existência de Deus.

Quanto se pode conhecer de Deus?

Antes de responder a esta pergunta, é necessário frisar que se realmente pretendemos conhecer a Deus, antes de mais nada, é necessário que o próprio Deus se revele a nós, conforme Rm 1.19. Porém, se estivermos nos referindo ao conhecimento pessoal de Deus, essa pergunta é mais fácil de ser respondida. Jesus certa vez afirmou que: "ninguém conhece o filho, senão o Pai; e ninguém conhece o Pai, senão o filho e aquele a quem o filho o quiser revelar" (Mt 11.27).

F. F. Bruce diz que "o conhecimento de Deus é dado por meio da revelação, mas não há revelação que vá nos capacitar a captar o mistério interior do filho, do homem-Deus" (2012, pág. 1083). Em complemento a informação de Bruce, o Manual Bíblico SBB diz que com isso:

> Jesus reivindicou um relacionamento singular com Deus. A figura ou ilustração do pai e do filho diz que o seu relacionamento com Deus é parecido com isso. "Filho de" era uma expressão hebraica comum que transmitia a ideia de natureza ou características em comum. "Assim, quando o NT diz que Jesus é 'o Filho de Deus', está afirmando que Jesus compartilhava as características e a natureza do próprio Deus. Ele estava afirmando que era de fato e verdadeiramente divino" (2008, pág. 561).

Esse tipo de conhecimento de Deus pode ser adquirido através da pessoa de Jesus Cristo, portanto, precisamos das Escrituras para conhecer a Deus através de sua revelação natural que é Jesus Cristo, mas fica aqui um alerta de que nunca poderemos compreender plenamente a Deus, porque Deus é eterno, infinito e nós não temos a capacidade de compreender a eternidade e o infinito, apenas podemos fazer ideia porque somos seres finitos e limitados.

Chamamos a atenção sobre a afirmação de que jamais poderemos compreender "plenamente" a Deus. Nesse sentido, queremos dizer que nunca poderemos compreender a Deus em todas as suas nuances e aspectos, entretanto, isso também não quer dizer que Deus não pode ser compreendido, mas deve-se entender que Ele não pode ser compreendido exaustivamente.

Paulo afirma: *"Ó profundidade da riqueza da sabedoria e do conhecimento de Deus! Quão insondáveis são os seus juízos e inescrutáveis os seus caminhos!"* (Rm 11.33). Esses versículos além de transmitirem essa verdade de podermos compreender plenamente a Deus, também nos leva a crer que também não temos a capacidade de compreender plena e exaustivamente uma só coisa acerca de Deus, devido a Sua grandeza, conhecimento, sabedoria, estão além da nossa paupérrima capacidade de compreensão.

Isaías expressa bem esse conceito nas seguintes palavras: *"Assim como os céus são mais altos do que a terra, também os meus caminhos são mais altos do que os seus caminhos; e os meus pensamentos, mais altos do que os seus pensamentos"* (Is 55.9).

Estas palavras, colocam até mesmo os mais sábios em seu devido lugar. Não devemos desanimar em tentar conhecer mais de Deus, pois o simples fato de não podermos o conhecer plenamente, significa que nunca ficaremos entediados de querer sempre conhecê-lo mais e mais. Mesmo que dedicássemos o resto de nossas vidas aprender sobre Deus, com certeza sempre encontraremos novidades a seu respeito.

Então, a verdadeira questão já que nunca conheceremos a Deus plenamente, é melhor termos o conhecermos as verdades a seu respeito. A Bíblia nos informa através das palavras de Jesus que Deus é espírito (Jo 4.24), é justo (Rm 3.26), é amor (1 Jo 4.8) e etc., mas isso é apenas uma pequena parcela do que Ele realmente é, pois Deus possui vários outros atributos comunicáveis ou não.

A Palavra de Deus nos diz: *"Não se glorie o sábio na sua sabedoria, nem o forte, na sua força, nem o rico, nas suas riquezas; mas o que se gloriar, glorie-se nisto: em me conhecer e saber que eu sou o Senhor e faço misericórdia, juízo e justiça na terra; porque destas coisas me agrado, diz o Senhor"* (Jr 9.23,24).

O Espírito Santo

O que é o Espírito Santo?

De um modo em geral, quando perguntamos a qualquer pessoa: o que é o Espírito Santo? Imediatamente costumamos ouvir a resposta: o Espírito Santo é a terceira "pessoa" da Trindade. Sendo assim, sendo ele é parte integrante da Santíssima Trindade, isto equivale dizer que ele é Deus. O Espírito Santo é parte de Deus e age diretamente neste mundo e na vida dos cristãos. É por meio desta pessoa que temos o contato direto com Deus Pai.

Das três pessoas da Trindade divina, podemos dizer que o Espírito Santo é, sem dúvida alguma, o menos conhecido e ao mesmo tempo, o mais mal compreendido. Isto, na opinião deste autor, deve-se ao fato da visão do uso que entendemos ou aplicamos para a palavra espírito. Algumas das metáforas bíblicas, que se referem ao Espírito Santo, pode ter dado base à ideia de que ele não é um ser pessoa, porque tanto a palavra grega (pneuma) como a palavra hebraica (ruach), ao serem traduzidas como espírito, têm o significado básico de sopro, vento ou espírito.

Sendo a terceira pessoa da Trindade, equivale também dizer que o Espírito Santo, é Deus, sua natureza pessoal, é coigual e coeterna com Deus. Ele possui atributos que pertencem apenas a Deus. é eterno (Hb 9.14), onipresente (Sl 139.7). Ele é o Espírito de vida (Rm 8.2) e o Espírito da verdade (Jo 16.13). Ele também é uma pessoa e não apenas uma força ou um poder, nem uma influência, um fantasma ou uma aparição, como alguns pressupõe. Como pessoa, podemos acertadamente dizer que ele fala, pensa, sente, tem vontade como as pessoas normalmente as têm.

O Espírito Santo fala. Esta verdade está muito bem representada nas páginas da Bíblia, que nos informa que o próprio Espírito Santo falou com os discípulos de Jesus: *"E, servindo eles ao Senhor e jejuando, disse o Espírito Santo"* (At 13.2a). O texto é bem explícito, "disse o Espírito Santo". Uma força ou um poder não fala, uma força ou poder, apenas manifesta. Entretanto, podemos ver esta verdade até nos dias de hoje, pois o Espírito Santo continua nos falando. Ele nos fala através de homens e mulheres de Deus, também nos fala através de nossa consciência, através das Escrituras. Nos fala ainda através de acontecimentos entre outras diversas formas que ele pode utilizar.

Mas aos cristãos, o que realmente o Espírito Santo

fala? A resposta mais que evidente que vem a mente de todos nós, é que ele nos fala a respeito de nossos pecados, que somos pecadores e carecemos da graça de Deus. Ele nos fala intimamente dizendo para nos achegarmos a ele, fala sobre a prestação de contas que devemos prestar no futuro diante de Deus (Rm 14.12). O Espírito Santo também nos fala em outras áreas de nossas vidas, fala sobre a obediência dos filhos aos pais (Ef 6.1-30), do amor dos maridos devido a suas esposas e vice-versa (Ef 5.25; 28), sobre a submissão das esposas, entre outras coisas mais.

Outra prova de que o Espírito Santo é uma pessoa, encontra-se no fato dele se **entristecer**. Se ele fosse uma força ou poder ou aparição e mesmo uma influência como alguns dizem ser, ele não teria a capacidade de sentir. O texto de Ef 4.30 diz: *"E não entristeçais o Espírito de Deus, no qual fostes selados para o dia da redenção"*.

O texto de At 16 é bem claro quando nos diz que o Espírito Santo impediu o apóstolo Paulo, inicialmente de pregar a palavra na Ásia e depois não o permitindo ir a Bitínia (ver versículo 6 e 7). Este relato nos leva a concluir que o Espírito Santo tem **toma decisões**, dando conhecer àqueles que lhe são sensíveis a sua vontade. Isto é mais que suficiente para fazer cair por terra de que o Espírito Santo é uma força ou poder.

Mas para ser uma pessoa, basta apenas dizer que ele fala, entristece, toma decisões ou dar conhecer sua vontade? Não, a ação do Espírito Santo não limita apenas a isso. Mesmo para um pequeno conhecedor da Palavra de Deus, sabe que o Espírito Santo faz outras coisas, como por exemplo: ele fala, glorifica a Jesus e o torna conhecido a nós. "*Quando vier, porém, o Espírito da verdade, ele **vos guiará** a toda a verdade; porque não falará por si mesmo, mas **dirá tudo** o que **tiver ouvido** e **vos anunciará** as coisas que hão de vir. **Ele me glorificará**, porque há de receber do que é meu e vo-lo **há de anunciar**"* (Jo 16.13-14 ênfase do autor). Vocês notaram o quanto estes dois versículos nos mostra o que o Espírito Santo faz?

Atente para o relato descrito no evangelho de Jo 14.16-18, Jesus disse: *"E eu rogarei ao Pai, e ele vos dará outro Consolador, para que fique convosco para sempre, o Espírito da verdade, que o mundo não pode receber, porque não o vê, nem o conhece; mas vós o conheceis, porque habita convosco e estará em vós. Não vos deixarei órfãos; voltarei para vos"*. Se o Espírito Santo fosse apenas um poder, a promessa proferida por Jesus, seria apenas uma compensação, entretanto, sabemos que Jesus nunca pronunciaria uma promessa vã e sem sentido e por este motivo, podemos crer que o Espírito Santo não é apenas um poder, mas uma pessoa divina, que tem personalidade e conhece todas as nossas necessidades e pensamentos.

A promessa de Jesus é uma das mais claras indicações da divindade do Espírito Santo, pois quando ele prometeu enviar outro consolador aos seus discípulos, o que realmente está implícito nestas palavras? Primeiro, Jesus afirmava que estaria enviando aos seus discípulos uma pessoa igual a ele, ou seja, alguém plenamente divino. Segundo, com as palavras outro consolador, indica que já havia um e estaria vindo outro. Então fica a pergunta quem foi o primeiro consolador? A resposta é óbvia, Jesus, pois foi ele que fortaleceu e aconselhou os discípulos durante os anos de seu ministério terreno. Em suma, como Jesus estava para deixá-los, em seu lugar ficaria um consolador igual a ele, outra pessoa divina que faria morada em todo aquele que crê em Jesus Cristo.

Além disso, ele também convence o pecador de seu pecado, da justiça e do juízo: *"Quando ele vier, convencera o mundo do pecado, da justiça e do juízo"* (Jo 16.8). Ele ainda transforma a vida daquele que aceita a Jesus Cristo como seu salvador. Em Rm 8.2 está escrito: *"Porque a lei do Espírito da vida, em Cristo Jesus, te livrou da lei do pecado e da morte"*. O Espírito Santo nos orienta, ou seja, ele nos guia e nos ensina a viver como Deus quer. Ele faz morada dentro dos cristãos (1 Co 6.19), nos ajuda a interpretar e aplicar os ensinamentos da Bíblia em nossas vidas de uma forma prática. Nos capacita vencer o pecado, nos dando a capacidade para testemunhar de Cristo, ensinar e fazer boas obras.

É muito confortante ter consciência de que o Espírito Santo tem mente, sentimentos e vontade, pois isto quer dizer que Ele pode pensar, ter emoções e ainda fazer escolhas, assim como Deus Pai e Deus Filho. Vemos que no evangelho de João, Jesus chama o Espírito Santo de Consolador (Jo 14.16,26 ARA) e na versão NVI, de Conselheiro. Basta dizermos que tanto o termo consolador e conselheiro, por si só, nos transmite a ideia de alguém que atua quando um cristão clama por ajuda, nos conforta e orienta.

Vale neste momento contradizer o que algumas

pessoas pensam sobre a ação do Espírito Santo, pois já me deparei com pessoas que afirmam que o Espírito Santo só se fez conhecido nos textos do Novo Testamento. Este tipo de informação não está totalmente errado, no entanto, também não está totalmente correto. O Espírito Santo se fez mais conhecido nos textos neotestamentários do que nos textos veterotestamentários. Muito antes de Jesus se manifestar como homem na história da humanidade, vemos a ação do Espírito Santo registradas nas páginas da Bíblia conhecida como Antigo Testamento.

Não citarei exaustivamente sua ação por não ser este o interesse do livro, mas apontarei alguns pontos que comprovam sua existência. A primeira argumentação a ser utilizada, será o nosso bom senso, pois a ação do Espírito Santo consiste em manifestar a presença de Deus em nosso meio. Isto é verdadeiro, especialmente se tratando dos encontramos na igreja. Vale também dizer como nossa segunda argumentação, que aceitamos o fato do Espírito Santo fazer parte da Trindade Divina, então ele é Deus e como Deus, deve ter sua preexistência antes da criação da humanidade.

É natural pensarmos que se o Espírito Santo é uma pessoa da Trindade, da qual Deus manifesta no mundo, então nada mais lógico atribuir a sua existência antes da história do homem. Também é fato de que nos textos do Antigo Testamento, a presença de Deus, por diversas vezes, foi manifestada pelo Espírito Santo e, nos dias atuais, não apenas dentro de nossas igrejas, pois ele não está limitado a um espaço físico. O Espírito Santo é a principal manifestação da presença divina entre nós, desde os tempos iniciais de nossa história.

Assim, podemos ver a ação do Espírito Santo na criação do universo (Gn 1.2), no sopro divino que nos deu vida: "*O Espírito de Deus me fez, e o sopro do Todo-Poderoso me dá vida*" (Jó 33.4), o que equivale dizer que o Espírito Santo também participou da criação do homem.

Ainda citando a ação do Espírito Santo nos textos veterotestamentários, vemos a preparação do Espírito Santo em fazer com que pessoas sejam capacitadas a realizar tarefas específicas. Está escrito: "*Porque derramarei água sobre o sedento e torrentes, sobre a terra seca; derramarei o meu Espírito, sobre a tua posteridade e a minha bênção, sobre os teus descentes*" (Is 44.3). Vemos também o Espírito Santo concedendo força a Sansão, pois os textos dizem que o Espírito do Senhor apossou-se de Sansão (Jz 14.6).

Devemos ainda nos lembrar de que apesar do Espírito Santo vir sobre nós, normalmente com um propósito específico, nos dando poder, sabedoria, habilidades, nos capacitando ou mesmo nos separando para cumprir determinada tarefa, como ocorreu com Bezalel (Êx 31.2-5), vale dizer que ele não nos transforma, especialmente nosso caráter moral, a menos que nós mesmos permitamos ser transformados.

Outra argumentação que podemos utilizar é a argumentação histórica e teológica, pois vemos o Espírito Santo inspirando os profetas. Isto é mais facilmente visto nas palavras introdutórias quando esses homens de Deus proclamavam a mensagem dizendo: Assim diz o Senhor ou quando esses mesmos homens, atribuíam a mensagem ao próprio Espírito Santo: "*O Espírito entrou em mim e me pôs em pé, e ouvi aquele que me falava*" (Ez 2.2). É interessante salientar sobre profecias que predizem um tempo em que o Espirito Santo viria de modo mais pleno, onde Deus faria nova aliança com seu povo: Ez 36.26,27; 37.14; 39.29; Jl 2.28,29.

Como mencionamos anteriormente, o Espírito Santo tem a capacidade de mudar nosso caráter moral, porém ele não viola a ninguém. Quando desejamos realmente mudar, damos nossa permissão para que o Espírito Santo aja em nossas vidas, mudamos nossas atitudes, modo de pensar e seguimos apontados por Deus, o Espírito Santo, em consequência, produz uma vida moral correta. Vemos esta transformação, por exemplo, quando o rei Davi se arrependeu de seu duplo pecado, adultério com Bate Seba e o assassinato de Urias, quando ele demonstra sua agonia implorando a Deus para não tirar dele o Santo Espírito: "*Não me repulses de tua presença, nem me retires o teu Santo Espírito*" (Sl 51.11).

Também, no Antigo Testamento, é predito o derramamento do Espírito sobre todas as pessoas: "*Derramarei meu Espírito sobre a sua prole, e minha bênção sobre seus descendentes*" (Is 44.3); "*Darei a vocês um coração novo e porei um espírito novo em vocês*" (Ez 36.26); "*E depois disso, derramarei do meu Espírito sobre todos os povos. Os seus filhos e as suas filhas profetizarão, os velhos terão sonhos, os jovens terão visões. Até sobre os servos e as servas derramarei do meu Espírito naqueles dias*" (Jl 2.28,29).

Por fim, podemos dizer que o Espírito Santo é Deus, pois além do descrito até o momento sobre o Espírito Santo, sua divindade também pode ser evidenciada no relato de At 5.3,4 quando o apóstolo Pedro diz a Ananias que Satanás encheu o coração dele para mentir ao Espírito Santo, concluindo com as seguintes palavras: *"Não mentiste aos homens, mas a Deus"*.

A obra do Espírito Santo

Falar sobre a obra do Espírito Santo pode parecer fácil e mesmo trivial, no entanto percebo que não é uma tarefa fácil de definir em todas suas nuances. Falar sobre a obra do Espírito Santo é o mesmo que perguntar o que ele realmente faz. Se ele é Deus, então isto quer dizer que ele faz tudo o que o Pai e o Filho fazem. Nesta linha de pensamento, podemos dizer que o Espírito Santo: participou da criação do universo (Gn 1.2); inspirou a composição de toda a Bíblia Sagrada (2 Pe 1.21); foi o centro direcionador do ministério terreno de Jesus (Lc 4.18); ele dá vida espiritual ao povo de Deus (Jo 3.6), inspirou homens santos a escreverem palavras para corrigir os que vivem no erro (2 Tm 3.16,17).

Contudo, se atentarmos para os relatos bíblicos, é bem notório que a obra do Pai, do filho e do Espírito Santo, não se sobrepõe, há uma harmonia celestial e cada uma dessas obras, é descrita de maneira individual e não conjunta. Pode-se exemplificar isto dizendo que o Pai participa mais da obra da criação, o Filho, por outro lado, participa mais da redenção dos seres humanos. Então, qual seria a principal obra do Espírito Santo?

As respostas podem variar, pois alguns afirmam veementemente que é a santificação dos cristãos, outros apenas que a obra se limita a inspiração da composição da Bíblia, enquanto outros ainda, destacam seu papel na concessão de dons espirituais à igreja e por fim, alguns outros em fazer aos não cristãos a aceitarem a Cristo e reconhecer que são pecadores.

Entretanto, apesar de o Espírito Santo fazer todas estas coisas, essas podem não ser as melhores respostas que apontam sobre a principal obra do Espírito Santo, visto que em Jo 16.13,14 está escrito: *"Mas, quando vier aquele Espírito de verdade, ele vos guiará em toda a verdade, porque não falará de si mesmo, mas dirá tudo o que tiver ouvido e vos anunciará o que há de vir. Ele me glorificará, porque há de receber do que é meu e vo-lo há de anunciar"*.

Cremos que apesar do que foi dito até o momento sobre o Espírito Santo, podemos dizer que ele é o executor dos propósitos divinos. É ele que executa os propósitos de Deus, tanto na criação, no convencimento, regeneração, conversão, santificação e glorificação. O Espírito Santo é quem nos convence do pecado (Jo 16.8), isto pode ser visto quando alguém reconhece sua natureza pecaminosa ao ouvir uma pregação, uma palavra ou mesmo ao ler algum texto bíblico ou que o leve a refletir sobre sua vida e acaba aproximando-o de Deus.

Vale dizer que em todas estas e outras ocasiões aqui não mencionadas, é o Espírito Santo que está trabalhando, pois ele nos convence da justiça, do julgamento futuro e que somos filhos de Deus. Isto fica mais perceptível quando vemos, compreendemos e entendemos que a justiça de Deus é cumprida em Jesus Cristo, que ofereceu a sua vida para salvar a humanidade.

O Espirito Santo glorifica a Cristo

Em João 15.26, está escrito: *"Mas, quando vier o consolador, que eu da parte do Pai vos hei de enviar, aquele Espírito da verdade, que procede do Pai, testificará de mim"*. Aqui em complemento ao que foi escrito anteriormente, podemos apontar que a principal obra do Espírito Santo é glorificar a Cristo. Ao mesmo tempo, isto nos leva a escrever que as outras obras apontadas, na realidade giram em torno dessa.

Infelizmente alguns cristãos nos dias de hoje tem uma relação quase que extático, pois mais parecem crianças soltas em uma fábrica de balas ou mesmo uma criança do interior, quando vem a capital e fica extasiada pela movimentação de pessoas e veículos nas ruas. Mais parecem cristãos que estão em transe, que não possuem experiência, não sabem o que fazer e não conhecem o dono da bênção.

É prudente dizer que apesar de sua importância, de seu papel na Trindade Divina, de sua ação nossas vidas e nas obras realizadas nas igrejas, o Espírito Santo não deve em hipótese alguma tomar o lugar de Cristo em nossa vida. Ele é a terceira pessoa da Santíssima Trindade, isto equivale dizer que ele está em ação onde quer que Jesus seja exaltado e nesta linha de raciocínio, nosso dever com relação ao Espirito Santo é reconhecer a sua divina presença e ser grato ao Pai por isso.

O Espírito Santo nos leva a Jesus Cristo

Para levar as pessoas a Jesus Cristo, o método mais usual utilizado nestes últimos dias, é usando a Bíblia Sagrada que nos ensina a verdade sobre Jesus. O Espírito Santo não faz isso sozinho, pois nos usa como coparticipantes dessa tarefa, quando expomos a Palavra de Deus as pessoas, glorificamos a Deus pelo que Ele é e não pelo que Ele faz em nossas vidas.

Entretanto, o Espírito Santo também varia de métodos, sendo assim, impossível de descrever cada um, contudo, outra maneira de o Espírito Santo glorificar Jesus, é levando homens e mulheres a ele, por meio da fé. O que equivale dizer é que sem a atuação do Espírito Santo, ninguém pode chegar a Jesus Cristo, sem a sua ação, não somos capazes de reconhecer as coisas espirituais, pois estas se discernem espiritualmente (1 Co 2.14). Ninguém pode receber o Espírito Santo ou Cristo, pois, foi o próprio Senhor Jesus que afirmou: Ninguém pode vir a mim, se o Pai, que me enviou, o não trouxer (Jo 6.44).

Ninguém, nem mesmo aqueles que dizemos que tem o dom da palavra, tem a capacidade de persuadir nossa mente, nossos pensamentos, nossas dúvidas e nos trazer satisfação pessoal a não ser o Espírito Santo, pois apenas o Espírito Santo acaba com qualquer dúvida que tenhamos a respeito de Cristo: *"Sabemos que permanecemos nele, e ele em nós, porque ele nos deu do seu Espírito"* ((1 Jo 4.13).

O Espírito Santo dá vida e poder

É papel de o Espírito Santo nos dar vida nova na regeneração. Jesus disse: *"O espírito é o que vivifica; a carne para nada aproveita"* (Jo 6.63; 2 Co 3.6; At 10.44-47; Tt 3.5). Ele nos dá poder para o serviço, como já mencionamos. Ele deu poder aos juízes para libertar Israel de seus opressores. Isto é visivelmente visto como o Espírito do Senhor *"veio sobre"* Otoniel em Jz 3.10, veja também outros exemplos como: Gideão em Jz 6.34. Jefté em Jz 11.29, Sansão em Jz 13.25; 14.6, 19; 15.14. Ele também veio poderosamente sobre Saul contra os inimigos de Israel (1 Sm 11.6), quando o jovem Davi foi ungido rei (1 Sm 16.13), entre diversos outros exemplos.

O exemplo da obra capacitadora do Espírito Santo pode também ser visto no Novo Testamento. O Espírito Santo capacitou os discípulos de Jesus, pois Jesus prometeu: *"... mas recebereis poder, ao descer sobre vós o Espírito Santo, e sereis minhas testemunhas tanto em Jerusalém, como em toda a Judéia e Samaria e até os confins da terra*" (At 1.8). É inegável a ação da atividade do Espírito Santo concedendo poder aos chamados cristãos primitivo ou primeiros cristãos como alguns gostam de chamar, para operar milagres à medida que eles proclamavam o evangelho.

O Espírito concede dons espirituais

Outro exemplo da capacitação é a concessão do Espírito Santo em conceder dons espirituais aos cristãos, a fim de equipará-los para o ministério. Com relação aos dons, existem diferentes grupos de dons citados no Novo Testamento, que mostram algumas diferenças e algumas sobreposições. Devemos ter em mente que todos os cristãos têm pelo menos um dom que o Espírito Santo lhe concedeu, no entanto, também devemos ter em mente que alguns cristãos têm mais de um dom. Entretanto, não devemos nos esquecer de que todos os dons são o resultado do trabalho do Espírito Santo em nossa vida. O apóstolo Paulo enfatiza a diversidade de dons, mas também salienta a fonte singular no Espírito: *"Mas um só e o mesmo Espírito realiza todas estas coisas, distribuindo-as, como lhe apraz, a cada um, individualmente"* (1 Co 12.11).

A respeito dos dons, temos uma rápida palavra a respeito:

1. Devemos nos lembrar de que apenas Deus tem conhecimento de todos os dons que o Espírito Santo nos concedeu. Ninguém

mais, e às vezes, nem mesmo você, pode ter ciência disso.
2. Os dons não se manifestam logo após a conversão, mas algum tempo depois. Isto é proporcionalmente ligada à intensidade de buscarmos por eles, por este motivo, não devemos nos desanimar. Enquanto os dons não se manifestam, pode ser uma indicação de que estamos sendo preparados para utilizamos eficazmente.
3. Os dons que o Espírito Santo nos concede, tem como finalidade abençoar as pessoas e não nossa autopromoção.
4. Devemos ter paciência em Deus, pois sabemos que muitas pessoas, especialmente nossos familiares podem não ficarem felizes com os dons que nos são concedidos.
5. Não devemos nos contentar com os dons concedidos, devemos almejar mais, investir mais em conhecer a Palavra de Deus e desenvolver nossos dons e talentos.

O Espírito Santo purifica

Uma vez que o Espírito Santo faz parte da Trindade divina e não pode ser separado dela, isto em nada pode nos surpreender quando dizemos que uma de suas atividades inclui a purificação de nossos pecados, bem como a capacidade dele nos santificar, nos tornar mais santos em nossa conduta "*... mas vós vos lavastes, mas fostes santificados, mas fostes justificados em o nome do Senhor Jesus Cristo e no Espírito do vosso Deus*" (1 Co 6.11).

Ele concede o fruto do Espírito

Quando o Espírito Santo produz o seu fruto em nós, temos a capacidade de descobrir que o amor, a alegria, paz, paciência, domínio próprio tornam-se parte de nossa vida quando nos submetemos a Jesus Cristo, pois temos o "ímpeto" de querer seguir o exemplo de nosso divino mestre e deixamos que o Espírito Santo nos guie nessa caminhada, pois tão logo que uma pessoa deposita sua confiança em Jesus Cristo, ela é selada com o Espírito Santo (Ef 1.13). Isto equivale dizer que a pessoa é guardada pelo Espírito Santo, ou seja, somos selados pelo Espírito, que passa a habitar em nós.

O Espírito Santo dá evidências da presença de Deus

Às vezes costumamos ouvir em nossos púlpitos que a obra do Espírito Santo, não é chamar atenção para si mesmo, mas para glorificar a Deus e a Jesus Cristo. Porém, estas palavras mais parecem uma falsa dicotomia e não tem sustentação bíblica. É evidente que o Espírito Santo glorifica a Jesus Cristo e isto pode ser visto no evangelho de João (Jo 16.4), ele também dá testemunho dele (Jo 15.26; At 5.32; 1 Jo 2.3; 4.2); mas isto não significa que ele não torne conhecida as suas próprias ações e palavras. Na Bíblia Sagrada podem-se encontrar diversos versículos que falam sobre a obra do Espírito Santo, lembrando que a própria Bíblia foi falada ou inspirada pelo Espírito Santo!

Várias passagens mencionam a obra do Espirito Santo nos profetas do Antigo Testamento por meio de fenômenos que indicavam sua atividade, quando ele veio sobre os setenta anciãos escolhidos para trabalhar com Moisés e eles profetizaram (Nm 11.25,26) e também quando o Espírito Santo veio sobre os juízes para capacitá-los a realizar grandes obras de poder (Jz 14.6,19; 15.14), ou ainda quando ele veio sobre Saul e ele profetizou com um grupo de profetas (1 Sm 10.6,10),

Uma teofania do Espírito Santo é quando a sua presença visível quando ele desceu como uma pomba sobre Jesus (Jo 1.32), ou veio sobre os discípulos no Pentecostes como um som de um vento impetuoso e em forma de línguas visíveis de fogo (At 2.2,3). Outra forma, porém, de forma não visível como estes exemplos neotestamentários, pode ser visto quando o Espírito Santo foi derramado sobre as pessoas, e essas passaram a falar em línguas ou ainda, a louvar a Deus de modo extraordinário e espontâneo (At 2.4; 10.44-46; 19.6). Lembrando que os apóstolos escreveram as palavras das Escrituras contidas no Novo Testamento, foram guiados pelo Espírito Santo.

Nos dias atuais, vemos a ação do Espírito Santo

na vida pessoal dos muitos cristãos, onde ele testemunha que somos filhos de Deus (Rm 8.16) e nos concede dons espirituais, manifestando assim de modo irrefutável a sua presença em nosso meio (1 Co 12.7-11). A Bíblia afirma veementemente que Deus é amor, então, o Espírito Santo derrama o amor de Deus em nosso coração (Rm 5.5; 15.30; Cl 1.8) e muitas vezes a sua presença é manifestada trazendo uma atmosfera de paz, conforto (At 9.31), liberdade (2 Co 3.17), esperança (Rm 15.13; Gl 5.5), independente da adversidade que estivermos atravessando: "Porque o reino de Deus não é comida nem bebida, mas justiça, e paz, e alegria no Espírito Santo" (Rm 14.17. cf. Gl 5.22).

O Espírito Santo guia e dirige o povo de Deus

Isto é facilmente comprovado quando lemos nos textos do Novo Testamento, quando o Espírito Santo guia Jesus ao deserto logo após o seu batismo, para que ele passe pelo episódio que normalmente intitulamos de a tentação de Cristo que se encontra descritas nos evangelhos sinóticos de Mt 4.1 e Lc 4.1. Outro exemplo muito típico de direção e cuidado que o Espírito Santo tem com o povo de Deus, está registrado no livro de Atos 8, quando o Espírito Santo orienta a Filipe a aproximar-se do carro do eunuco e acompanha-lo (At 8.29), ou ainda dizendo ao apóstolo Pedro que ele fosse com os três homens que chegariam a casa de Cornélio (At 10.19,20; 11.12), ou pedindo aos cristãos de Antioquia para separar Paulo e Barnabé para a realização da obra da qual Ele (o Espírito Santo de Deus) os havia chamado (At 13.2). Estes e muitos outros exemplos podem ser vistos mais especificamente nos textos do Novo Testamento.

O Espírito Santo ensina e ilumina

O Espírito Santo é nosso professor celestial, pois este é ainda outro aspecto da obra reveladora do Espírito Santo que nos traz o conhecimento de certas coisas, bem como a iluminação para que possamos entender. Jesus disse que o Espírito Santo ensinaria todas as coisas e faria os apóstolos lembrar-se de tudo o que ele havia dito (Jo 14.26). Também está escrito que o Espírito Santo colocaria na boca dos discípulos palavras quando esses fossem levados a julgamento por causa da perseguição que viriam a ser realizadas, devido ao nome de Jesus (Lc 12.12; Mt 10.20; Mc 13.11).

Outros exemplos podem ser descritos sobre os ensinamentos, entretanto, atualmente devemos orar para que o Espírito Santo nos dê sua iluminação em nossas vidas diárias, nos dê forças para estudarmos a Palavra de Deus dia após dia e para que tenhamos a compreensão ortodoxa de seus ensinamentos.

O Espírito Santo unifica

O melhor exemplo que vem a minha mente e que podemos apresentar para mostrar que o Espírito Santo unifica, está descrito no livro de Atos, capítulo 2, quando o Espírito Santo é derramado sobre as pessoas que se encontravam em oração no cenáculo. Episódio este conhecido como o dia do Pentecostes, aqui vemos o apóstolo Pedro proclamar que a profecia do profeta Joel 2.28-32 se cumpria (At 2.16-18). Neste relato, vemos uma ênfase na vinda do Espírito Santo sobre aquela comunidade, onde os filhos e filhas, jovens e velhos, servos e servas, receberiam o derramamento do Espírito Santo.

Outro exemplo onde podemos ver a unificação do Espírito Santo que também aponta para a realidade da existência da Trindade Divina encontra-se na benção tripla que hoje costumamos ouvir em nossas igrejas: "A graça do Senhor Jesus Cristo e o amor de Deus e a comunhão do Espírito Santo sejam com todos vós" (2 Co 13.13). É interessante notar neste versículo, a atribuição da comunhão não estar vinculada a Jesus Cristo e nem a Deus, mas ao Espírito Santo.

Reproduz o caráter de Cristo e nos leva ao serviço

O Espírito Santo quando age realmente em nossas vidas, reproduz o caráter de Cristo nos cristãos. Em outras palavras mais simples, isto quer dizer que ele leva os cristãos a vencerem a si mesmos e ao pecado, intercedendo por todos os cristãos em oração, ensinando-os a orar; e revelando a vontade soberana de Deus para a vida de cada um.

Ao conhecermos a Jesus Cristo, produz uma mudança em cada cristão, onde cada qual procura reproduzir o caráter de Cristo em sua própria vida, então, o Espírito Santo nos guia ao serviço cristão, chamando homens e mulheres para missões específicas e nos sustenta para que o realizemos com destreza. Então neste momento, basta nos perguntar: qual a missão específica que o Espírito Santo espera que realizamos para glorificar o nome de Jesus Cristo?

Alguns símbolos que descrevem o Espirito Santo

Como já mencionamos anteriormente, na Bíblia Sagrada, a palavra "espírito" é uma tradução do hebraico ruach e do grego pneuma. Na maioria das vezes, o Espírito Santo é frequentemente referenciado por meio de metáforas ou símbolos, tanto doutrinariamente quanto biblicamente. Teologicamente falando, esses símbolos têm a sua devida importância, pois antes de tudo, nos possibilita entender a pessoa do Espírito Santo pelo que ele é e faz e descarta a possibilidade dele ser apenas uma representação poética, artística ou mero simbolismo. O Espírito Santo não é uma coisa, uma força, um poder, ele é uma pessoa, é Deus e não simplesmente uma presença, por este motivo, devemos nos atentar par não interpretar erroneamente e acaba distorcendo as imagens, metáforas ou simbolismos utilizados sobre o Espírito Santo.

Podemos encontrar uma representação do Espírito Santo como água. Esta representação significa a ação do Espírito Santo no batismo, pois após sua invocação, ela é vista como sinal eficaz do novo nascimento que produz no neófito: *"Em um só Espírito fomos batizados todos nós em um só corpo, quer judeus, quer gregos, quer escravos, quer livres; e a todos nós foi dado beber de um só Espírito"* (1 Co 12.13).

O Espírito Santo também é simbolizado pela unção. O simbolismo da bênção com óleo, está diretamente ligado ao Espírito Santo, chegando ao ponto de se tornar quase um sinônimo dele. A Bíblia nos dá este entendimento da vinda do Espírito Santo como uma "unção", pois em 2 Co 1.21 está escrito: *"Mas aquele que nos confirma convosco em Cristo e nos ungiu é Deus"*. MacArthur (2011, pág. 1562) diz que "essa palavra e emprestada do serviço comissionado que diferenciava, simbolicamente, os reis, profetas, sacerdotes e servos especiais. O Espirito Santo separa os cristãos e dá a eles poder para a obra de proclamar o evangelho e para o ministério".

A palavra unção não pode ser definida apenas como poder, capacidade gerada pelo Espirito Santo de Deus, muito menos como entusiasmo, emoção, força. Unção é o poder de Deus que nos dá a capacidade de lidar com espíritos demoníacos, que nos capacita a enfrentar as adversidades da vida. É o poder sobrenatural vinda de Deus que nos capacita a render nossa vontade a Deus, a seguir o Senhor Jesus fielmente. É da vontade do Espírito Santo ungir a todos nós para o trabalho a qual fomos chamados a exercer na obra de Deus e ele intercede continuamente por nós.

Mais um simbolismo aplicado ao Espírito Santo é fogo, essa representação simboliza a obra transformadora das ações do Espírito Santo que foi visto como forma de "línguas de fogo", no dia de Pentecostes. Também a figura do fogo é vista como aquilo que purifica. Dessa forma, podemos fazer uma aplicação prática dizendo que assim como o fogo purifica o metal, nesse caso, o Espírito Santo pode entrar em nossas vidas e como fogo, nos purificar.

Um símbolo também aplicado ao Espírito Santo, porém pouco aplicado é que ele é descrito como selo, aquele que nos sela. Este simbolismo é bem próximo ao da unção, pois está escrito: *"trabalhai, não pela comida que perece, mas pela que subsiste para a vida eterna, a qual o filho do Homem vos dará; porque Deus, o Pai, o confirmou com o seu selo"* (Jo 6.27). Em Cristo e através do Espírito Santo é que Deus nos marca com seu selo.

O simbolismo da pomba é principalmente aplicado no batismo de Jesus Cristo nas águas do Rio Jordão, onde o apóstolo Mateus descreve que o Espírito Santo pousa como forma de uma pomba, sobre Jesus: *"batizado Jesus, saiu logo da água, e eis que se lhe abriram os céus, e viu o Espírito de Deus descendo como poma, vindo sobre ele"* (Mt 3.16)

Vento ou sopro é outro símbolo aplicado ao

Espírito Santo, pois ele também é comparado a "*o vento que sopra onde quer*" (Jo 3.8) e também descrito como um som vindo "como de um vento impetuoso" (At 2.2). Como dissemos anteriormente, devemos nos atentar quanto à aplicação da descrição dos símbolos utilizados e não confundir, pois se o Espírito Santo fosse vento, então ele não poderia ensinar as pessoas, inspirar os escritores bíblicos sobre as verdades espirituais. Da mesma forma, se ele fosse fogo, não poderia e nem teria a capacidade de aconselhar os cristãos. Também, se ele fosse uma pomba branca, o Espírito Santo então, não poderia falar conosco sobre os ensinamentos de Cristo, a menos que conhecemos a linguagem dos pombos e também se esses pombos tivessem o conhecimento desse ensinamento.

Podemos por fim dizer que todos estes significados e outros não expressos nestas páginas, possuem uma mesma ideia: algo sobrenatural, poderoso, que é invisível aos olhos humanos, no entanto, produz um efeito visível, renovador e transformador em nossas vidas.

A pessoa de Cristo

Falar sobre a pessoa de Cristo, não é descrever quem Jesus é, muito menos ficar citando conteúdos históricos e referências bíblicas sobre sua existência. A pessoa de Cristo, vai além dessas informações que nos são úteis, quando tentamos argumentar sobre sua existência na história da humanidade. Podemos encontrar pessoas que argumentam que realmente Jesus existiu, mas ele não é o Jesus que nos referimos, chegam a utilizar a expressão de que o Jesus histórico é muito diferente do Jesus bíblico. No entanto, vemos que quase sempre, a descrença está baseada em interpretações pessoais ou mesmo por decepções sofridas que endureceram seu coração e mente.

Falar sobre a pessoa de Jesus é saber como Jesus pode ser Deus e ao mesmo tempo ser um homem, não nos referindo aqui a semideus, mas ser verdadeira e plenamente Deus e plenamente homem continuando ainda assim, sendo uma pessoa. Isto pode parecer difícil de se explicar ou entender, mas na encarnação, a divindade e humanidade de Cristo se unir na pessoa de Jesus Cristo. Em uma linguagem mais requintada, pode-se dizer que Jesus é homoousios com o Pai, ou seja, consubstancial. Explicando que a palavra homoousios é a junção de duas palavras gregas que significam "uma" e "substância", conforme nos ensina Olson.

Esta palavra foi aceita para descrever o relacionamento entre o Filho de Deus e o Pai, ou para melhor entendimento, isso quer dizer que ambos são uma só substância ou um só ser. Homoousios pode corretamente ser interpretado como uma declaração de que Jesus e Deus são idênticos em todos os sentidos, inclusive de serem a mesma pessoa exceto na aparência

O ensino bíblico acerca da pessoa de Cristo, pode ser resumido da seguinte maneira: Jesus Cristo é plenamente Deus e plenamente homem em uma só pessoa. Esse ensino sobre a plena divindade e plena humanidade de Cristo é tão amplo que desde os primeiros tempos da história da igreja que foi necessário anos e mesmo séculos, após a crucificação para ser formulada da forma que a entendemos hoje, só chegando à sua forma final pouco antes da Definição de Calcedônia no ano de 451 d.C.

Embora algumas pessoas nos dias de hoje, bem como pessoas de épocas anteriores, negassem a divindade de Jesus, também existia um número bem maior de pessoas que a afirmam e defendiam com tanta veemência que acabavam ignorando o seu lado humano. É um erro superestimar uma natureza, depreciando a outra. Não podemos ignorar que Jesus, além de divino, encarnou como homem, assim sendo, o aspecto humano de Jesus é tão importante como o divino e os dois devem andar lado a lado. Salientando que embora desde a eternidade Jesus seja Deus, o mesmo não podemos dizer a respeito de sua humanidade. Jesus desde antes da eternidade é Deus, porém, ele se tornou homem em um momento da história da humanidade ao se encarnar e essa natureza humana, ele levou consigo quando ascendeu aos céus. Este fato é demonstrado na Bíblia em várias passagens.

Sua humanidade nunca foi questionada, inclusive podemos encontrar uma profecia relatando essa dupla natureza de Jesus: *"Porque um menino nos nasceu, um filho nos foi dado, e o governo está sobre os seus ombros. E ele será chamado Maravilhoso Conselheiro, Deus Poderoso, Pai Eterno, Príncipe da Paz"* (Is 9.6). Ao observarmos mais atentamente a profecia contida neste versículo, pode-se apontar duas palavras chaves: nasceu e dado. Isto nos faz ver que assim como qualquer criança, Jesus nasceu, ele não foi um experimento de laboratório, nem foi feito inseminação artificial para que viesse a vida, entretanto, como Filho de Deus, ele nos foi dado. O apóstolo Paulo em seus escritos faz a mesma distinção: *"acerca de seu Filho, que, como homem, era descendente de Davi, e que mediante o Espírito de santidade foi declarado Filho de Deus com poder, pela sua ressurreição dentre os mortos: Jesus Cristo, nosso Senhor"* (Rm 1.3,4). Ser descendente é nascer dentro de determinada família e de acordo com a genealogia humana, Jesus é descendente de Davi, mas pela genealogia divina, ele é o filho de Deus que se tornou-se homem.

Quando nos referimos a humanidade de Jesus, convém levar em consideração o seu nascimento virginal. As Escrituras afirmam explicitamente que Jesus foi concebido no ventre de sua mãe, pela obra do Espírito Santo, sem a ajuda de um pai humano (ver Mt 1.18,20, 24,25). No evangelho de Lucas, o mesmo fato é afirmado porém acrescido da aparição do anjo Gabriel a Maria, quando a anunciação foi feita (Lc 1.35).

A importância doutrinária do nascimento virginal de Jesus não pode ser colocada de lado ou mesmo ignorada, pois pode ser vista como um dos pilares que devemos nos apoiar quando dizemos que a salvação deve vir do Senhor. O nascimento virginal de Jesus é o cumprimento da promessa de Deus quando disse em Gn 3.15 que a "semente" da mulher ferirá a cabeça da serpente. Gl 4.3-5 está escrito *"Assim também nós, quando éramos menores, estávamos escravizados aos princípios elementares do mundo. Mas, quando chegou a plenitude do tempo, Deus enviou seu Filho, nascido de mulher, nascido debaixo da Lei, a fim de redimir os que estavam sob a Lei, para que recebêssemos a adoção de filhos"*.

É claro que a palavra redimir expressa nossa salvação, ela é uma prerrogativa exclusiva de Deus e não há nada que o homem possa fazer por si só para alcançar a salvação eterna. Outro fato que podemos apontar sobre a importância do nascimento virginal de Cristo, é a possibilidade da união da plena divindade e da plena humanidade em uma só pessoa. Se pensarmos em outra maneira de Jesus se manifestar fisicamente ao mundo, veremos que nenhum deles uniria com tamanha beleza e clareza a humanidade com a divindade em uma pessoa.

A possibilidade da união da plena divindade e da plena humanidade em uma só pessoa, sem a participação de um pai humano, nos leva a entender o motivo de não herdamos a herança do pecado. A falta da participação de um pai terreno, significa que a concepção de Jesus não seguiu a mesma maneira que todos nós viemos ao mundo e isso nos ajuda a entender, porque a culpa imputada a Adão não pertence a Cristo. A imputação do pecado pode ser vista nos seguintes versículos:

"Visto que a morte veio por meio de um só homem, também a ressurreição dos mortos veio por meio de um só homem" (1 Co 15.21).

"Se pela transgressão de um só a morte reinou por meio dele, muito mais aqueles que recebem de Deus a imensa provisão da graça e a dádiva da justiça reinarão em vida por meio de um único homem, Jesus Cristo" (Rm 5.17).

"Pois, da mesma forma que em Adão todos morrem, em Cristo todos serão vivificados" (1 Co 15.22).

A humanidade de Jesus é vista em toda Bíblia porque assim como nós ele possuía um corpo humano e isso é visto em muitas passagens das Escrituras. No livro de Lucas além da concepção sobrenatural de Jesus por meio do Espírito Santo, o evangelista nos diz que Jesus crescia, enchendo-se de sabedoria" (Lc 2.40), novamente isto é reafirmado versículos adiante: "crescia Jesus em sabedoria, estatura e graça, diante de Deus e dos homens" (Lc 2.52).

Isso nos faz ver que Jesus possuía uma mente humana, pois o fato dele ter crescido em sabedoria, significa que Jesus, assim como nós, passou por um processo de aprendizado. Ele precisou aprender a andar, falar, ler, escrever e o que revela mais a humanidade de Cristo, é que ele teve que aprender a obediência. Devido a esses motivos, é que as pessoas que conheceram Jesus e viveram próximas dele, acompanharam seu crescimento, o consideravam uma pessoa como outra qualquer, por este motivo, podemos compreender porque os habitantes da cidade de Nazaré rejeitaram Jesus, apesar deles se maravilharem pela sabedoria e poderes miraculosos demonstrados (veja Mt 13.53-58).

Essa passagem nos indica ainda que aqueles que mais conheciam Jesus, não o consideravam nem ao menos como um profeta, mas um homem normal, cuja família, irmãs, irmãos e mãe habitavam entre eles. Não obstante a isso, vemos que na Bíblia, a plena divindade e a plena humanidade de Cristo sempre aparecem juntas, por exemplo, no capítulo oito de Mateus é narrada que, enquanto os discípulos atravessavam o mar da Galileia rumo à terra dos gadarenos, Jesus dormia na embarcação. Dormir é um ato humano, porém, acalmar os ventos e as ondas, só pode ser um ato divino.

Essas verdades nem sempre foram reconhecidas por algumas pessoas ao longo da história da igreja, pois vemos o aparecimento de diversas heresias e entre elas tem uma a qual nega a divindade de Cristo, ela é conhecida como arianismo. Assim sendo, depois de toda a argumentação utilizada, podemos afirmar que negar a divindade e a humanidade de Jesus, são dois erros graves que devemos evitar de cometer.

Jesus experimentou uma sucessão de emoções humanas

Dizer apenas que Jesus experimentou uma sucessão de emoções humanas, é acima de tudo, outra forma de afirmar sua humanidade. Mas o que vem a ser emoção? Uma boa definição desta palavra nos é apresentada no Dicionário on-line: "Reação moral, psíquica ou física, geralmente causada por uma confusão de sentimentos, que se tem diante de algum fato, situação, notícia, fazendo com que o corpo se comporte tendo em conta essa reação, através de alterações respiratórias, circulatórias; comoção".

Com esta definição em mente, podemos ver que a emoção que mais podemos atribuir a Jesus, é a compaixão ou piedade, que representa sua expressão de profundo amor por nós. Isto pode ser visto na seguinte passagem: *"Tenho compaixão desta multidão; já faz três dias que eles estão comigo e nada têm para comer. Se eu os mandar para casa com fome, vão desfalecer no caminho, porque alguns deles vieram de longe"* (Mc 8.2,3). Além da passagem citada, sabemos pela Bíblia que Jesus movido de grande compaixão, curou leprosos (Mc 1.41), cegos (Mt 20.34) e compadecido pela situação da viúva de Naim, ressuscitou seu único filho (Lc 7.13-15).

Além dessas, houve ainda outros momentos que

Jesus demonstrou suas emoções com lágrimas e mesmo admirando-se com algo. Jesus admirou-se com a fé demonstrada pelo centurião descrito em Mt 8.10, e também chegou a chorar em duas ocasiões: ele verteu lágrimas devido a incredulidade da cidade de Jerusalém (Lc 19.41) e outra vez que o vemos derramar lágrimas, encontra-se na passagem mais conhecida de todas, Jesus chorou diante do túmulo de Lázaro (Jo 11.35).

É importante ainda verificarmos que a citação das lágrimas de Jesus, nos remete a outra área da sua vida, a da dor. A dor demonstrada por Jesus transformou-se em ira, quando mediante suas denúncias sobre os líderes religiosos de sua época, ele os chamava de hipócritas (Mt 15.7), guias cegos (Mt 15.14), sepulcros caiados (Mt 23.27), raça de víboras (Mt 23.23) e os acusava de ter por pai, o diabo (Jo 8.44).

Outra demonstração de emoção humana, é quando algumas vezes Jesus mencionava o desejo de que seus seguidores também possuíssem sua alegria *"Tenho dito estas palavras para que a minha alegria esteja em vocês e a alegria de vocês seja completa"* (Jo. 15.11); *"Agora vou para ti, mas digo estas coisas enquanto ainda estou no mundo, para que eles tenham a plenitude da minha alegria"* (Jo 17.13).

Tentado como nós, porém sem pecado

Vale a pena ainda citar que outra área em que Jesus

por meio de sua encarnação, tornou-se como nós, tem a ver com tentação. O autor do livro aos Hebreus cita: *"Porque não temos um sumo sacerdote que não possa compadecer-se das nossas fraquezas; porém um que, como nós, em tudo foi tentado, mas sem pecado"* (Hb 4.15). Tentação é atração por coisa proibida e ainda movimento íntimo que incita ao mal, segundo dicionários e o relato sobre a tentação enfrentadas por Cristo encontra-se registrada em Mt 4.1-11; Mc 1.12,13; Lc 4.1-13.

A primeira área na qual Jesus foi tentado, foi a física, pois ele sentiu fome; a segunda tentação foi espiritual. O diabo o levou à cidade santa e o colocou sobre o pináculo do templo, desafiando-o a jogar-se lá de cima, contando que seu Pai ordenaria através dos anjos para o guardarem (Mt 4.5,6). A terceira tentação, está ligada à área vocacional, pois sabia que, segundo as profecias, Jesus em algum momento da história, herdaria os reinos deste mundo (Sl 2.7,8). Satanás disse: *"Tudo isto te darei se, prostrado, me adorares"* (Mt 4.9). Esta era uma oferta para que Jesus pegar um atalho em sua divina missão, contudo, Jesus rejeitou a oferta e determinou-se a seguir o caminho que Deus havia posto diante dele.

Além dos evangelhos sinóticos, o autor de Hebreus afirma que Jesus foi tentado em todas as coisas e exatamente por Jesus ter enfrentado tentações, significa que ele possuía natureza genuinamente humana, pois as Escrituras são claras em nos dizer que *"Deus não pode ser tentado pelo mal"* (Tg 1.13) e isto nos remete a tecer algumas linhas sobre a impecabilidade de Jesus.

Vimos que as Escrituras é explicita ao afirmar que Jesus era plenamente humano exatamente como nós, por outro lado, também é explicita ao afirmar que Jesus não pecou. Nessa área ele era diferente de nós e isso constitui um aspecto importante. Algumas pessoas objetam afirmando que se Jesus não pecou, então ele não poderia ser verdadeiramente homem, pois todos nós pecamos. Mas essas pessoas deixam de perceber que a situação agora vivida, era uma situação atípica, anormal, porque na criação, Deus nos criou santos e justos, mas resolvemos pecar.

A impecabilidade de Jesus é ensinada nas Escrituras. Vimos essas indicações quando citamos que Jesus encheu-se de sabedoria e a "graça de Deus estava sobre ele" (Lc 2.40). Depois quando Satanás não logrou sucesso ao tentar Jesus. Uma citação fascinante é quando Jesus diz aos judeus: *"Quem dentre vós me convence de pecado?"* (Jo 8.46) e esses não puderam responder ou simplesmente nada tinham como resposta para contra argumentar Jesus.

A implicação dessa pergunta realizada por Jesus, dentro de seu contexto quer dizer que muito embora os judeus o consideravam culpado de pecado, Jesus demonstra sua santidade e como os judeus não puderam responder a essa pergunta, isso equivale dizer que eles não puderam apresentar qualquer evidência que pudesse acusar Jesus de qualquer pecado que ele possa ter algum dia cometido. É interessante notar que quando você faz este tipo de pergunta a um inimigo seu, ou ainda quem não gosta de você, mesmo não sendo verdade, eles imediatamente inventariam qualquer coisa a seu respeito. Os judeus, ao contrário, se calaram, pois eles não puderam acusar Jesus e apresentar qualquer evidência convincente.

Temos ainda a citação do apóstolo Paulo dizendo que Deus enviou seu próprio filho *"em semelhança de carne pecaminosa e no tocante ao pecado"* (Rm 8.3). Essas palavras quer dizer embora na encarnação Jesus tenha se tornado totalmente humano, ele apenas apresentava aparentemente carne pecaminosa, pois ele é totalmente sem pecado. Em seus escritos, Paulo se refere a Jesus como aquele que não conheceu o pecado, conforme 2 Co 5.21. Conhecer o pecado, não é ter consciência do pecado, mas não pecar.

Outra citação pertinente, encontramos em Hb 7.26 quando seu autor afirma que é um sumo sacerdote *"santo, inculpável, sem mácula, separado dos pecadores e feito mais alto do que os céus"*. O apóstolo Pedro também se refere a Jesus como "cordeiro sem defeito e sem mácula" (1 Pe 1.19), empregando figuras do Antigo Testamento para afirmar sua isenção de qualquer mácula moral. Pedro declara diretamente que ele não cometeu pecado, nem dolo algum se achou em sua boca (1 Pe 2.22). João em sua primeira epístola, referindo-se a Jesus diz que "nele não existe pecado" (1 Jo 3.5)

Jesus se tornou igual a nós, ele padeceu fome (Mt 4.2), sede (Jo 4.6-15; 19.28,29), se cansou (Mc 4.35-41; Mt 8.23-27; Jo 4.6), entre outras diversas coisas já apontadas neste capítulo. No entanto, um dos maiores exemplos de sua humanidade foi a dor e a angústia que ele suportou na cruz. Jesus por meio de sua encarnação, conheceu provações, alegria, sofrimento, teve perdas, assim como ganhos, sofreu tentações, sentiu dores e morreu. Tem algo mais humano do que tudo isso?

Por que Cristo se tornou homem?

Esta pergunta pode até parecer simplória, no entanto, sua resposta contém uma verdade que todo cristão responde sem titubear. A resposta a essa pergunta, em síntese, foi para que todo aquele que nele crê, tenha vida em abundância e para que isso acontecesse, foi necessário que ele morresse para ser nossa propiciação, quitar nosso débito para com Deus. A ênfase da missão de Jesus na terra, foi dada pelo anjo Gabriel, quando em sonho, anunciou a jovem a miraculosa concepção: *"Ela dará à luz um filho, e você deverá dar-lhe o nome de Jesus, porque ele salvará o seu povo dos seus pecados"* (Mt 1.21).

O próprio Jesus em diversos momentos disse que veio para cumprir a vontade de Deus, referindo a si mesmo como a provisão de um sacrifício superior em benefício de todos. O cumprimento de sua missão se deu em sua morte e o tema de ser o sacrifício perfeito para o perdão dos pecados é visto no Antigo Testamento, primeiro em relação ao pleno significado dos sacrifícios de acordo com a Lei e depois, acerca das profecias sobre a promessa da vinda do Redentor.

Anselmo da Cantuária, falecido em 1109, proporcionou, em seus estudos, uma clássica resposta ao questionamento acerca da necessidade de Jesus ter se tornado homem. A obra de arte teológica, intitulada Cur Deus Homo? [traduzida, literalmente como Por que Deus-homem? Ou Por que Deus se tornou homem?] Trata da questão da encarnação. A resposta é uma declaração muito bem elaborada da justificação.

Anselmo respondeu que o verbo de Deus se tornou humano porque somente alguém simultaneamente divino e humano poderia, de fato, realizar a salvação. No entanto, isso não quer dizer que, segundo ele, não haja outros motivos para a encarnação (BOICE, 2011, pág. 249).

Quando o apóstolo João escreveu sua primeira epístola, segundo os estudiosos, o fez para combater os princípios heréticos de um grupo que ficou conhecido como gnosticismo que ameaçava destruir os fundamentos da fé e as igrejas que embora atribuíssem algum tipo de divindade a Cristo, os gnósticos chegavam ao ponto de negar a humanidade de Cristo. Essa negação da verdade acerca de Cristo era tão séria que o apóstolo afirmou: *"Amados, não creiam em qualquer espírito, mas examinem os espíritos para ver se eles procedem de Deus, porque muitos falsos profetas têm saído pelo mundo. Vocês podem reconhecer o Espírito de Deus deste modo: todo espírito que confessa que Jesus Cristo veio em carne procede de Deus; mas todo espírito que não confessa Jesus não procede de Deus. Esse é o espírito do anticristo, acerca do qual vocês ouviram que está vindo, e agora já está no mundo"* (1 Jo 4.1-3).

Jesus tinha de nascer como homem, pois sendo plenamente humano, ele cumpria o requisito de ser o messias prometido pelas Escrituras e assim, obter a nossa salvação através de seu sacrifício vicário. Lembrando que a palavra vicário quer dizer aquele que substitui; que faz as vezes de outra coisa ou pessoa ou simplesmente, substituto. Nesta linha de pensamento, podemos dizer que Jesus foi o nosso substituto que obedeceu em tudo aquilo que Adão não foi capaz de fazer. O apóstolo Paulo declara com outras palavras essa afirmação quando fez um paralelo entre Jesus e Adão, escrevendo: *"Consequentemente, assim como uma só transgressão resultou na condenação de todos os homens, assim também um só ato de justiça resultou na justificação que traz vida a todos os homens. Logo, assim como por meio da desobediência de um só homem muitos foram feitos pecadores, assim também por meio da obediência de um único homem muitos serão feitos justos"* (Rm 5.18,19).

O ensino sobre o motivo que Jesus tinha de nascer como homem, é tão claro nas Escrituras, caso, hipoteticamente ele não tivesse nascido entre nós, ele não teria a condição de ser nosso mediador entre Deus e os homens, porque até os dias de hoje, não encontramos ninguém que esteja vivo ou tenha vivido que pudesse atender tal requisito. Para cumprir tal requisito é necessário que a pessoa tivesse as duas naturezas perfeitamente harmonizadas em si e por este motivo, está escrito em 1 Tm 2.5,6: *"Pois há um só Deus e um só mediador entre Deus e os homens: o homem Cristo Jesus, o qual se entregou a si mesmo como resgate por todos. Esse foi o testemunho dado em seu próprio tempo"*.

Também, temos de levar em consideração que se Jesus não tivesse nascido homem, então, ele não poderia ter sido nosso sacrifício vicário, morrido em nosso lugar e pago a penalidade que nos cabia diante nossa desobediência a Deus. Deus desde antes do início da história humana, já condenou os anjos rebeldes e por este motivo, convinha que Jesus se tornasse homem, porque Deus não está interessado em salvar os anjos, mas os homens que é a coroa de sua criação.

Outro motivo que podemos apontar o motivo pela qual Jesus tinha que nascer como homem, tem muito a ver em ele ser o nosso exemplo de obediência. Esta verdade pode ser lida em 1 Jo 2.6: *"aquele que diz que permanece nele, esse deve também andar assim como ele andou"*. A vida e a obediência de Jesus deve ser o padrão a ser seguido por todos os cristãos e o versículo ainda nos orienta a andar como ele andou, isto quer dizer, que todo aquele que se diz cristão, deve viver como Jesus viveu, pois a obediência aos mandamentos de Deus é uma prova de comunhão genuína com nosso Criador e Deus. Um pouco mais adiante, o apóstolo declara que quando Jesus *"se manifestar, seremos semelhantes a ele, porque haveremos de vê-o como ele é"* (1 Jo 3.2).

Por fim, caso Jesus não tivesse nascido na condição de homem, ele não poderia ter conhecido na pele nossas limitações, dores, sofrimentos, angustias, bem como momentos de felicidade. Por ele ter se manifestado verdadeiramente como homem, nós podemos afirmar que ele é capaz de se compadecer de nós e por este motivo, é que nós dizemos que temos um sumo sacerdote que intercede por todos nós.

A divindade de Cristo

Para completar o ensino acerca da pessoa de Jesus Cristo, precisamos ainda redigir algumas palavras sobre sua divindade, ou seja, sobre ele além de ser plenamente humano, também ele é plenamente divino. Lembrando que muito embora essa palavra não é mencionada explicitamente na Bíblia, seu ensino é ortodoxo. A comprovação bíblica da divindade de Cristo é amplamente vista no Novo Testamento, especialmente no evangelho de João. Lembrando aqui que apesar de termos a história de Jesus contada por quatro evangelistas, cada um tinha um público alvo e apresentou Jesus conforme seus destinatários.

Assim, no evangelho de Mateus, ele tinha em mente seus destinatários os judeus, por este motivo ele menciona a genealogia de Jesus que para o povo judeu era muito importante. Mateus apresenta Jesus como o messias prometido que o povo aguardava ansiosamente. Já o evangelho de Marcos, seu público alvo era os romanos, por este motivo, ele apresenta Jesus como servo. Salientando que caso ele tivesse o mesmo propósito de Mateus, seria mais difícil de transmitir seus ensinamentos, visto que os romanos dominavam o povo judeu daqueles tempos. Por outro lado, Lucas escreve para os gregos, por este motivo ele apresenta Jesus como o homem perfeito e retrocede a genealogia de Jesus até Adão. Por fim, o apóstolo João escreve aos cristãos e apresenta Jesus como Deus.

Além do que foi exposto até o momento sobre a

divindade de Cristo, Grudem faz menção de duas alegações bíblicas diretas da Bíblia de que Jesus e Deus. A primeira menção, de acordo com esse estudioso, encontra-se na Palavra de Deus (Theos) atribuída aqui a Jesus Cristo. Sobre isso, esse renomado escritor diz que "apesar da palavra theos ser em geral reservada para Deus Pai, algumas passagens em que é também empregada em referência a Jesus Cristo". Esclarecendo que a palavra "Deus" sempre se faz em referência "àquele que é Criador do céu e da terra, o governante de tudo". Como exemplo é citado Jo 1.1, 18; 20.28; Rm 9.5; Hb 1.8 (citando Sl 45.6); 2 Pe 1.1; além de uma passagem messiânica inquestionavelmente atribuída a Jesus em Is 9.6 (... Deus forte...). A segunda menção feita, encontra-se na palavra Senhor (Kyrios) atribuída a Cristo:

> A palavra kyrios é empregada para traduzir o nome do Senhor 6814 vezes no Antigo Testamento grego. Assim, qualquer leitor grego da época do Novo Testamento que conhecesse um pouco o Antigo Testamento grego reconheceria que nos contextos apropriados, a palavra "Senhor" era o nome do Criador e Mantenedor do céu e da terra, o Deus onipotente. Ora, há muitos casos no Novo Testamento em que "Senhor" é empregado em referência a Cristo e só pode ser compreendido nesse sentido veterotestamentário denso: "o Senhor" que é Javé ou o próprio Deus (GRUDEM, 1999, pág. 448).

Além dessas alegações diretas apontadas por Grudem, pode-se ainda encontrar outras passagens nas Escrituras, da qual, em seu contexto, podemos afirmar sua divindade, embora algumas delas nos aponte também a verdadeira natureza humana de Jesus. No entanto, uma das passagens mais lindas no ponto de vista deste autor, foi quando Jesus responde aos judeus que Abraão se regozijou ao ver o dia de Cristo e seus opositores perguntam intrigados: *"Ainda não tens cinquenta anos e viste Abraão?"* (Jo 8.57). A resposta espetacular é rebatida por Jesus, onde ele declara ser o Senhor apontado no Antigo Testamento, na qual o próprio Deus declara ser o Deus preexistente: "Respondeu-lhes Jesus: *Em verdade, em verdade eu vos digo: antes que Abraão existisse, EU SOU*" (Jo 8.58).

Para se ter uma ideia do que Jesus estava falando, devemos retroceder alguns séculos, em nosso caso, voltar as páginas de nossas Bíblias até o segundo livro do Antigo Testamento, abrirmos no capítulo 3, versículo 14. A palavra "EU SOU" é o nome que o Senhor declara ser seu. Jesus declara seu o EU SOU, ou seja, é uma referência a si mesmo como sendo o próprio Deus, atribuindo assim, sua plena divindade, despertando a ira dos judeus, pois eles sabiam que Jesus com essas palavras, estava alegando ser Deus.

Outra alegação direta da divindade de Jesus, encontra-se no evangelho de Jo 1.1 onde seu autor chama Jesus de "o Verbo" e versículos mais adiante diz que o Verbo se fez carne, habitando entre nós (Jo 1.14), esta passagem foi utilizada em nossa argumentação da humanidade de Cristo. A palavra Verbo vem do grego Logos onde designa a palavra criadora de Deus da qual todas as coisas foram criadas. Esse apóstolo ainda nos mostra em Ap 22.13 outra alegação surpreendente de Jesus onde Jesus confirma sua divindade declarando ser *"o Alfa e o Ômega, o Primeiro e o Último, o Princípio e o Fim"*.

Alfa e ômega são as duas letras do alfabeto grego, sendo o alfa a primeira letra e ômega a última e "esse título tem sido usado acerca do Pai, em Apocalipse 1.8", conforme nos explica Champlin, acrescentando ainda que as palavras "o Princípio e o Fim" são uma definição do que significa "Alfa e Ômega" e que as palavras "o Primeiro e o Fim" são outra implicação do título "Alfa e Ômega". Sobre essas duas palavras também é dito que "quando é aplicada a Deus, aponta para ele como criador, como origem de todas as coisas" e a palavra ômega também aplicada a Deus quer dizer que "Deus é o 'alvo' de toda a criação" (2014, pág. 475). Ladd acertadamente discorre sobre essa afirmação de Jesus:

> Alfa e Ômega são a primeira e a última letras do alfabeto grego, incluindo assim tudo que se encontra entre elas. Deus é começo e fim absoluto, e por isso Senhor de tudo que acontece na história humana. Ao mesmo tempo ele é o eterno, o transcendente, que não é afetado pelos conflitos da história, aquele que é, que era e que há de vir. Como aquele que virá ele ainda visita a raça humana para trazer a história ao seu fim decretado por Deus. O Todo-poderoso poderíamos traduzir melhor por "o Governador de tudo". (2008, pág. 24,25).

Sinais de que Jesus possuí atributos divinos

Por sinais, devemos entender a clara menção dos milagres realizados por Cristo, lembrando que não foram apenas esses os descritos nas páginas bíblicas que totalizaram seus feitos, pois o apóstolo João escreveu: *"Jesus realizou ainda muitas outras coisas; se elas fossem escritas uma por uma, creio que nem no mundo inteiro caberiam os livros que seriam escritos"* (Jo 21.25). Traduzindo esta hipérbole, o evangelista quer nos dizer que "a grandeza de Jesus e seus gloriosos feitos transcendem qualquer capacidade de registro. Sempre ficaremos aquém. Jamais esgotaremos a descrição e o registro de suas obras portentosas" (LOPES, 2015, pág. 514).

Nos livros do apóstolo João, a divindade de Cristo é um tema dominante, porém no final de seu evangelho, João explicitamente diz o motivo dele escrever o evangelho que leva seu nome: *"Jesus realizou na presença dos seus discípulos muitos outros sinais milagrosos, que não estão registrados neste livro. Mas estes foram escritos para que vocês creiam que Jesus é o Cristo, o Filho de Deus e, crendo, tenham vida em seu nome"* (Jo 20.30.31).

Jesus demonstrou também um dos atributos incomunicáveis de Deus ao acalmar a tempestade no mar da Galileia (Mt 8.26,27), também quando multiplicou os pães e peixes (Mt 14.19), demonstrando assim, onipotência. Outro atributo incomunicável de Deus é sua onisciência e Jesus a demonstrou por diversas vezes (Mc 2.8; Jo 1.48 entre vários outros versículos), lembrando que Deus pode nos revelar alguns eventos através de visões, revelações e profecias, no entanto, em Jesus vemos a constância da onisciência de Jesus, pois a Bíblia diz que ele conhecia os pensamentos, o coração das pessoas e isto não era ocasional. Contudo, a passagem que aponta mais diretamente a divindade de Cristo que foi questionada, afirmando que somente Deus é quem pode realizar isso, é o fato de Jesus ter o poder de perdoar os pecados.

Diferentemente dos sinais apresentados por Jesus, temos ainda as declarações onde ele firma sua autoridade dizendo *"Eu, porém, vos digo"* ao invés de *"Está escrito"* ou *"Assim diz o Senhor"*. O apóstolo Paulo, sendo um grande conhecedor da Lei, inicialmente também concordava que as alegações de Jesus sobre sua divindade feitas pelos primeiros cristãos, era blasfêmia, por isso, ele em seu zelo religioso, se dispôs a perseguir a igreja e seus adeptos com todo o fervor. Após seu encontro com Jesus quando ia a Damasco, mais tarde esse apóstolo nos revela sua compreensão de Jesus:

> *Seja a atitude de vocês a mesma de Cristo Jesus, que, embora sendo Deus, não considerou que o ser igual a Deus era algo a que devia apegar-se; mas esvaziou-se a si mesmo, vindo a ser servo, tornando-se semelhante aos homens. E, sendo encontrado em forma humana, humilhou-se a si mesmo e foi obediente até a morte, e morte de cruz! Por isso Deus o exaltou à mais alta posição e lhe deu o nome que está acima de todo nome, para que ao nome de Jesus se dobre todo joelho, nos céus, na terra e debaixo da terra, e toda língua confesse que Jesus Cristo é o Senhor, para a glória de Deus Pai (Fp 2.5-11).*

Cremos ser desnecessário afirmar que o "nome que está acima de todo nome" é o de Deus, não havendo outro além deste pode ser considerado assim. Esta é a passagem que confessa, mesmo que implicitamente na afirmação de que Jesus Cristo é o Senhor, ou seja, Deus. Outro ensino que esse apóstolo nos traz sobre a glória de Jesus desde a eternidade é Gl 4.4,5. Da mesma forma, em Cl 1.19 e Cl 2.9 que diz que em Jesus habita corporalmente toda a plenitude da divindade.

Em 1 João foi utilizada uma referência ao ministério

terreno de Cristo que demonstram que Jesus é o Cristo: *"O que era desde o princípio, o que ouvimos, o que vimos com os nossos olhos, o que contemplamos e as nossas mãos apalparam - isto proclamamos a respeito da Palavra da vida. A vida se manifestou; nós a vimos e dela testemunhamos, e proclamamos a vocês a vida eterna, que estava com o Pai e nos foi manifestada. Proclamamos o que vimos e ouvimos para que vocês também tenham comunhão conosco. Nossa comunhão é com o Pai e com seu Filho Jesus Cristo"* (1 Jo 1.1-3).

As declarações de Cristo

As próprias declarações de Cristo descritas nos evangelhos, são o ponto chave para fecharmos sobre a pessoa de Jesus, pois todas corroboram com nossa argumentação a respeito de sua divindade tanto direta como indiretamente. Como temos apresentado desde o início deste capítulo, quase tudo o que Jesus disse, pode-se dizer que foram declarações indiretas de sua divindade, o que pode ser visto em suas primeiras palavras ao iniciar seu ministério terreno. É relatado que João o batista, iniciando sua pregação com o batismo de arrependimento e logo em seguida explicava o motivo, declarando abertamente a chegada iminente do Reino de Deus. *"Naqueles dias, apareceu João Batista pregando no deserto da Judeia e dizia: Arrependei-vos porque está próximo o reino dos céus"* (Mt 3.1).

É certo de que João não pregava apenas o batismo

de arrependimento, ele era o precursor do Cristo e por este motivo, ele apontava para aquele que viria, dando pleno testemunho a respeito de Jesus. E quando o salvador veio, lemos que seu primeiro sermão foi um anúncio da chegada do Reino dos céus da qual João falava. Após a prisão de João, Jesus entra em cena com as seguintes palavras: *"o tempo está cumprido, e o Reino de Deus está próximo; arrependei-vos e crede no evangelho"* (Mc 1.15). Analisemos rapidamente essas palavras de Jesus: quando ele disse que o *"tempo está cumprido"*, devemos entender estas palavras na perspectiva de Deus, pois o tempo da ação direta e decisiva pela parte de Deus se cumpria naquele momento. Ao dizer que o *"reino de Deus está próximo"* é uma referência a sua pessoa; "o reino está próximo no sentido de que a vinda de jesus começou a pôr em movimento a sua realização" (Bíblia de Estudo de Genebra, nota marginal, 2009).

"Crede no evangelho", primeiro lembramos que a palavra evangelho, tem o significado de "boas novas" ou "boa mensagem" e designa ainda "às narrações inspiradas no NT, sobre a vida e as doutrinas de Jesus Cristo [...] e também, à revelação da graça de Deus que Cristo veio pregar, que se manifesta em sua vida, morte e ressurreição, trazendo salvação e paz aos homens" (BUCKLAND & WILLIANS, 2007, pág. 214). Nessa linha de raciocínio, a Bíblia de Estudo Aplicação Pessoal pergunta:

> Quais são as Boas Novas de Deus? As primeiras palavras ditas por Jesus, registradas nesta passagem em Marcos, permitem que vejamos a essência dos ensinamentos de Jesus. O Messias tão esperado chegou para aniquilar o poder do pecado e fundar o Reino de Deus na terra. A Maioria das pessoas que

ouviram sua mensagem era pobre, estava oprimida e sem esperança. As palavras de Jesus representavam as boas novas porque ofereciam liberdade, justiça e esperança (1995, nota marginal, pág. 1288).

Outra declaração de Jesus a respeito de si é encontrada um pouco mais adiante, quando ele é interrogado pelos fariseus acerca do reino de Deus, Jesus afirma: "Não vem o reino de Deus com visível aparência. Nem dirão: Ei-lo aqui! Ou: Lá está! Porque o Reino de Deus está entre vós" (Lc 17.20, 21). A afirmação de Jesus que o Reino de Deus entre nós, pode muito bem ser entendida como a presença do reino entre eles na pessoa de Jesus. Como ele prometeu que onde houvesse duas ou mais pessoas em seu nome, lá ele estaria e o Espírito Santo, o Consolador que ele nos enviou faz habitação em nós, então, o Reino de Deus está entre nós. Jesus também declarou que as profecias do Antigo Testamento eram a seu respeito, tendo sido cumpridas nele, com essas palavras, ele afirmava sua divindade.

Como nos referimos anteriormente, Jesus ao perdoar os pecados, sabia que estava realizando um ato que somente Deus poderia realizar, disse aos escribas que se encontravam presentes: *"ora, para que saibais que o Filho do Homem tem sobre a terra autoridade para perdoar pecados – disse ao paralítico: eu te mando: Levanta-te, toma o teu eito e vai para tua casa"* (Mc 2.10,11), para ler a história completa, leia Mc 2.1-12.

Ao fim de sua jornada terrena, Jesus prometeu enviar o Espírito Santo após sua volta ao Pai, o que, novamente, envolve a questão de sua divindade, porque um homem, jamais pode enviar Deus, no mínimo, pode pedir a

Deus para que seu desejo seja cumprido. Com esse raciocínio, joga por terra o determinismo existente atualmente em algumas igrejas. No entanto, voltando para as declarações de Cristo a respeito de sua divindade, é sua singularidade em chamar e tratar Deus como seu Pai. Esse tipo de tratamento peculiar, era atípico e ao mesmo tempo único, porque no judaísmo especialmente daqueles tempos, jamais qualquer judeu, mesmo que não "batesse bem da cabeça" nunca e em hipótese alguma, chamaria ou mesmo trataria Deus dessa forma expressada por Jesus.

Na verdade, Jesus assim o fazia, pois era a única forma dele invocar a Deus a si mesmo e também porque isso era verdade, porque mostrava o perfeito relacionamento que ele e Deus gozavam. Jesus disse: *"Eu e o Pai somos um"* (Jo 10.30), afirmou ainda que o mundo não conheceu a Deus, mas que ele (Jesus) o conhecia: *"Pai, a minha vontade é que onde eu estou, estejam também comigo os que me deste, para que vejam a minha glória que me conferiste, porque me amaste antes da fundação do mundo. Pai justo, o mundo não te conheceu; eu, porém, te conheci, e também estes compreenderam que tu me enviaste"* (Jo 17.24,25).

Além do mais, é importante lembrar de todas as vezes em que Jesus usou a expressão "EU SOU". McArthur nos diz: "vinte e três vezes ao todo nós encontramos o significativo "EU SOU" do Senhor (em grego, ego eimi) no texto grego desse Evangelho", referindo-se aqui ao evangelho de João, porém, "em muitas dessas, ele conjuga seu "EU SOU" com sete metáforas tremendas que expressam seu relacionamento salvador com o mundo"

(2011, pág. 1396). Assim, vemos Jesus afirmar ser o pão da vida (Jo 6.35,41,48,51); a luz do mundo (Jo 8.12); a porta das ovelhas (Jo 10,7,9); o bom pastor (Jo 10.11,14); a ressurreição e a vida (Jo 11.25); o caminho, a verdade e a vida (Jo 14.6) e a videira verdadeira (Jo 15.1,5).

Para concluir, é importante reconhecermos, aceitar e insistir sempre na plena divindade de Jesus, pois este é um ensino amplamente divulgado de maneira clara nas Escrituras, como também vimos: só alguém que fosse Deus poderia carregar a pena de todos os pecados. Não nos esquecendo que a salvação vem exclusivamente do Senhor e somente alguém que fosse verdadeira e plenamente Deus, pode ser o nosso mediador entre o próprio Deus e o homem, conforme 1 Tm 2.5 nos reconciliando com Deus e por fim, toda a mensagem das Escrituras nos mostra que ninguém, seja homem ou anjo, jamais conseguirá salvar o homem. Só Deus pode fazer isto e assim, se Jesus não é plenamente Deus, implica dizer que Jesus morreu sem um propósito, não veio ao mundo para nos salvar e consequentemente, a salvação nunca estará ao nosso alcance, porque a salvação é um dom gratuito de Deus.

Propiciação

A palavra propiciação é muitas vezes desconhecida de muitas pessoas, porém quando lhe é explicado o seu significado, sabemos que se trata de um assunto ao qual muito se tem dito sobre a missão de Jesus Cristo aqui na terra, porém, mesmo nos melhores comentários bíblicos pouco se explica sobre essa doutrina. Apesar da ênfase que se dá sobre a vida e obra de Cristo, um estudo sistemático sobre o assunto é um pouco negligenciado, porque os ensinamentos atualmente estão focalizados nos benefícios em servir a Deus.

Se olharmos mais atentamente para as Escrituras, veremos o que Jesus Cristo fez e porquê o fez. Também poderemos perceber que o Antigo Testamento prefigurava o ato expiatório de Cristo e veio ao longo dos séculos preparando o povo hebreu para a verdadeira propiciação enviada por Deus. Contudo, para se ter melhor entendimento sobre este assunto é indispensável começar do básico, ou seja, saber inicialmente o que a palavra propiciação significa.

Primeiramente, apresento a definição da palavra propiciação, retirada do Dicionário da Bíblia Almeida: "Ato realizado para aplacar a ira de Deus, de modo a ser satisfeita a sua santidade e a sua justiça, tendo como resultado o perdão do pecado e a restauração do pecador à comunhão com Deus. No AT a propiciação era realizada por meio dos SACRIFÍCIOS, os quais se tornaram desnecessários com a vinda de Cristo, que se ofereceu como sacrifício em lugar dos pecadores". O autor do Dicionário Teológico, apresenta a seguinte definição: "[Do lat. Propitiatio, tornar favorável] Doutrina segundo a qual o sacrifício de Cristo, no Calvário, tornou Deus favorável à humanidade caída e enferma pelo pecado (1 Jo 2.2). Esta doutrina está ligada, essencialmente, ao ministério sacerdotal de Cristo (1 Jo 4.10)".

Em concordância a definição acima apresentada, Erickson, nos apresenta uma objetiva definição, informando que propiciação é apenas uma "referência à ideia de que a expiação de Cristo satisfaz a ira de Deus". Porém, ao consultar essa mesma obra do que venha a ser expiação encontramos mais detalhes sobre o assunto: "Aspecto da obra de Cristo e particularmente sua morte, que torna possível a restauração da comunhão entre indivíduos que creem e Deus. O termo também se refere ao cancelamento do pecado. Expiação contrasta com propiciação, que é o aplacamento da ira divina".

Por fim, o Dicionário Internacional de Teologia do

Novo Testamento, página 1945 apresenta a palavra hilaskomai traduzindo como propiciar, expiar, conciliar, tornar gracioso, ser gracioso. Hilasmos traduz como propiciação, sacrifício propiciatório, hilasterion como "aquilo que expia ou propicia, meio de propiciação, propiciatório".

Por todas as definições apresentadas, pode-se concluir que a doutrina da propiciação ensina que a morte de Jesus Cristo na cruz foi um ato de substituição por causa de nossos pecados, pois a sua morte satisfaria, podendo assim dizer, a exigência de Deus da qual todos os seres humanos são culpados.

"Ora, tudo provém de Deus, que nos reconciliou consigo mesmo por meio de Cristo e nos deu o ministério da reconciliação, a saber, que Deus estava em Cristo reconciliando consigo o mundo, não imputando aos homens as suas transgressões, e nos confiou a palavra da reconciliação. De sorte que somos embaixadores em nome de Cristo, como se Deus exortasse por nosso intermédio. Em nome de Cristo, pois, rogamos que vos reconcilieis com Deus. Aquele que não conheceu pecado, ele o fez pecado por nós; para que, nele, fôssemos feitos justiça de Deus" (2 Co 5.18-21, ARA).

Propiciação ou expiação – O que usar?

Às vezes as pessoas ficam sem saber se devem usar a palavra propiciação ou expiação, porque estudiosos as usam indistintamente, entretanto, a maioria dos estudiosos, preferem utilizar a palavra propiciação, apesar dela ser menos conhecida. No Antigo Testamento a palavra utilizada é expiação e propiciação é mais comumente usada por estudiosos quando citam no Novo Testamento a obra vicária de Cristo. Embora essas palavras tenham significados parecidos, normalmente temos como palavras sinônimas. Para melhor distinção dos termos, apresentaremos a definição sobre expiação, retirada do Dicionário Eletrônico Aurélio: "[Do lat. Expiatione] S.F. 1. Ato ou efeito de expiar (1) castigo, penitência, cumprimento de pena. Ver expiações. Expiações – S. F. PL. 1. Cerimônias religiosas com que se procurava aplacar a cólera divina ou purificar lugar profanado". Assim sendo, e pelo contexto e significado da palavra expiação, será de melhor entendimento utilizar a palavra propiciação ao invés de expiação, pois não podemos considerar o ato vicário de Cristo como uma cerimônia religiosa.

Historicamente falando, expiação era o ato que os judeus consideravam a reparação de sua culpa perante Deus, ou seja, era um método que eles utilizavam que representava que Deus havia perdoado a penalidade de seus pecados, através da confissão dos pecados da nação. É importante lembrar que esse ato não era considerado definitivo, mas provisório, pois necessitava ser repetido e ou renovado anualmente.

O dia da expiação e o sangue de Jesus

As Sagradas Escrituras descrevendo Lv 23, relata que nos tempos do Antigo Testamento, existia uma festividade conhecida como o Dia da Expiação, onde se celebrava a expiação do pecado de toda a nação com o intento em restaurar a comunhão com Deus. Todo o povo israelita sabia que *"aos dez deste mês sétimo, será o Dia da Expiação; tereis santa convocação, e afligireis as vossas almas; e oferecereis oferta queimada ao Senhor"* (Lv 23.27). Sabemos que o tabernáculo nessa época foi o templo móvel de Israel, era uma espécie de tenda portátil que servia como templo, construído durante a peregrinação dos hebreus pelo deserto. Era um lugar provisório, morada de Deus, lugar de encontro pessoal com Deus (Êx 33.7-11). Podendo se dizer que o tabernáculo era o símbolo da convivência ou encontro entre Deus e o homem. O tabernáculo tinha o lugar santo, onde ficava o povo, e o Santíssimo ou Santo dos santos, onde apenas o sumo sacerdote tinha acesso uma vez por ano e fazia a expiação dos seus próprios pecados, de sua família e também dos pecados do povo.

O Dia da Expiação, segundo as Bíblias de Estudo NVI, Genebra e MacArthur, dizem que esse dia era conhecido como Yom Kippur que ocorria no dia 10 do sétimo mês (Tisri) que equivalia aos meses de Setembro e Outubro de nosso calendário. Já a Bíblia de Estudo Scofield e Dake além do nome Tisri informa que esse mês também tinha o nome de Etanim. No dia de Yom Kippur ou no dia da Expiação, havia sacrifícios diários pelo pecado. Em Lv 16 é ensinado que o sumo sacerdote, nesse caso Arão, teria de obedecer algumas regras para poder entrar no santuário e realizar a expiação por si e pela sua casa e pela nação de

Israel. Esse ritual fazia parte de uma cerimônia, simbolizando o arrependimento de toda a nação que buscava o perdão de Deus e a sua misericórdia pelos pecados cometidos no ano anterior. Através desse ritual, a ira de Deus era aplacada, isto é, era desviada por meio deste sacrifício de sangue e como citado anteriormente, essa cerimônia deveria ser renovada.

Esse realmente era um dia de importância para os hebreus, pois os pecados de Israel eram expiados por meio de sangue dos animais. Mas o que acontece nos dias de hoje? Com a vinda de Cristo, essa ritualística deixou de vigorar, pois aprendemos em Hebreus 10.1-4 que "a lei era a sombra dos bens futuros" e que "é impossível que o sangue de touros e de bodes tire pecados". O que está em concordância com Hb 9.28 que diz Cristo haver se oferecido uma vez para sempre para tirar os pecados de muitos. Jesus é a propiciação dos nossos pecados de uma vez por todas, sendo considerado por Deus um sacrifício perfeito e único. Somente o sacrifício de Jesus na cruz conseguiu e consegue desviar, como também aplacar a ira de Deus devida a nós para seu filho Jesus, o unigênito de Deus. Não foi o sangue de um novilho, de um bode ou de um touro, mas o sangue de Jesus Cristo aspergido por nós, feito uma só vez e para todo o sempre. É isto que significa propiciação.

Assim, com base nesses ensinamentos, aprendemos que Cristo é o sacerdote ideal ou no linguajar mais popular no meio cristão, Cristo é o nosso Sumo Sacerdote, porque ele é *"santo, inocente, imaculado, separado dos pecadores e feito mais sublime do que os céus, que não necessitasse, como os sumos sacerdotes, de oferecer cada dia sacrifícios, primeiramente, por seus próprios pecados e, depois, pelos do povo; porque isso fez ele, uma vez, oferecendo-se a si mesmo"* (Hb 7.26,27, ARC).

Na sociedade em que vivemos, sabemos que aqueles que violam as leis, quando detidos, com provas de sua transgressão, são penalizados e no tribunal de Deus, não é o contrário. Assim como o pecado é a transgressão da lei de Deus, como transgressores, merecemos ser penalizados. No entanto, Jesus levou o castigo em lugar de todos aqueles que mereciam a punição: *"levando ele mesmo em seu corpo os nossos pecados sobre o madeiro, para que, mortos para os pecados, pudéssemos viver para a justiça; e pelas suas feridas fostes sarados"* (1 Pe 2.24, ARC).

Assim, o sangue derramado por Cristo, foi capaz de expiar os nossos pecados, *"e não apenas isto, mas também nos gloriamos em Deus por nosso Senhor Jesus Cristo, por intermédio de que recebemos agora a reconciliação"* (Rm 5.11 – ARA). Após o exposto, nos faz oportuno fazer a seguinte pergunta: Por que há a necessidade da expiação?

Por que há a necessidade da expiação?

A Bíblia Sagrada é bem enfática ao afirmar que Deus criou o homem à sua imagem e semelhança (Gn 1.26). Salientamos aqui, que ao sermos criado a imagem e semelhança de Deus não nos faz iguais a Deus, mas de certa forma, parecidos. Ao escrever que somos parecidos com Deus, de forma alguma queremos afirmar que temos uma aparência física com nosso Criador, pois as próprias Escrituras afirmam que Deus é espírito (Jo 4.24). Esse parecer com Deus quer dizer que somos similares a Deus e não idênticos; na realidade, quer dizer que herdamos alguns aspectos divinos tais como capacidade intelectual, natureza espiritual, domínio sobre a terra, criatividade, capacidade de tomar decisões, etc.

Como Deus nos fez, ele é nosso Criador e como nosso Criador divino, ele tem o direito de ditar para nós e também para toda a sua criação, regras e procedimentos aos quais ele em sua onisciência julga ser o melhor para nós. E foi exatamente isso que ele fez: *"Agora, pois, ó Israel, que é que o Senhor teu Deus pede de ti, senão que temas o Senhor teu Deus, que andes em todos os seus caminhos, e o ames, e sirvas ao Senhor teu Deus com todo o teu coração e com toda a tua alma, que guardes os mandamentos do Senhor, e os seus estatutos, que hoje te ordeno, para o teu bem?"* (Dt 10.12,13).

O pior que podemos fazer é violar a lei de Deus. A essa violação, chamamos de pecado ou transgressão da lei. Citando aqui, 1 João 3.4 está escrito: *"Todo aquele que pratica o pecado também transgride a lei, porque o pecado é a transgressão da lei"* (ARA). Assim sendo, Adão e Eva, são os primeiros seres humanos a transgredirem a lei divina e a culpa deles, foi reconhecida por eles próprios, tanto é que eles tentaram esconder-se de Deus, reconhecendo que estavam nus (Gn 3.8-10). A justiça divina exigia uma pena pelo pecado e a pena foi a morte, isto é, a separação de Deus, manifestada pelo afastamento deles do jardim do

Éden (Gn 3.8, 24).

O pecado continua até os dias de hoje e o apóstolo Paulo resumiu a história e as consequências do pecado em Romanos 5.12: "*Assim como por um só homem entrou o pecado no mundo, e pelo pecado, a morte, assim também a morte passou a todos os homens, porque todos pecaram*". Se morremos em nossos pecados, não podemos ir para onde Cristo está por nós mesmos e por este fato, necessitamos da propiciação.

Ao tentar explicar isso a um não cristão, teremos certa dificuldade, pois primeiramente eles não aceitam Deus da maneira como o vemos e depois Jesus e o Espírito Santo como são. Tanto para nós, é difícil de explicar em palavras que soam ser coerente aos ouvidos deles, uma síntese sobre o que é a Trindade e a obra vicária de Cristo. Esses, podem chegar a argumentar que a ideia da propiciação indique uma barganha. Em contrapartida poderemos argumentar utilizando ensinos que a Bíblia nos apresenta, pois ela nos ensina que foi Deus quem oferece a propiciação, mas somos nós que a recebemos.

Em poucas palavras, a Bíblia relata sobre um Deus que se ira e se indigna com o pecado, mas também nos fala que ele é tardio em irar-se. Ser tardio em irar-se não quer dizer que ele não se ira e quando a ira de Deus se faz presente, ele mostra misericórdia e graça. Essa ira divina não pode ser considerado um descontrole da parte de Deus, mas ela [a ira] é parte integrante da moralidade de Deus. Se Deus não se indignasse contra o pecado, Ele seria conivente com o mesmo e assim, Ele não pode ser santo. Esse é o motivo pela qual Deus sente ira contra o pecado, porque ele é santo e justamente por Ele ser santo, é que Ele tem misericórdia.

O ponto crucial da propiciação que devemos prestar atenção e salientar, se necessário for, entender como remover a ira de Deus. No Antigo Testamento a resposta é clara: a ira não se remove, ela se desvia: *"Ele, porém, que é misericordioso, perdoou a sua iniquidade; e não os destruiu, antes muitas vezes desviou deles o seu furor, e não despertou toda a sua ira"* (Sl 78.38). Aos olhos de Deus, o pecado é tão sério que exige-se a morte do pecador. Como a única maneira de se eliminar o peso do pecado que todos nós carregamos é com a morte, Deus instituiu o sacrifício no culto do Antigo Testamento para ensinar este aspecto. É a morte, através do derramamento do sangue de Jesus que faz a expiação dos nossos pecados.

A necessidade de Cristo fazer a propiciação por nossos pecados

Até este ponto, vemos que sem a obra vicária de Cristo a humanidade estaria perdida até os dias de hoje. Mas alguém poderia argumentar se havia essa necessidade ou mesmo uma outra maneira de Deus salvar a humanidade, sem ser enviando seu filho Jesus para morrer em nosso lugar? Em resposta a essa pergunta, primeiro devemos nos lembrar de alguns atributos de Deus. Sabemos que ele é onipotente, onisciente, misericordioso, santo, etc., mas o que isso quer dizer? Sendo onisciente, Deus sabe todas as coisas; sendo onipotente Ele não depende em nada para fazer o que bem lhe apraz. Só pelo atributo da onipotência, devemos entender e colocar em nossa mente que Deus não tinha, nem tem e muito mais terá a necessidade de salvar alguém. Prova disso, pode-se encontrar nos relatos bíblicos quando trata do assunto da rebelião de Satanás e dos seus seguidores. Deus não os poupou e ainda segundo esses mesmos relatos bíblicos, Deus os lançou ao inferno (2 Pe 2.4-7, ARC).

Assim, quando nos conscientizarmos que Deus não tem obrigação alguma em nos salvar e percebermos que se Ele assim o quisesse, Deus poderia nos deixar que continuássemos vivendo a nossa vida da maneira que quisermos e simplesmente aguardar o dia do juízo, deixando que nossos pecados nos condenasse e optando em não salvar ninguém. Nesse sentido, percebemos que Deus poderia nos deixar viver em nossos pecados e poderia ter escolhido não salvar ninguém, então poderíamos estar ainda nos dias de hoje, realizando sacrifícios e a propiciação não era absolutamente necessária, pois hoje sabemos que o sangue de animais não traz salvação.

As Escrituras indicam não haver outra maneira de Deus nos salvar, a não ser pela morte de seu filho que nos foi enviado. Assim sendo, a propiciação oferecida por Jesus era absolutamente necessária, pois sem ela, estaríamos na mesma condição que aquele povo e ainda estaríamos esperando aquele que viria tirar o pecado do mundo. Lopes nos apresenta um excelente argumento que demonstra o motivo pelo qual Jesus tinha a necessidade de fazer a propiciação por nossos pecados: "Cristo morreu para que vivêssemos por meio dele"

> A morte de Cristo é a nossa vida, pois ele morreu a nossa morte para vivermos sua vida. Isso é salvação. Ao morrer por todos, Jesus agiu como nosso representante. Quando ele morreu, nós todos morremos nele. Assim como o pecado de Adão se tornou o pecado de sua posteridade, a morte de Cristo tornou-se a morte de todos os que creem nele (Rm 5.12-21; 1 Co 15.21,22). Que Cristo morreu na cruz do Calvário é fato; que ele morreu por todos é evangelho. Mas como explicamos os dois termos, por e todos? A preposição grega hyperr, "por", com relação à morte de Cristo significa substituição. Jesus é tanto nosso representante como nosso substituto. Já a palavra "todos" não pode significar todos indistintamente, pois se assim fosse todos seriam salvos. O universalismo, porém é uma falácia. Só aqueles que em fé se aproximam da morte de Cristo é que estão incluídos na palavra todos (LOPES, 2007, pág. 133,34).

A ira e a justiça divina

Falar sobre a ira de Deus pode parecer estranho à primeira vista, pois devido à crença que temos e alimentamos é de que Deus é amor (1 Jo 4.7) e que o amor conforme está escrito em Provérbios 10.12 "cobre todos os pecados", com isso, fica mais difícil ainda aceitar que Deus pode irar-se. A dificuldade que sentimos ao expressar a ira divina, começa pelo significado da própria palavra, pois falar sobre ira é falar sobre raiva, fúria ou mesmo cólera. Neste ponto, esquecemo-nos de quando nos referimos a ira de Deus, não devemos tratar ou entender à nossa maneira, porque sendo espírito e criador de todas as coisas, certamente nosso limitado vocabulário não se aplica a Ele.

O que queremos dizer é que a palavra ira, segundo o entendimento humano, não consegue expressar com exatidão a verdadeira essência do significado da ira divina, apenas chega perto, especialmente quando falamos que Deus se ira no julgamento do pecado. É errôneo pensar que a ira de Deus seja passiva ou reativa, simplesmente porque dizemos que Deus é amor, bondoso, galardoador, gracioso e tardio em irar-se. Deus se ira contra o pecado, pois o pecado é em essência nosso afastamento, rejeição e desobediência a Ele. As Escrituras afirmam:

Êx 34.6: *"Passando, pois, o Senhor perante a sua face, clamou: Jeová, o Senhor Deus misericordioso e piedoso, tardio em irar e grande em beneficência e verdade"*;

Ne 9.17: *"E recusaram ouvir-te, e não se lembraram das tuas maravilhas, que lhes fizeste, e endureceram a sua cerviz e, na sua rebelião, levantaram um chefe, a fim de voltarem para a sua servidão; porém tu, ó Deus perdoador, clemente e misericordioso, tardio em irar-te, e grande em beneficência, tu não os desamparaste"*;

Jl 2.13: *"Rasgai o vosso coração, e não as vossas vestes, e convertei-vos ao Senhor vosso Deus; porque ele é misericordioso, e compassivo, e tardio em irar-se, e grande em benignidade, e se arrepende do mal"*;

Na 1.3: *"O Senhor é tardio em irar-se, mas grande em poder, e jamais inocenta o culpado; o Senhor tem o seu caminho na tormenta e na tempestade, e as nuvens são o pó dos seus pés".*

Muitos cristãos cometem o erro ao pensar que a ira divina se manifestava apenas no Antigo Testamento. Podemos ler em Jo 3.36, ARC, o seguinte: *"Aquele que crê no filho tem a vida eterna, mas aquele que não crê no Filho não verá a vida, mas a ira de Deus sobre ele permanece".* Na epístola aos Romanos, Paulo escreveu: *"Porque do céu se manifesta a ira de Deus sobre toda impiedade e injustiça dos homens que detêm a verdade em injustiça"* (Rm 1.18). Em diversos outros textos podemos ler sobre a ira de Deus, mas para não se tornar cansativo, citaremos apenas as referências apenas como orientação: Ef 5.6; Cl 3.6; 1 Ts 2.16; Ap 14.10,19; 15.1,7; 16.1.

Assim vimos que tanto os escritores veterotestamentários quanto os neotestamentários falam sobre a ira vindoura de Deus, no entanto, muitos cristãos fogem pela culatra afirmando que estamos vivendo no tempo da graça, mas eles acabam se esquecendo que apesar de realmente estarmos vivendo no tempo da graça, este tempo deve ser caracterizado pelo evangelho da salvação através da fé em nosso Senhor Jesus Cristo. Mesmo que estejamos vivendo na graça, não significa que Deus deixará de derramar sua ira sobre o pecado e até mesmo, continuará adiando infinitamente o juízo final.

Lembremos que Jesus falou por diversas vezes do inferno, nos alertando assim, das consequências do pecado, entretanto, ele também disse que a punição justa está preparado por Deus para as pessoas incrédulas. Ao observamos melhor os acontecimentos ocorrido desde eras atrás como as atuais, vemos que esse dia, o dia do Senhor está se intensificando e ficando cada vez mais próximo. Assim sendo, as revelações tanto do Antigo como do Novo Testamento sobre a ira de Deus, são relevantes, válidos para os dias atuais e mesmos futuros.

Devido a esse pensamento distorcido sobre o amor de Deus de que Ele sendo amor nunca irá punir, isso vindo de muitos que conhecem a Palavra do Senhor e não dão a devida importância à sua vida espiritual, ou mesmo alguns poucos que não entendem esse fato, vêm prejudicando o entendimento do plano de Deus para nossa salvação. A verdade é que muitas pessoas creem fielmente na bondade, misericórdia, graça e na paciência de Deus. Alguns chegam a acreditar que Deus realmente não possa irar ou aplicar uma justa penalidade para nos corrigir. O problema vai se complicando, pois quase todos acreditam na vida eterna, mas quando se fala no castigo eterno, pensam que está reservado somente para Satanás e seus anjos caídos.

> Nossa salvação foi planejada por Deus na eternidade. Até mesmo a morte de Cristo estava nos planos de Deus (At 2.22,23; 1 Pe 1.18-20). O evangelho não é uma ideia tardia, um plano de última hora, mas algo planejado na mente de Deus desde a eternidade (LOPES, 2008, pág. 44).

A Bíblia Sagrada afirma que Deus que nos ama e esse mesmo Deus também exige um sacrifício para acalmar a sua ira. A ideia de amor e ira pode ser vista no versículo escrito por João quando este afirma: "*Nisto está o amor, não em que nós tenhamos amado a Deus, mas em que ele nos amou a nós, e enviou seu Filho para propiciação pelos nossos pecados*" (1 Jo 4.10). O evangelho de João nos lembra da separação que haverá entre os fiéis e os não fiéis: "*Aquele que crê no Filho tem a vida eterna; mas aquele que não crê no Filho não verá a vida, mas a ira de Deus sobre ele permanece*" (Jo 3.36).

A palavra permanece é utilizada para que possamos refletir sobre a natureza da ira de Deus. Assim, podemos concluir que a ira de Deus é muito diferente da ira do ser humano. Deus realmente odeia o pecado e se ira contra o pecado e essa ira é consequência de nossa desobediência. Sabemos que o Dia do Senhor está próximo, os tempos estão vindos, está se esgotando e a volta do Senhor Jesus está bem próxima.

Essa ideia da vinda de Jesus está próxima está marcada desde os tempos apostólicos. Para os discípulos de Jesus, a sua volta aconteceria em breve e isso era uma realidade para todos eles, agora imagine para nós após haver passados muitos séculos? A volta de Cristo está bem mais próxima agora do que estava antes, pois o tempo de Deus é diferente do nosso e por esse motivo, devemos nos precaver, cuidar em não aceitar qualquer doutrina apresentada sobre o amor de Deus que exclui o castigo e a justiça divina.

A propiciação realizada por Jesus enfatiza a justiça de Deus e Deus não pode aceitar o pecado senão ele não seria Deus. A justiça dele, já o dissemos, exige a penalidade apropriada pelo pecado e essa penalidade é a morte, conforme está escrito em Rm 6.23. Quando Jesus derramou o seu sangue como oferta pelo pecado, a ira de

Deus foi aplacada, ou como comumente se diz, o preço foi pago. A dívida que tínhamos com Deus não foi apenas esquecida, ela foi paga por Cristo. A propiciação é um ato de misericórdia de Deus, quando esta triunfa sobre sua ira.

Devemos nos lembrar que a graça ou estar vivendo nos tempos da graça, de modo algum elimina a ira divina, pois ela está reservada para aqueles que não se arrependerem de seus pecados e não os confessar a Deus. A confissão de nossos pecados a Deus é uma recomendação bíblica, pois em 1 Jo 1.9 está escrito que devemos confessar nosso pecado a Deus e também àqueles que de alguma forma foram afetados por ele. Enfatizando que a confissão deve ser feita diretamente a Deus e não a um sacerdote. O ato de confessar nossos pecados a Deus e o abandono de nossos erros logo em seguida, tem uma implicação em nossas vidas. Isto significa que a graça tem o poder de eliminar a necessidade de todo ser humano tem de sofrer a ira de Deus.

A dor de suportar a ira de Deus

A ideia da dor que Jesus sofreu ao suportar a ira de Deus, para muitos encontra respaldo na passagem de Romanos 3.25 que diz que Deus propôs Cristo como propiciação dos pecados dos homens. Vemos que esse isso é explicito neste versículo, porém, é útil relembrar a definição do Aurélio com relação à palavra propiciação que é o ato ou efeito de propiciar; é o ato de tornar propício ou favorável. Nesse sentido, deve-se entender que o ato de

Jesus suportar o "sacrifício que sofre a ira de Deus", tornou-nos favorável a ele, para manifestar a justiça de Deus.

A ideia da dor de Jesus sofrer ao suportar a ira de Deus, não tem grande aceitação no meio de pessoas não cristãs, pois argumentam que conforme a Bíblia, "Deus é amor", citando aqui 1 Jo 4.8 e exatamente pelo fato de Deus, segundo a Bíblia, ser amor, então é incoerente Ele irar-se contra os seres humanos que são fracos e que Ele mesmo criou. Em contrapartida, existem estudiosos que argumentam que a ideia da ira de Deus está solidamente enraizada tanto no Antigo como no Novo Testamento. Com relação a esse assunto, Grudem faz o seguinte alerta:

> Embora devamos ser cautelosos em sugerir analogias à experiência pela qual Jesus passou (pois sua experiência sempre foi e será sem precedentes ou comparação), toda a nossa compreensão do sofrimento de Jesus vem em algum sentido por meio de experiências análogas em nossa vida – pois esse é o modo pelo qual Deus nos ensina nas Escrituras. [...] Somos abalados internamente, perturbados pela colisão com outra personalidade, ficamos cheios de desprazer em nosso próprio eu e trememos. Mal podemos imaginar a desintegração pessoal que nos ameaçaria se o derramamento da ira viesse não de algum ser humano finito, mas do Deus Todo-Poderoso. Se mesmo a presença de Deus quando ele não manifesta ira já desperta temor e tremor nas pessoas (cf. Hb 12.21,28,29), quão terrível deve ser encarar a presença de um Deus irado (Hb 10.31).
>
> Com isso em mente, estamos agora mais aptos a entender o brado desolado de Jesus "Deus meu, Deus meu, por que me desamparaste?" (Mt 27.46b). A pergunta não significa "Por que me abandonaste para sempre?", pois Jesus sabia que estava deixando o mundo e indo para o Pai (Jo 14.28; 16.10,17). Jesus

sabia que iria ressuscitar (Jo 2.19; Lc 18.33; Mt 9.31) (GRUDEM, pág. 478).

A ira de Deus requeria a quitação de seu débito e é o próprio Deus credita em nossa conta a imputação dessa dívida, ou seja, como a justiça de Deus foi responsável pela exigência de que o pecado fosse pago, então, caberia apenas a Ele o papel de exigir esse pagamento, pois ele não é apenas santo, mas também é amor e em seu infinito amor, deu ao mundo o seu melhor para sofrer a pena pelos nossos pecados.

A justiça divina exigia o pagamento pelo pecado e como o homem é imperfeito e falho, não conseguiria por esforço próprio redimir seus próprios pecados. Através desta incapacidade inata em todos os seres humanos, viu-se a necessidade da instituição de um ritual de expiação e Deus em sua divina sabedoria e onisciência, sabia que há apenas um modo dessa exigência ser cumprida integralmente, sendo ele próprio o agente quitador dessa conta. Somente o próprio Deus atenderia todos os requisitos para essa quitação, então, Jesus desde antes da eternidade, se ofereceu, se fazendo carne no tempo exato de Deus, assumindo assim, a missão de nos tornar propício perante o próprio Deus, bem como de suportar o castigo pelo pecado da humanidade que o aceitar como Salvador e Senhor.

Rm 3.23 está escrito que todos pecamos e estamos destituídos da glória de Deus; assim, a expiação de Cristo sobre a cruz do Calvário, atendeu todas os requisitos, prerrogativas e reinvindicações da lei e da justiça divina, porque através do sacrifício vicário de Cristo, nos tornamos retos e isso possibilitou a Deus nos olhar como justos. Por este motivo é que se diz nas igrejas que fomos justificados gratuitamente pelo sangue de Jesus Cristo e fomos reconciliados com Deus através da cruz de Cristo.

Lembrando que o Antigo Testamento incontestavelmente ao longo de suas páginas, nos mostra a necessidade de expiarmos nossos pecados e ao mesmo tempo, aponta o Messias como nosso salvador e redentor, no entanto, o cumprimento se concretiza com a encarnação de Cristo e o Novo Testamento é enfático ao ligar o sangue derramado por Cristo como nossa redenção: *"Sabendo que não foi com coisas corruptíveis, como prata ou ouro, que fostes resgatados da vossa vã maneira de viver que por tradição recebestes dos vossos pais, mas com o precioso sangue de Cristo, como de um cordeiro imaculado e incontaminado, o qual, na verdade, em outro tempo foi conhecido, ainda antes da fundação do mundo, mas manifestado nestes últimos tempos por amor de vós"* (1 Pe 1.18-20).

Esses versículos nos diz que o significado do sangue derramado por Cristo na cruz, foi e continua sendo em prol de todos nós. Nesse sentido, devemos entender que o significado da palavra "sangue de Cristo" tem o mesmo significado que sua morte na cruz e deve ser considerado o aspecto salvífico.

Termos que descrevem diferentes aspectos da expiação

Grudem, páginas 482 e 483 inicia esse item do estudo dizendo que a "obra expiatória de Cristo é um evento complexo que tem vários efeitos sobre nós", que o Novo Testamento utiliza palavras diferentes para descrever, apresentado aqui de resumidamente:

(1) **Sacrifício** – Para pagar a pena de morte que merecemos por causa de nossos pecados, Cristo morreu como sacrifício por nós. Ele "se manifestou uma vez por todas, para aniquilar, pelo sacrifício de si mesmo, o pecado" (Hb 9.26).

(2) **Propiciação** – Para nos livrar da ira de Deus que merecemos, Cristo morreu como propiciação pelos nossos pecados. "Nisto consiste o amor: não em que nós tenhamos amado a Deus, mas em que ele nos amou e enviou o seu Filho como propiciação pelos nossos pecados" (1 Jo 4.10).

(3) **Reconciliação** – Para vencer a nossa separação de Deus, precisávamos de alguém que proporcionasse reconciliação e dessa forma nos trouxesse de volta à comunhão com Deus. Paulo diz que Deus "nos reconciliou consigo mesmo por meio de Cristo e nos deu o ministério da reconciliação" (2 Co 5.18,19).

(4) **Redenção** – Uma vez que como pecadores estamos escravizados ao pecado e a Satanás, precisamos de alguém que nos proporcione redenção e, dessa forma, nos "redima" de nossa servidão. Quando falamos em redenção, entra em foco a ideia de "resgate". Resgate é o preço pago para redimir alguém da escravidão ou cativeiro. Jesus disse de si mesmo: "Pois o próprio filho do Homem não veio para ser

servido, mas para servir e dar a sua vida em resgate por muitos" (Mc 10.45).

Fomos redimidos da escravidão a Satanás porque "o mundo todo está debaixo do poder do maligno" (1 Jo 5.19, BLH), e quando Cristo veio, ele morreu para que "livrasse todos que, pelo pavor da morte, estavam sujeitos à escravidão por toda a vida" (Hb 2.15). De fato, Deus Pai "nos libertou do império das trevas e nos transportou para o reino do Filho do seu amor" (Cl 1.13).

Com relação à escravidão do pecado, devemos antes nos lembrar das palavras de Paulo dirigida aos romanos: *"Assim também vós considerai-vos como mortos para o pecado, mas vivos para Deus em Cristo Jesus nosso Senhor. Não reine, portanto, o pecado em vosso corpo mortal, para lhe obedecerdes em suas concupiscências; nem tampouco apresenteis os vossos membros ao pecado por instrumentos de iniquidade; mas apresentai-vos a Deus, como vivos dentre mortos, e os vossos membros a Deus, como instrumentos de justiça. Porque o pecado não terá domínio sobre vós, pois não estais debaixo da lei, mas debaixo da graça"* (Rm 6.11-14). A ênfase deve ser dada ao versículo 14: *"Porque o pecado não terá domínio sobre vós, pois não estais debaixo da lei, mas debaixo da graça"*, Paulo está nos dizendo que fomos libertados do pecado e do cativeiro em que nos encontrávamos.

A soberania de Deus quanto a nossa salvação

Ser soberano é ser capaz de exercer o poder de maneira independente de qualquer coisa ou alguém, é possuir suprema autoridade e neste ponto de vista, não podemos afirmar que o homem seja soberano, nem que possui suprema autoridade, apesar dele ocupar posição de destaque e ter uma relativa autoridade até mesmo sobre alguns da sua própria espécie. Apenas Deus é soberano sobre todas as coisas e possui suprema autoridade. Dito isso, quando nos referimos à nossa salvação, dizemos que Deus é quem toma a iniciativa de a dar ao homem, em virtude da sua natureza.

A soberania de Deus quanto a nossa salvação, ao contrário de algumas pessoas interpretam, não é apenas uma manifestação de sua divina vontade, dizendo que Deus pode predestinar algumas pessoas para a salvação e outras para a perdição. A soberania é a manifestação de todo o seu ser e não apenas da sua vontade. Deus não é apenas vontade e isso podemos ver através de seus diversos atributos, no entanto, podemos dizer que a vontade de Deus é que todos se salvem.

Isto quer dizer que é Deus quem dá o primeiro passo para sermos salvos e Ele *"amou o mundo de tal maneira que deu o seu filho unigênito, para que todo aquele que nele crê não pereça, mas tenha a vida eterna"* (Jo 3.16). Isto por si só nos diz que Deus não tira o privilégio de qualquer pessoa de buscar e aceitar sua salvação em Jesus Cristo, pois antes mesmo do "princípio" em sua onisciência, já havia preparado a salvação para todos e Ele não predestinou os que haviam de ser salvos ou os que seriam condenados.

A respeito disso, Langston afirma que desde o princípio da história da humanidade, o propósito de Deus tem sido sempre "salvar a raça e de fazê-la à sua imagem. Ele sempre teve em vista abençoar não só uma família ou nação, mas também a raça inteira" (1999, pág. 201,202). É verdade que Deus criou o povo hebreu, no entanto, também é verdade que através desse povo, encontramos nossa salvação e este foi o grande propósito dele criar um povo para que esse povo pudesse abençoar todas as nações do mundo em todas as épocas. Por este motivo, Deus não tira o privilégio, o direito de aceitar e nem exime o homem da responsabilidade também de rejeitá-la.

Deus ao criar o homem, deu a ele o livre-arbítrio e, a má utilização dessa liberdade concedida por Deus, é que levou todos os seres humanos a pecarem. Esta verdade pode ser vista nos versículos onde Deus propõe benção e maldição, no entanto, Ele ainda orienta o melhor caminho a ser seguido:

"Prestem atenção! Hoje estou pondo diante de vocês a bênção e a maldição. Vocês terão bênção se obedecerem aos mandamentos do Senhor, o seu Deus, que hoje estou dando a vocês; mas terão maldição se desobedecerem aos mandamentos do Senhor, o seu Deus, e se afastarem do caminho que hoje ordeno a vocês, para seguir deuses desconhecidos" (Dt 11.26-28).

"Hoje invoco os céus e a terra como testemunhas contra vocês, de que coloquei diante de vocês a vida e a morte, a bênção e a maldição. Agora escolham a vida, para que vocês e os seus filhos vivam" (Dt 30.19).

Deus colocou diante de nós a benção e a maldição, a vida e a morte, isto significa que aos olhos de Deus somos moralmente responsáveis pelas nossas atitudes e escolhas. Escolher a vida e a morte, também foi a proposta de Jesus. As pessoas que escolher ter uma vida com Deus, obediente a sua Palavra, tem fé em Jesus Cristo como seu Senhor e Salvador, procura viver segundo os preceitos cristãos, se arrepende de coração de seus pecados, tem a promessa da vida eterna; por outro lado, todo aquele que se recusa a crer, tem a promessa de morte eterna, que é a separação definitiva de convivência eterna com Deus. Lembrando que obras, conversão, assim como o perdão e a mera convicção de ser pecador, não livra o homem da condenação e que somos salvos pela graça, mediante a fé, conforme está escrito em Ef 2.8.

A maioria das pessoas tem fé, mas o ponto principal é saber em que elas creem. Uns creem em carros e cavaleiros, no entanto, a nossa fé só terá valor quando é depositada em Deus, na sua Palavra e na pessoa de seu filho Jesus Cristo: *"Não se tube o vosso coração, credes em Deus. Crede também em mim"* (João 14.1). É pela fé que permanecemos firmes, pois uma fé fundamentada na Palavra de Deus, tem todos os pré-requisitos para ser uma fé inabalável, pois não somos motivados a servir o Senhor, pelas benesses que Ele nos concede, mas porque sabemos que Ele é o único caminho para sermos salvos, então, nosso ser almeja querer conhecê-lo e amá-lo cada vez mais.

Por estes e outros motivos é que devemos nos arrepender e nos converter a Deus, lembrando que o verdadeiro arrependimento envolve todo o ser da pessoa.

Arrependimento não é sentir tristeza pelo pecado cometido, nem mudança de pensamento sobre o que é o pecado ou algo a ser analisado racionalmente. Arrependimento é antes de tudo, a mudança do modo de pensar a respeito de Deus, do pecado cometido e de nossa relação com as pessoas que tem convívio e estão próximas de nós. O verdadeiro arrependimento sempre traz mudança em nós e no modo como vemos as coisas no mundo, pois ele fixa o olhos primeiramente em Deus, para depois voltar sua atenção no pecado e nas coisas do mundo.

Quanto nos referimos a conversão, queremos enfatizar o arrependimento e a fé, ou seja, o ato de procurar não mais pecar e o ato de seguir a Jesus Cristo, aceitando-o de corpo e alma. Converter é mudar de direção, isso implica que não devemos ficar repetindo nossos erros e continuar nos afastando de Deus. O homem perdeu na queda a sua semelhança natural com um dia tinha com Deus e este providenciou um único meio de podermos reparar esse erro. Deus tomou nossa dianteira e nos justificou através de seu filho Jesus, pois se assim Ele não o fizesse, poderíamos afirmar que dentro de nossas igrejas, encontraremos apenas injustos. A base da justificação está em Deus, somos justificados gratuitamente em Cristo e não pelo homem, então, vemos que quem tem a soberania de nossa salvação é apenas Deus.

Somos declarados justos pela fé ou pelas as obras?

Até o ponto deste estudo, observamos que através

do sacrifício vicário de Cristo, aceitando-o como Senhor e Salvador, somos declarados justos perante Deus, o que equivale dizer que a justificação é obra exclusiva de Deus, independente do que possamos fazer. Isto em outras palavras quer dizer nossa justificação perante Deus não depende de boas obras, nem de qualquer de esforço que possamos fazer, ou mesmo apresentar melhoria em nossa conduta pessoa, passando simplesmente a frequentar uma igreja assiduamente. A argumentação que se pode utilizar para sustentar essa posição, é que qualquer pessoa que demonstre ou reconheça apenas que está errada, mas ainda não se tornou um cristão de verdade; é uma pessoa que frequenta uma igreja, sabe de sua condição de pecador, aparentemente segue as leis de Deus, porém não reconhece sua soberania, a esses somente a graça de Deus é quem pode salvar.

No entanto, devemos voltar nossa atenção nessa questão sob a ótica de quem já creu em Cristo e foi justificado. A carta aos Efésios nos apresenta a seguinte resposta: *"Porque pela graça sois salvos, por meio da fé; e isso não vem de vós; é dom de Deus. Não vem das obras, para que ninguém se glorie"* (Ef 2.8,9). A conclusão mais óbvia que chegamos ao ler estes versículos, é que a justificação se dá pela graça de Deus, por meio da fé, não de obras, no entanto, apresentamos outra argumentação de um renomado estudioso que sabiamente discorrer sobre estes versículos, apresentando a seguinte interpretação:

> Considerando-se que não fomos salvos por causa de nossas obras, não podemos perder nossa salvação por causa de nossas obras más. A graça representa a salvação inteiramente à parte de qualquer mérito

> nosso. Significa que Deus faz tudo por amor a Jesus! Nossa salvação é a dádiva de Deus [...] A salvação e uma dádiva, não uma recompensa. A salvação não pode ser "de obras", pois a obra salvadora já foi concluída na cruz. Essa é a obra que Deus realiza por nós e é uma obra consumada (Jo 17.1-4; 19.30) (WIERSBE, 2008, pág. 23,24).

Então, se a justificação se dá pela graça de Deus por meio da fé, não através de obras, como determinadas religiões enfatizam, qual posição mais adequada a se adotar? Esse é o ponto em que o cristão discorda radicalmente de outros tipos de pensamento, embora a justificação se dê pela graça de Deus, por meio da fé, as obras ainda são essenciais. Deus nos justifica, isto é um fato, porém através dessa justificação, existe uma consequência ou um resultado que produz boas obras em nós. Nós somos justificados pela fé depositada em Cristo, e o trabalho ou obras não devem parar, precisamos seguir em frente, apresentar frutos dessa justificação, evangelizar aqueles que ainda não foram justificados.

Matematicamente falando, considerando que somos salvos pela graça e a fé é um dom concedido por Deus, não vem pelas obras praticadas para ninguém se gloriar, então a fórmula que a Bíblia ensina, deve ser: fé é igual a justificação, somado as obras. Esta fórmula indica ainda que um dos propósitos de Deus em nossa salvação é que a igreja e seu povo possam glorificar a sua graça. A salvação não pode ser pelas obras porque ela foi cumprida quando Cristo se entregou e foi crucificado. Nada mais podemos fazer para acrescentar à obra completa de Cristo, pois ele mesmo disse: "Está consumado", ou seja, está feito, está cumprido, não há nada mais a ser feito.

Finalizando este tópico, reforçamos que somos salvos pela graça de Deus na confiança que depositamos em Cristo e o apóstolo Paulo escreveu que isto não vem de nós, mas é dom de Deus, que a salvação não vem pelas obras para ninguém se gloriar ou mesmo que possa ter a falsa ilusão e que ele fez algo merecedor para receber o prêmio que é a salvação. A isso enfatizamos: a salvação é um presente de Deus, não uma recompensa.

A questão do pecado

Existe um dito popular que diz que desde que a humanidade começou a existir, o pecado se fez presente. Entretanto, apesar de muitos aceitarem com uma verdade incontestável, vemos que as Escrituras não coadunam com este dito, pois sabemos que após a criação do primeiro ser humano, existiu um período onde ele desfrutava com Deus um relacionamento íntimo, sem pecado. Assim, após a chamada queda do homem, a humanidade começou a desfrutar um estado de pecado e rebelião contra Deus.

A palavra pecado está assim definida pelo Dicionário on-line: "Desrespeito a algum preceito religioso; transgressão da lei de Deus ou dos mandamentos da Igreja. Por Extensão: violação de alguma norma e/ou dever; erro. Atitude que demonstra maldade; perversidade". Contudo, a melhor definição encontrada é a que Erickson apresenta: "Qualquer ato, atitude ou inclinação que deixa de alcançar ou cumprir plenamente os padrões da retidão de Deus. Pode envolver uma transgressão real da lei de Deus ou uma falha em viver de acordo com suas normas" (2011, PÁG. 148,148).

Podemos a partir dessas definições, afirmar que pecado devido à sua natureza, é contra a lei moral de Deus que em algum momento deixamos de atender, seja em atos, palavras ou pensamentos, como também são atitudes que contrariam ou são opostas aos desejos do Espírito de Deus que habita em nós. Por este motivo, Deus em sua eterna onisciência, desde antes da criação, tem nos preparado um plano de redenção que nos possibilita voltar a Ele, pois a natureza do pecado nos separa de Deus. O ser humano por si só, é um pecador por natureza e isto pode ser visto no Decálogo, onde há proibições de atos pecaminosos, que nos orientam a não matar, não roubar, não adulterar. Percebemos assim, que o pecado é nocivo e como consequência, acaba nos afastando de Deus que é santo.

A origem do pecado

Quando se fala em origem do pecado, normalmente vem em nossas mentes, perguntas como: De onde veio o pecado? Como ele entrou no mundo? Se Deus criou tudo, isso quer dizer que Ele criou o pecado? Dessas perguntas é imperativo afirmar inicialmente sem pestanejar que Deus não criou o pecado, não pecou e também não deve ser culpado pelo pecado existir. As Escrituras dizem que foram os anjos que pecaram e depois foi a vez do homem pecar, entretanto, vale a pena salientar que em ambos os casos, tanto anjos como homem, decidiram voluntariamente cometer esse erro. Deus não os forçou, pois eles tinham a escolha de não pecar; a isso podemos dizer simplesmente que Deus permitiu o pecado.

> Não sabemos de onde veio a ideia do mal. Deus evidentemente fez os anjos com livre arbítrio. Não vemos na Bíblia nenhuma informação, ainda, sobre a fonte do mal que entrou em Lúcifer e os anjos que o seguiram, mas quando ele foi lançado fora da presença de Deus, tornou-se uma fera, completamente saturado de ódio, vingança e destruição.
>
> Ora, já que Satanás não pôde vencer a Deus, o seu alvo por certo passou então a ser o homem que, além de ser uma criatura especial de Deus, exercia um certo domínio na terra. Isso também não podia deixar de causar-lhe inveja, pois se achava o mais belo e perfeito de todos (TARRY, 2005, pág. 17,18).

Por este motivo, culpar a Deus pelo pecado ou por sua existência, seria blasfemar, insultar, maldizer contra o caráter de Deus. O livro de Deuteronômios nos diz que as obras de Deus são perfeitas e que nele não há injustiça, pois Deus é justo e reto (Dt 32.4). Entretanto, este versículo, não deixa brechas para o dualismo, pois o senso comum é que existe um poder supremo que é Deus e outro igualmente supremo que se opõe ao mesmo. Esse falso entendimento se dá porque muitas vezes é apresentado duas versões que costumamos dizer que são as duas faces da mesma moeda, como o bem e o mal, o certo e o errado. Contudo, é errado e mesmo antibíblico afirmar que existe no universo um poder maligno que se opõe ao poder de Deus desde a eternidade.

Este tipo de pensamento, seria o mesmo que negar

tanto a onisciência como a onipotência de Deus. Por este motivo, é que escrevemos anteriormente que não podemos dizer ou considerar Deus como o criador do pecado, nem que Ele pecou e seja culpado pelo pecado, Ele apenas permitiu que o pecado entrasse no mundo, embora Ele não se compraza com o pecado. A culpa pela existência do pecado neste mundo, em última análise, é nossa, pois foi ele veio a existência por intermédio das decisões morais que decidimos tomar voluntariamente.

Em outras palavras, estamos dizendo que o pecado veio existir primeiramente na esfera espiritual, pois os relatos bíblicos dizem sobre a queda de Lucifer e seus anjos, no entanto, com relação à raça humana, o primeiro pecado cometido, é atribuído a Adão e Eva no Jardim do Éden, conforme podemos ler no livro de Gênesis, capítulo 3. Com relação a esses representantes da humanidade, é interessante mencionar que o pecado atingiu inicialmente a base do conhecimento. Esta argumentação tem como base quando Deus diz a Adão e Eva que eles morreriam caso comessem do fruto da árvore do conhecimento do bem e do mal (Gn 2.17). Então, a serpente muito astuta, afirma sucintamente: "*Certamente não morrerão! Deus sabe que, no dia em que dele comerem, seus olhos se abrirão, e vocês, como Deus, serão conhecedores do bem e do mal*" (Gn 3.4,5). Eva vendo que "*a árvore parecia agradável ao paladar, era atraente aos olhos e, além disso, desejável para dela se obter discernimento, tomou do seu fruto, comeu-o e o deu a seu marido, que comeu também*" (Gn 3.6).

O pecado original e o primeiro Adão

O apóstolo Paulo nos ensina através das Escrituras que por meio de um homem o pecado entrou no mundo e esse trouxe a condenação da primeira transgressão, sendo essa atribuída a toda a humanidade, pois Adão representava todos os seres humanos de todas as épocas, sendo assim o primeiro transgressor. Por este motivo, somos considerados pecadores e dizemos que temos por herança uma natureza que é inclinada para o mal. A isso damos o nome de culpa hereditária.

"Portanto, da mesma forma como o pecado entrou no mundo por um homem, e pelo pecado a morte, assim também a morte veio a todos os homens, porque todos pecaram; pois antes de ser dada a Lei, o pecado já estava no mundo. Mas o pecado não é levado em conta quando não existe lei. Todavia, a morte reinou desde o tempo de Adão até o de Moisés, mesmo sobre aqueles que não cometeram pecado semelhante à transgressão de Adão, o qual era um tipo daquele que haveria de vir" (Rm 5.12-14).

Este é um claro ensino de que pela transgressão de um só homem, todos nos tornamos pecadores, ou seja, quando Adão pecou, Deus considerou todos os descendentes de Adão como pecadores, mesmo que afirmemos que não cometemos o mesmo pecado que Adão, nós pecamos em Adão. Isto é condenação hereditária.

Como Adão era nosso representante pecou, então, todos os seres humanos aos olhos de Deus, todos nós somos pecadores. Embora normalmente se atribui ao apóstolo Paulo como o autor da doutrina do pecado original, devemos nos lembrar que essa doutrina é ensinada em toda a Bíblia Sagrada. Isto, como já dissemos que para Deus, somos culpados por causa do pecado de Adão.

Essa ideia, de que todos somos considerados pecadores aos olhos de Deus, significa que Deus considera que pecamos quando Adão no Jardim do Éden desobedeceu sua instrução, é reafirmada quando o apóstolo Paulo escreveu: *"Portanto, da mesma forma como o pecado entrou no mundo por um homem, e pelo pecado a morte, assim também a morte veio a todos os homens, porque todos pecaram; pois antes de ser dada a Lei, o pecado já estava no mundo. Mas o pecado não é levado em conta quando não existe lei. Todavia, a morte reinou desde o tempo de Adão até o de Moisés, mesmo sobre aqueles que não cometeram pecado semelhante à transgressão de Adão, o qual era um tipo daquele que haveria de vir"* (Rm 5.12-14).

O que o apóstolo Paulo afirma nesses versículos é que até a época de Moisés, as pessoas não tinham as leis escritas como nós a temos hoje e embora os pecados cometidos desde Adão não fosse considerado como infrações da lei, o pecado entrou no mundo, juntamente com a morte que atingiu todos os homens. O fato de que as pessoas passassem pelo processo da morte, já em si é uma prova de que Deus os considerava culpados pelo pecado cometido por Adão. Esta ideia é reafirmada em Rm 5.18,19: *"Consequentemente, assim como uma só transgressão resultou na condenação de todos os homens, assim também um só ato de justiça resultou na justificação que traz vida a todos os homens. Logo, assim como por meio da desobediência de um só homem muitos foram feitos pecadores, assim também por meio da obediência de um único homem muitos serão feitos justos".*

A maioria das pessoas, incluindo aqui também os cristãos, acham que Deus cometeu um ato de injustiça imputando o pecado de Adão a nós, embora ainda não tivéssemos nascidos. Contudo, alguns se esquecem que Deus, é onisciente, por isso sabe de antemão todas as coisas, nos considerou pecadores e necessitados de salvação para que pudéssemos voltar a Ele, assim, em seu infinito amor, envia seu filho Jesus Cristo ao mundo para morrer por nós, sendo nós ainda pecadores, conforme Rm 5.8. Mesmo assim, aqueles que conhecem as Escrituras, em seu íntimo muitas vezes sente dificuldade de explicar o motivo dessa imputação de Deus da qual somos considerados culpados por causa daquilo que Adão fez.

Em resposta a isso, podemos dizer primeiramente que todos nós, sem exceção, cometemos voluntariamente outros tipos de pecados pior do que Adão cometeu e por este motivo, Deus também nos considera culpados. Segundo, mesmo que algumas pessoas contra argumentem que eles fariam a coisa diferente do que Adão fez – mesmo antes de me tornar cristão, cogitei comigo mesmo essa possibilidade – mas ao final conclui que também teria pecado como Adão ou ainda poderia ter cometido erros maiores ainda e a humanidade poderia estar em um estado pior do que hoje. Sei que esse tipo de argumentação não pode ser apresentado como prova, pois ficar no campo das suposições do que teria acontecido ou não, ficar especulando isso ou aquilo, não produz resultado, mas se aventurar no campo de hipóteses, pode trazer um certo tipo de alívio para nós, pois reduz a sensação que possuímos da injustiça que imputamos a Deus.

Por fim, em terceiro lugar, pelo menos para mim é o ponto chave da qual podemos encerrar esse falso julgamento que fazemos sobre a pressuposta injustiça cometida por Deus, é que como achamos injusto Adão representar a humanidade e ao pecar também recebermos sua culpa; do mesmo modo, também deveríamos achar injusto Jesus nos representar e que sua justiça também seja imputada por Deus a nossa pessoa. O que muitas vezes não vemos é que o procedimento utilizado por Deus pela imputação do pecado de Adão, é precisamente o mesmo procedimento que Ele utilizou e ainda utiliza ao imputar a justiça de Cristo a nós.

"Consequentemente, assim como uma só transgressão resultou na condenação de todos os homens, assim também um só ato de justiça resultou na justificação que traz vida a todos os homens. Logo, assim como por meio da desobediência de um só homem muitos foram feitos pecadores, assim também por meio da obediência de um único homem muitos serão feitos justos" (Rm 5.18,19). O que esses versículos querem dizer é que assim como Adão, nosso primeiro representante pecou e Deus através de Adão nos considerou culpados; do mesmo modo, Jesus Cristo nos representou na cruz e por este motivo, todos os que creem em Jesus e na mensagem da cruz, obedeceu a Deus e Ele nos considerou justos.

Possuímos uma natureza pecaminosa por causa de Adão

Como vimos, além da culpa legal que Deus imputou a todos os seres humanos por causa do pecado de Adão, nós ainda herdamos uma natureza pecaminosa como resultado do pecado cometido por ele e essa natureza pecaminosa que herdamos, é muitas vezes chamada de pecado original e outras vezes de pecado adâmico. Schüler citando a Confissão de Augsburgo (CA), assim descreve sobre o pecado original:

> A CA fala assim sobre o pecado original: "Ensina-se, outrossim, entre nós que depois da queda de Adão todos os homens naturalmente nascido são concebidos e nascidos em pecado, isto é, que desde o ventre materno todos estão plenos de concupiscência e inclinação más, e por natureza não podem ter verdadeiro temor de Deus e verdadeira fé em Deus também que essa inata pestilência e pecado hereditário verdadeiramente é pecado e condena à eterna ira de Deus a quantos não renascem pelo batismo e pelo Espírito Santo (Artigo II, trad. Do texto al. – 19: p.29) (SCHÜLER, 2002, pág. 358).

Em outras palavras, isto simplesmente quer nos dizer que nossa natureza inclui a disposição ao pecado. Este é um dos motivos que em Ef 2.3 somos chamados de "filhos da ira", isto porque nascemos com a tendência de pecar. Para aqueles que não dão crédito a estas palavras, basta apenas observar e constataremos que até mesmo as crianças que são consideradas puras e mesmo que não a ensinemos a fazer coisas erradas, elas o farão em algum momento de suas vidas. A nossa inata tendência ao pecado, faz até mesmo essas inocentes criancinhas; descobrirem por si só, a fazer coisas erradas. Por este motivo, é que nós, pais, temos a obrigação de ensinar nossas crianças, desde tenra idade agir de maneira certa e ensinando o temor ao Senhor. Sem a obra e o sacrifício vicário de Cristo em nossas vidas, não podemos nos aproximar de Deus usando nossas próprias forças, pois foi o próprio Jesus que disse: *"Ninguém pode vir a mim se o Pai, que me enviou, não o trouxer"* (Jo 6.44).

Por isso é bom reconhecermos que somos pecadores, que usando nossas próprias forças, somos incapazes de aproximar Deus, também somos carentes e necessitamos da salvação vinda de Deus. O apóstolo. Paulo nos diz que *"os que estão na carne não podem agradar a Deus"* (Rm 8.8) e *"sem fé é impossível agradar a Deus"* (Hb 11.6). Estar na carne é um termo utilizado nas Escrituras que descreve a existência física do homem, ou seja, descreve uma pessoa não redimida, não regenerada. Lembrando que a diferença entre um descrente e um cristão, é que esse último apesar de manifestar algumas atitudes da carne, ele não pode estar na carne.

Outros versículos dão testemunho da nossa pecaminosidade da qual estamos sujeitos, porque todos pecamos perante Deus:

"Todos se desviaram, igualmente se corromperam; não há ninguém que faça o bem, não há nem um sequer" (Sl 14.3);

"Mas não leves o teu servo a julgamento, pois

ninguém é justo diante de ti" (Sl 143.2),

"*Quando pecarem contra ti, pois não há ninguém que não peque*" (1 Rs 8.46a);

"*Como está escrito: Não há justo, nem um sequer*" (Rm 3.10);

"*Todos pecaram e carecem da glória de Deus*" (Rm 3.23);

"*Se afirmarmos que estamos sem pecado, enganamos a nós mesmos, e a verdade não está em nós. Se confessarmos os nossos pecados, ele é fiel e justo para perdoar os nossos pecados e nos purificar de toda injustiça. Se afirmarmos que não temos cometido pecado, fazemos de Deus um mentiroso, e a sua palavra não está em nós*" (1 Jo 1.8-10).

Sabemos que é difícil para um incrédulo que não considera as coisas de Deus como verdade, não crê nas Escrituras, não é capaz de compreender corretamente as coisas espirituais de Deus, pois "*o homem natural não aceita as coisas do Espírito de Deus, porque lhe são loucura; e não podem entende-as, porque elas se discernem espiritualmente*" (1 Co 2.14). A aplicação desse versículo à nossa vida, é bem óbvia: o homem natural é o homem não convertido e não consegue discernir as coisas espirituais porque lhe falta entendimento da Palavra de Deus. No entanto, isto não quer dizer que os convertidos, os cristãos saibam todas as coisas, que não precisemos de orientadores, professores e mestres ou mesmo que estejamos corretos em tudo aquilo que dizemos ser verdadeiro.

Podemos minimizar a nossa responsabilidade?

Como as Escrituras nos exortam a prática do bem, do amor ao próximo e amor a Deus acima de todas as coisas, então, é natural deduzir que temos a capacidade de exercitar o bem, por este motivo, o homem é moralmente responsável pelos seus atos e sofre as consequências de seus bons e maus atos. Pelágio ensinava que Deus responsabiliza o homem só pelas coisas que este é capaz de fazer, contudo, rejeitava a doutrina do pecado herdado ou pecado original ou pecado adâmico. Em seu entendimento, o pecado consistia em atos pecaminosos isolados, conforme Grudem.

Vale a pena salientar que a doutrina de que somos responsáveis apenas pelos atos que podemos praticar, é antibíblico, como citamos anteriormente, somos todos culpados diante de Deus e nossa culpa não se limita apenas aos atos que possamos cometer. A nossa verdadeira culpa está em nossa falta de capacidade de obedecer a Deus em tudo, tanto em atos, palavras e pensamentos e isto vale até para um recém-nascido. O que nos leva a perguntar: Será que as crianças são culpadas antes de nascer ou mesmo antes de cometer qualquer ato pecaminoso? Existe uma idade de imputabilidade do pecado para elas? E o feto que ainda está sendo gerado? Basta dizermos que algumas pessoas ensinam a existência dessa idade da imputabilidade do pecado, citando que as crianças pequenas antes são isentas da responsabilidade pelo pecado perante Deus. Entretanto, tal ensino não encontra respaldo bíblico.

Porém, certas passagens citadas anteriormente como Sl 14.2, 3; 1 Rs 8.46a; Rm 3.10, 23 e 1 Jo 1.8-10 indicam claramente o pecado herdado através de Adão e mesmo antes do nascimento de uma criança, elas são culpadas perante Deus, pois herdaram a natureza pecaminosa que todos carregamos, que faz que Deus também as veja como pecadoras. Sl 51.5 está escrito: *"Eu nasci na iniquidade, e em pecado me concebeu minha mãe"*. Mas e aquelas crianças que morrem antes de nascer ou de ter idade para compreender seus pecados e aceitar o evangelho da salvação? Em relação à salvação, resta dizer que elas foram salvas pela graça de Deus, tendo como base a obra redentora de Jesus, pois elas não serão julgadas pelos seus próprios méritos, mas pela justiça divina. Dizer mais que isso, é extrapolar o que a Bíblia nos ensina.

Champlin (2001, pág. 4979) acertadamente diz que o perdão dos pecados é "conferido exclusivamente por Deus", nos é dado por meio de Jesus Cristo, onde temos nossas transgressões apagadas, que nos restaura diante de Deus. Então, não devemos extrapolar os ensinamentos bíblicos, devemos sim, confiar na justiça divina, na graça, misericórdia e na obra redentora de Cristo por nós, pois como Champlin afirmou, o perdão de nossos pecados é conferido exclusivamente por Deus e não por causa de nossos méritos.

Existe graus de pecado?

Fazer esse tipo de pergunta, seria o mesmo que perguntar se existe pecado, pecadinho e pecadão, ou mesmo, se algum pecado pode ser considerado pior do que outro. A esse tipo de pergunta, podemos responder de duas maneiras distintas, tendo em vista o sentido ou rumo daquilo que temos como verdade, então, podemos responder com sim ou mesmo com não. Entretanto, de levarmos em consideração a perspectiva humana, podemos afirmar que alguns pecados são piores do que outros, porque suas consequências podem trazer danos para nós ou mesmo para pessoas que tem convivência conosco. Porém, levando em consideração a perspectiva divina, veremos que não existe pecado, pecadinho ou pecadão, existe simplesmente pecado que provoca danos ao nosso relacionamento pessoal com Deus.

De um modo geral, afirmar que determinados pecados podem trazer consequências mais rápidas do que outros, entretanto, é bom lembrar que seja qual for o tipo de pecado cometido, todos eles em última instância são cometidos contra Deus e podem gerar consequências inesperadas tanto a nós mesmos como a outras pessoas e até mesmo à igreja de Cristo. Existe a diferença de um pecado cometido por ignorância às Escrituras e aqueles cometidos de forma deliberada e consciente. Ambos desagradam a Deus, porém ao cristão é indesculpável, pois esse conhece a Palavra de Deus e mantém um relacionamento com Deus. É indesculpável quando esse não continuam sendo praticado, não são abandonados, seguidos de arrependimento e confissão.

Esse tipo de grau de pecado pode ser visto nos versículos a seguir: *"Mas todo aquele que pecar com atitude desafiadora, seja natural da terra, seja estrangeiro residente, insulta o Senhor, e será eliminado do meio do seu povo. Por ter desprezado a palavra do Senhor e quebrado os seus mandamentos, terá que ser eliminado; sua culpa estará sobre ele"* (Nm 15.29,30).

> As Escrituras às vezes falam de níveis de gravidade do pecado. Estando Jesus diante de Pôncio Pilatos, disse ele: "Quem me entrega a ti maior pecado tem" (Jo 19.11). A referência é aparentemente a Judas, que convivera com Jesus durante três anos e, no entanto, deliberadamente o traía entregando-o. Embora Pilatos tivesse autoridade sobre Jesus em virtude do seu cargo no governo, mesmo sendo errado permitir que um homem inocente fosse condenado à morte, o pecado de Judas era bem "maior", provavelmente por causa do conhecimento bem maior e da malícia associada e esse conhecimento [...] No sermão do monte, ao dizer: "Aquele, pois, que violar um destes mandamentos posto que dos menores, e assim ensinar aos homens, será considerado mínimo no reino dos céus" (Mt 5.19), Jesus sugere que há mandamentos menores e maiores. Do mesmo modo, embora admita que é correto dar o dízimo mesmo sobre os condimentos usados em casa, profere condenações contra os fariseus por eles negligenciarem "os preceitos mais importantes da Lei: a justiça, a misericórdia e a fé" (Mt 23.23). Nos dois casos, Jesus distingue os mandamentos menores dos maiores, sugerindo assim que alguns pecados são piores do que outros no tocante à própria avaliação divina da sua importância (GRUDEM, 1999, pág. 411,412).

"Contudo, a distinção entre níveis de gravidade de pecado", segundo Grudem, não dá respaldo à doutrina da igreja católica que classificam os pecados como pecado venial (como a desonestidade, a ira ou a luxúria) que pode ser perdoado e pecado mortal (como o suicídio). O pecado venial, segundo a visão católica, pode ser perdoado na maioria das vezes após uma penitência nesta vida ou mesmo depois da morte no purgatório. Esse tipo de ensinamento vai em contramão aos ensinos das Escrituras, pois todos os pecados são aos olhos de Deus, uma desobediência à sua santa pessoa e até mesmo o mais leve dos pecados, nos torna culpados perante Deus. Entretanto, a Bíblia nos ensina que até mesmo o mais grave dos pecados, pode ser perdoado quando nos entregamos e aceitamos a Jesus Cristo como nosso Senhor, Salvador e único intermediário entre Deus e os homens.

A importância da ressureição

Antes mesmo de falarmos sobre a importância da ressurreição para o cristão, veremos inicialmente o que é a ressurreição. Segundo definição do dicionário on-line, ressurreição é "Volta à vida; ação de retornar da morte. Ação ou efeito de ressuscitar". Em outras palavras, a ressurreição é a restauração da vida de quem estava morto, isto feito pelo poder de Deus e as Escrituras nos dizem que assim como Jesus ressuscitou dos mortos, um dia nós ressuscitaremos e receberemos a vida eterna. **O que faz da ressurreição a nossa grande esperança.**

Ao longo da história da Bíblia, podemos ler que pelo poder de Deus algumas pessoas foram ressuscitadas, no entanto, a ressuscitação não lhes garantiu a eternidade neste mundo, pois após algum período de vida, essas pessoas tiveram o mesmo destino de todas as outras e acabaram morrendo. A ressurreição de Jesus não pode ser visto apenas como um milagre de trazer a vida a um corpo morto que posteriormente foi reanimado. De forma alguma isso se trata do mesmo evento com a ressurreição de Cristo. O que aconteceu com todos os personagens bíblicos que ressuscitaram, como por exemplo, o filho da viúva descrito em 1 Rs 17, assim como a filha de Jairo (Mc 5) e até mesmo a Lázaro, conforme descrito no evangelho de João, capítulo 11, que apesar de terem voltado a viver, mais tarde, como já nos referimos, eles morreram novamente. Entretanto, não podemos dizer o mesmo sobre a ressurreição de nosso Senhor Jesus Cristo, pois a ressurreição de Jesus foi diferente de qualquer outra ressurreição descrita.

A este respeito, Grudem escreveu:

> A ressurreição de Cristo não foi simplesmente um retorno da morte, à semelhança daquela experimentada por outros antes dele, como Lázaro (Jo 11.1.44), porque senão Jesus teria se submetido à fraqueza e ao envelhecimento, e por fim teria morrido outra vez, exatamente como todos os outros seres humanos morrem. Em vez disso, quando ressurgiu dos mortos Jesus tornou-se "as primícias" (1 Co 15.20-23) de um novo tipo de vida humana, uma vida na qual este corpo foi aperfeiçoado não estando mais sujeito à fraqueza, envelhecimento ou morte, mas capaz de viver eternamente (GRUDEM, 1999, pág. 509).

A ressurreição de Jesus

A ressurreição dele foi diferente de qualquer outro milagre do gênero descrito nas páginas bíblicas ou de qualquer outra literatura, porque quando Jesus ressuscitou dos mortos, ele não voltou a morrer como os outros. Por este motivo, podemos dizer que Jesus vive. Ele ainda está vivo mesmo que já tenha se passado mais de dois milênios. Com a sua ressurreição, Jesus venceu o poder da morte e se tornou nossa primícia. O preço que ele pagou na cruz por nossos pecados foi um cheiro agradável ao Senhor e foi mais que suficiente, ele foi nossa propiciação, pois somente um sacrifício perfeito poderia satisfazer as exigências da lei e homem algum tinha essa condição, apenas Deus poderia cumprir a lei em sua integridade. Jesus é Deus, por este motivo, ele não podia continuar morto e por isso podemos afirmar que ele vive para sempre. Esta verdade pode ser vista na seguinte declaração: *"Mas Deus o ressuscitou dos mortos, rompendo os laços da morte, porque era impossível que a morte o retivesse"* (At 2.24).

A ressurreição de Cristo foi diferente, porque vemos que os apóstolos de Jesus viram que as pessoas que foram ressuscitadas com o mesmo corpo físico, entretanto, Jesus foi ressuscitado com um corpo glorificado. O apóstolo Pedro escreveu *"Cristo sofreu pelos pecados uma vez por todas, o justo pelos injustos, para conduzir-nos a Deus. Ele foi morto no corpo, mas vivificado pelo Espírito"* (1 Pe 3.18). Além disso, as Escrituras também afirmam que Jesus está assentado à direita do Pai. Isso implica dizer que todas as outras ressuscitações descritas, foram simplesmente um milagre impressionante, mas a ressurreição de Jesus pode ser considerado um dos maiores milagres acontecidos, pois em meu ponto de vista, o maior milagre de todos, foi Deus se tornar homem.

Nesse interim, você já notou que venho falando de

ressuscitação quando se trata de pessoas que voltaram a morrer e ressurreição no caso de Jesus. Isto porque para mim, ressuscitar é apenas restituir à vida, tornar a viver, ressurgir, reaparecer e ressurreição não pode ser considerado apenas o ato ou ação ou mesmo efeito de ressuscitar, porque Jesus realmente ressuscitou, mas ressuscitou em um corpo glorificado. Esse corpo tem todas as características do corpo anterior, porém, não estava mais limitado como o anterior, pois ele atravessava paredes, se desvanecia.

Em Dn 12.2 está escrito que: *"multidões que dormem no pó da terra acordarão: uns para a vida eterna, outros para a vergonha, para o desprezo eterno"*. Essa verdade pode ser vista quando a Bíblia diz que no fim dos tempos, os mortos ressuscitarão e aqueles que sistematicamente rejeitaram a Deus receberão condenação eterna mas aqueles que o aceitam, confessam, vivem sob seus desígnios, viverão para sempre junto de Deus. Da mesma forma, podemos dizer que assim como o corpo de Jesus foi transformado na ressurreição, nossos corpos também serão transformados, teremos corpos incorruptíveis e não sofreremos mais as consequências do pecado. Viveremos para sempre, sem mais dor, sem sofrimento; isto porque Jesus nos dá uma nova vida e não estaremos mais mortos no pecado.

O fato de Deus ter ressuscitado Jesus em um corpo glorificado, nos lembra do grande poder de nosso Deus e segundo os escritos bíblicos, Jesus levou nossos pecados na cruz do Calvário e sua ressurreição a partir desse momento, mudou uma coisa que é muito importante para nós, pois agora, diferente da lei que apontava o pecado e não removia o pecado, a ressurreição de Cristo nos diz que não existe pecado que não possa ser perdoado, se nos arrependermos dele e o confessarmos a Deus.

Está escrito em Rm 8.11: *"E, se o Espírito daquele que ressuscitou Jesus dentre os mortos habita em vocês, aquele que ressuscitou a Cristo dentre os mortos também dará vida a seus corpos mortais, por meio do seu Espírito, que habita em vocês"*. Jesus é a prova contundente de que a ressurreição dos mortos é um fato real, uma realidade e isto prova que assim como Jesus ressuscitou dos mortos, um dia ressuscitaremos para a vida eterna ou para o julgamento eterno. Se Jesus não tivesse realmente ressuscitado, o propósito de Deus não teria se cumprido e mais importante ainda, as boas novas não faria qualquer sentido em nossas vidas, especialmente hoje.

Historicamente, a ressurreição de Cristo além de ter sido um acontecimento real, pode ser historicamente comprovada. Sabemos que a ressurreição é um dos principais conceitos fundamentais da fé cristã, no entanto, também sabemos que muitas pessoas tentam de alguma forma negá-la, apresentando teorias infundadas, como por exemplo, o roubo do corpo de Jesus na sepultura, a teoria do desmaio na cruz, ou mesmo a teoria do corpo ter sido reanimado no frio da sepultura, entre diversas outras. Mas, por outro lado, encontramos pessoas que aceitam a ressurreição como fato consumado, mesmo que não apresentem argumentos eficazes.

Diversos argumentos contra a historicidade da

ressurreição, lançando mão de argumentos extra bíblicos, citando mitologias e crenças, onde deuses nascem a cada manhã e morrem ao pôr do sol em um incansável ciclo de vida e morte. Apesar de muitas pessoas não considerarem como prova cabal da ressurreição de Jesus, como o túmulo vazio, contudo, praticamente todos os cristãos aceitam essa argumentação. Mesmo com alegações contrárias, uma verdade não pode ser mudada, mas apenas distorcida. A ressurreição não pode ser comprovada por evidências científicas, mas no campo escriturístico a ressurreição pode ser vista como uma epifania, ou seja, uma revelação de Deus no coração dos discípulos. Algumas pessoas chegam a dizer que os relatos mais detalhados da ressurreição, são acréscimos e não se baseiam em registros históricos.

Entretanto, temos na Bíblia especialmente nos relatos dos quatro evangelhos, nas epístolas paulinas e no Atos dos apóstolos, informações preciosas sobre este evento. Dentre eles, as epístolas paulinas são os mais antigos registros escritos sobre a morte e a ressurreição de Cristo. Esses escritos não deixam sombra de dúvidas que tanto eles como aqueles que os ouviam, eram convencidos e acreditavam assim como nós cristãos acreditamos que realmente Jesus ressuscitou dos mortos. É bom lembrar que em Atos dos apóstolos, seu escritor menciona o fato de Jesus ter aparecido para diversas pessoas por quarenta dias, dando assim, muitas provas de sua ressurreição. Fato esse que se de fato a ressurreição não tivesse acontecido, era fácil para a liderança judaica que tramou a morte de Jesus, desmentir a ressurreição. Como em nenhuma parte vemos a oposição dessa liderança a este respeito, então é correto afirmar que a ressurreição realmente aconteceu como está descrito nos livros da Bíblia Sagrada.

Com relação as aparições de Jesus após a ressurreição e após a constatação do túmulo vazio, os evangelhos relatam que Jesus apareceu para seus discípulos, apareceu também na estrada para Emaús, no Mar da Galileia, quando Jesus ascendeu ao céu e finalmente na estrada de Damasco, onde Saulo de Tarso foi convertido ao cristianismo, tornando-se de carrasco ao mais importante defensor e missionário da religião nascente. A importância teológica cristã na ressurreição de Jesus, é que ele é o fundamento da fé cristã. Os cristãos, pela fé no poder de Deus são redimidos em Jesus Cristo e como o apóstolo Paulo bem afirmou: *"Se Cristo não ressuscitou, é vã a nossa pregação, e também é vã a vossa fé"* (1 Co 15.4).

Como explicar a ressurreição, existe provas e qual é seu sentido para um cristão?

Em resposta a essas perguntas, podemos dizer que existe um grau de dificuldade para se responder, pois a primeira pergunta não pode ser respondida cientifica ou racionalmente a contento ao homem natural; isto porque as coisas de Deus podem lhe parecer loucas ou sem sentido e ainda por cima, invade o campo da fé para aceitação da resposta apresentada. No entanto, como não podemos provar cientificamente, pois isto demanda repetição por várias vezes e obtendo-se o mesmo resultado quando vezes se desejasse. O que nos leva a dizer que somente o poder de

Deus pode ser a única explicação plausível para a ressurreição, pois a própria ressurreição, ultrapassa o plano metafísico.

A segunda pergunta, deve ser respondida lançando mão das Escrituras que são os registros que tratam do assunto. Os relatos dos apóstolos nos informam que eles deram testemunho das coisas que viram e ouviram. Jesus também profetizou sobre sua morte e ressurreição, conforme dizem as Escrituras e a Palavra de Deus, desde os tempos do Antigo Testamento, nos informa que o povo hebreu vinha ao longo dos séculos o cumprimento da promessa da vinda do messias que seria o nosso salvador. Isto nos leva a questão de que os acontecimentos que culminaram na morte e ressurreição de Jesus Cristo, não foram acontecimentos ocasionais, mas foram acontecimentos que se cumpriram na íntegra sobre tudo o que havia sido profetizado, séculos antes de acontecerem.

No entanto, é no Novo Testamento que encontramos um dos relatos mais bem elaborados a respeito da morte e ressurreição de Cristo. Este relato é do apóstolo Paulo e encontra-se na primeira carta aos Coríntios: *"Pois o que primeiramente lhes transmiti foi o que recebi: que Cristo morreu pelos nossos pecados, segundo as Escrituras, foi sepultado e ressuscitou no terceiro dia, segundo as Escrituras, e apareceu a Pedro e depois aos Doze. Depois disso apareceu a mais de quinhentos irmãos de uma só vez, a maioria dos quais ainda vive, embora alguns já tenham adormecido. Depois apareceu a Tiago e, então, a todos os apóstolos; depois destes apareceu também a mim, como a um que nasceu fora de tempo"* (1

Co. 15.3-8).

Através desses versículos vemos como Paulo descreveu descreve sobre a morte e ressurreição de Cristo, apresentando ainda informações muito importantes, pois ele diz que não apenas ele, mas uma vasta quantidade de testemunhas oculares que sustentam a veracidade de seu relato, principalmente quando o número de testemunhas excede ao círculo interno dos discípulos. Foi dito que quinhentas pessoas poderiam testemunhar a este respeito. Se de fato a ressurreição não aconteceu como alguns tentam afirmar, é mais lógico concluir que essa suposta mentira seria firmemente combatida naqueles tempos, principalmente porque os relatos da ressurreição começaram a surgir em pouquíssimo período de tempo, três dias após a morte e não décadas ou séculos depois.

Uma teoria muito citada é que quando as mulheres foram no dia da ressurreição visitar o túmulo, erraram o local, no entanto, esta teoria não faz sentido algum, porque o local era próximo de onde ele foi crucificado, era uma túmulo novo cedido por José de Arimatéia e elas acompanharam todo o processo. Se elas realmente erraram o túmulo onde se encontrava o corpo de Cristo, como poderemos explicar que ao relatar aos discípulos Pedro e João também tenham cometido o mesmo erro, indo para túmulo errado em plena luz do dia? Mais importante ainda é dizer que se eles equivocadamente foram ao túmulo errado e supuseram que Jesus havia ressuscitado, então porque as autoridades judaicas não foram ao túmulo certo e apresentaram o corpo de Jesus? Isto teria acabado com toda a controvérsia e arruinaria de vez por todas qualquer argumentação sobre a ressurreição.

O mesmo pode ser dito da teoria do roubo do corpo e essa teoria é mais absurda ainda, pois logo após o sepultamento, guardas ficaram de prontidão guardando o túmulo para evitar tal situação. Lembrando ainda que roubar um corpo guardado por uma escolta militar para depois espalhar o boato de que ele ressuscitou com esse corpo, além de ser burrice, seria o mesmo que atirar no próprio pé, pois como eles poderiam afirmar tal coisa se ele não se apresentasse vivo para muitas pessoas? Certamente, se Jesus não se mostrasse vivo, os próprios seguidores dele, não enfrentariam o martírio afirmando tal absurdo. A própria atitude deles é uma prova da ressurreição, pois eles estavam com medo e escondidos e após Jesus se mostrar a eles, eles foram transformados em pessoas corajosas e destemidas.

Segundo o relato dos Atos dos Apóstolos, Pedro afirmou no dia de Pentecostes que Jesus *"foi entregue por propósito determinado e pré-conhecimento de Deus"*, que ele foi morto e pregado na cruz, *"Mas Deus o ressuscitou dos mortos, rompendo os laços da morte, porque era impossível que a morte o retivesse"* (At 2.22-24) e concluiu: *"Portanto, que todo o Israel fique certo disto: Este Jesus, a quem vocês crucificaram, Deus o fez Senhor e Cristo"* (At 2.36). A explicação mais que natural é concluir que os apóstolos haviam contemplado algo de espetacular, inimaginável e algo que se viram na obrigação de testemunhar, mesmo indo contra tudo e todos. Com certeza, creio que eles não estariam dispostos a morrer para sustentar um engodo.

Outra evidência apresentada encontra-se neste resumo apresentado por Grudem:

> O fato de que Jesus tinha um corpo físico que podia ser tocado após a ressurreição pode ser notado porque suas seguidores "abraçaram-lhe os pés" (Mt 28.9), porque ele parecia ser apenas mais um viajante para os discípulos no caminho de Emaús (Lc 24.15-18,28,29), porque ele tomou o pão e o partiu (Lc 24.30), comeu um pedaço de peixe assado para demonstrar claramente que tinha um corpo físico e não era apenas um espírito, porque Maria pensou que ele fosse um jardineiro (Jo 20.15), porque mostrou-lhes suas mãos e seu lado (Jo 20.20), convidou Tomé a tocar suas mãos e seu lado (Jo 20.27), preparou uma refeição para seus discípulos (Jo 21.12,13) e lhes disse especificamente: "Vede as minhas mãos e os meus pés, que sou eu mesmo; apalpai-me e verificai, porque um espírito não tem carne nem ossos, como vedes que eu tenho" (Lc 24.39). Pedro disse a respeito dos discípulos "comemos e bebemos com ele, depois que ressurgiu dentre os mortos" (At 10.41) (GRUDEM, 1999, pág. 510).

Depois de tudo que foi exposto, vamos para a terceira pergunta, mas antes, gostaríamos de enfatizar que as provas ou evidências da ressurreição de Cristo, não se encontram apenas nos escritos bíblicos, não são apenas relatos históricos que sobreviveram e permanecem vivos até os dias de hoje. A maior evidência que prova que a ressurreição aconteceu conforme a Bíblia descreve, é o testemunho moral e existencial que ao longo da história da humanidade, milhares de pessoas vem apresentando, quando suas vidas são transformadas para melhor com as verdades do evangelho.

Qual é o sentido da ressurreição de Jesus para um cristão? Inicialmente temos a dizer que acreditar na ressurreição de Jesus para qualquer cristão, é uma condição de existência, pois só podemos ser cristão porque acreditamos que Jesus está vivo, ressuscitou, e é o único mediador entre Deus e os homens. A fé na ressurreição de Jesus Cristo é o fundamento principal da mensagem cristã. Sem este fundamento, toda a fé cristã estaria fadada a morrer, caso fosse comprovado e fosse retirado ou mesmo desprezado a verdade da ressurreição de Cristo, pois como o apóstolo Paulo citou, *"se não há ressurreição de mortos, então, Cristo não ressuscitou"* (1 Co 15.3) e se realmente ele não ressuscitou, isto não faz apenas o apóstolo Paulo ser um mentiroso, mas implica ainda dizer que a Bíblia é um livro de fantasias, crendices, superstições, cheio de mentiras, sem valor algum que possa orientar o ser humano a viver e conviver bem moral, social, emocional, espiritualmente e em última análise, seria dizer que o próprio Deus é mentiroso.

Mas, por outro lado se temos a Bíblia como nossa regra de fé, dois sinais da ressurreição são reconhecidos como essenciais. O primeiro deles é o testemunho das pessoas que viram Jesus ressuscitado que como vimos, não se limita a um número pequeno de testemunhas. O segundo sinal é que a ausência do corpo de Jesus no túmulo, não é obra humana, mas divina.

Não temos motivos para racionalmente duvidar dos relatos bíblicos. Os relatos da ressurreição de Jesus testemunham um fato único que não brotou simplesmente da mente dos discípulos de Jesus, é a comprovação de tudo aquilo que Jesus fez e ensinou durante seu ministério terreno. Todas essas verdades encontram sua confirmação no cumprimento das promessas do Antigo Testamento e das promessas que o próprio Jesus fez. Esta verdade é confirmada por sua ressurreição e negá-la, seria despir a mensagem cristã de seus propósitos, pois não estaríamos seguindo um Deus vivo, onipotente, onipresente e onisciente, mas estaríamos seguindo um Cristo morto e impotente.

Isto equivale dizer que assim como Paulo afirmou que nossa pregação é vã, também é vã a nossa fé, a pregação de Cristo não faria sentido algum, a fé que depositamos nele, seria inútil. Isto quer dizer apenas que nossa fé não é dom de Deus, é vazia de sentido, conteúdo e inaproveitável para qualquer coisa, pois tem como base uma mentira. Se nossa fé é baseada em uma mentira histórica, então somos *"falsas testemunhas de Deus, porque temos asseverado contra Deus que ele ressuscitou a Cristo"* (1 Co 15.15). Também implica dizer que permanecemos em nossos pecados, que ninguém foi redimido e que somos os mais infelizes de todos os seres, porque a morte vicária de Cristo não teria acontecido e ainda estaríamos sob a condenação da lei e não estaríamos vivendo pela graça de Deus.

Paulo ainda nos diz que aqueles *"que dormiram em Cristo pereceram"* (1 Co 15.18). Se Cristo realmente não ressuscitou dos mortos, isto representa que a esperança de uma bem-aventurança na eternidade junto ao Pai, não existe e que a morte de Jesus não foi a última palavra, somos apenas uma infinidade de pessoas que vem sendo enganadas nesses mais de dois mil anos: *"Se a nossa esperança em Cristo se limita apenas a esta vida, somos os mais infelizes de todos os homens. Mas de fato, Cristo ressuscitou dentre os mortos, sendo ele as primícias dos que dormem"* (1 Co 15.19,20).

A crença na ressurreição de Cristo é a pedra angular da doutrina cristã, pois nos ensina que não seguimos um Cristo crucificado, mas seguimos um Cristo vivo e Todo-poderoso; que a sua ressurreição é nossa garantia de que Deus aceitou o sacrifício de Jesus na cruz foi perfeito, que nossos pecados foram perdoados porque Jesus pagou o preço. A crença na ressurreição de Cristo prova que a ressurreição dos mortos é real, assegura nossa regeneração, nossa justificação e isto nos faz fugir do pecado, pois a vida não é um simples viver e morrer. Assim como Cristo ressuscitou, um dia nós também vamos ressuscitar para a vida eterna e a obra que fazemos no Senhor não é em vão, pois Jesus morreu pelos nossos pecados e ressuscitou para justificação de nossa alma e vivificação de nosso corpo.

29 motivos que tenho para crer que Jesus ressuscitou

1. Porque a Palavra de Deus informa sobre o que já havia sido predito foi cumprido em Jesus.
2. Porque a ressurreição é a prova de que Jesus afirmava ser quem ele é: o filho de Deus.

3. Porque ninguém até hoje conseguiu comprovar e provar que Jesus foi um mentiroso e se ele foi um mentiroso, ele foi o maior mentiroso da história da humanidade que conseguiu com suas mentiras transformar para melhor milhares de milhares de vidas para melhor.
4. Porque diversas pessoas viram Jesus depois de sua ressurreição.
5. Porque seus discípulos pregaram por todo o mundo antigo, corajosamente sobre a ressurreição de Jesus, enfrentando toda sorte de adversidade, problemas e correndo riscos de morte sem qualquer hesitação. Eles foram perseguidos, e muitos deles foram mortos por causa da pregação.
6. Porque todas as coisas que Jesus ensinou são verdadeiras. Jesus disse: *"Eu sou a ressurreição e a vida. Quem crer em mim, ainda que morra, viverá"* (Jo 11.25) e esta promessa algum dia se cumprirá.
7. Porque apesar de todas as investidas contrárias à ressurreição, nenhuma delas se manteve de pé e prevaleceu.
8. Porque para a cultura daquela época, o testemunho de duas homens eram suficientes e tidos como verdades, no entanto, a Bíblia indo em contramão da cultura judaica, aponta uma mulher como primeira testemunha, onde nem sequer sua palavra seria aceita em um tribunal.

9. Porque acreditar na ressurreição de Cristo é um fator que nos impulsiona a obedecer a Deus.
10. Porque Jesus disse que foi-lhe dado *"toda autoridade nos céus e na terra"* (Mt 28.18) e ao comissionar seus discípulos, eles se tornaram a maior sociedade evangelística e missionária do mundo.
11. Porque Jesus ensinou seus discípulos o amor, a não retribuição do mal, o reino de Deus e o tema dominante da pregação apostólica nada tinha a ver com os ensinamentos de Cristo, eles pregaram a ressurreição de Cristo.
12. Porque é dito que até os próprios irmãos de Jesus não criam nele, mas depois da ressurreição, eles creram (Mc 6.3).
13. Porque as autoridades judaicas não puderam conter ou apresentar provas que contradiziam a ressurreição de Cristo, sendo eles os maiores interessados que essa doutrina não fosse divulgada, eles optaram a mentir e subornar os soldados que guardavam o túmulo (Mt 28.11-15).
14. Porque na estrada de Damasco, Jesus se revelou a Paulo e os que estavam com ele, viram a luz: *"Os que estavam comigo viram a luz, sem contudo, perceberam o sentido da voz de quem falava comigo"* (At 22.9). Isto é uma prova que não foi uma visão que Paulo teve.

15. Porque sem a ressurreição, não passaríamos de meros ignorantes, pessoas ingênuas que foram enganados por um engodo histórico amplamente divulgado.
16. Porque creio que a verdade é mais forte que a mentira e que uma mentira não pode transformar o mundo como o cristianismo mudou.
17. Porque sem a ressurreição de Cristo, todos nós não teríamos esperança para uma vida melhor.
18. Porque não procuramos apenas recompensas matérias. Com a ressurreição de Cristo, temos a recompensa celestial
19. Porque a cruz sem a ressurreição não faz sentido algum, é apenas um símbolo de suplício e não de vitória sobre o pecado.
20. Porque o túmulo foi encontrado vazio e as vestes mortuárias não foram desmanchadas
21. Porque Jesus é Deus, ele é nosso Senhor e Salvador
22. Porque ele ressuscitou, por isso, não podemos dizer que uma mentira nos redimiu do pecado.
23. Porque a igreja de Cristo é viva até hoje e em seu nome eles proclamam que Jesus é Deus, oram em seu nome, batizam em seu nome, afirmam que existe um só Deus e que Jesus foi exaltado à direita de Deus.
24. Porque é um fato histórico, um artigo de fé e uma esperança no futuro.

25. Porque ele ascendeu aos céus e está sentado à destra de Deus Pai, demonstrando assim que toda a obra redentora está encerrada.
26. Porque em sua ressurreição temos a certeza de que receberemos corpos ressurretos e devemos ficar firmes na obra do Senhor.
27. Porque ele derramou o Espírito Santo sobre nós e ele nos serve de testemunha fiel de que a ressurreição de Cristo é verdadeira.
28. Porque não se tem conhecimento de qualquer documento contemporâneo ou secular que comprove que a ressurreição de Cristo foi uma farsa. Houve apenas alguns parcos relatos sem qualquer tipo de evidência ou comprovação. A isto digo que relatar é muito diferente de comprovar, especialmente em se tratando em se apoiar um sistema religioso.
29. Porque uma das evidências mais importantes da ressurreição de Cristo está no fato do dia de adoração ser no sétimo dia (sábado), foi alterado para o primeiro dia da semana (domingo). Lembrando que a pratica da santificação no sétimo dia vinha sendo praticado a muitos séculos e em hipótese alguma isto seria mudado a não ser que algo extraordinário, vinda do próprio Deus fizesse esta mudança. Esta mudança veio de Deus quando Ele ressuscitou Jesus, produzindo assim, uma

mudança radical no dia da adoração, pois o dia da ressurreição ocorreu no domingo.

Principais movimentos heréticos

Estudar para se ter uma pequena base de conhecimento sobre as heresias que ao longo dos séculos surgiram, especialmente envolvendo a pessoa de Cristo, é importantíssimo, não apenas pelo entendimento que o estudo nos proporciona sobre a história da igreja, como também pelo fato de lançar luz sobre a parte da reflexão teológica feita nos primeiros séculos. Heresia segundo Schüller (2001, pág. 228) pode ser dividido em duas partes: a primeira é a heresia formal que é a "negação de um ou mais artigos fundamentais da fé nos casos em que o negador o faz com o conhecimento de causa e de forma obstinada" e a heresia material que também é a "negação de um ou mais artigos fundamentais da fé nos casos em que o negador o faz por ignorância.

O dicionário on-line define heresia como "ofensa ou desrespeito a uma religião. Doutrina contrária aos preceitos estabelecidos pela Igreja. Instituição, ideia ou ideologia rejeitada pela igreja, tida como falsa. Fundamento, ideia ou opinião que se opõe ao senso aceito pela maioria". No entanto, quando se fala em heresia dentro do meio religioso, muitos não dão o devido valor, por lhe faltar uma base mais sólida para debater ou mesmo por depositar sua confiança no líder eclesiástico ou líder designado, que possui uma boa bagagem de conhecimento, não os confrontam por se acharem menos esclarecidos.

A realidade, é que em hipótese alguma devemos deixar os sãos princípios de uma doutrina se corromper, deteriorar, ou como algumas pessoas gostar de se expressar, não podemos deixar levedar toda a massa. O conhecimento sobre alguns dos principais grupos heréticos que a história nos apontam, servem de base para que não cometamos erros passados ou muito menos, desenterremos heresias passadas como algumas pessoas tem tentado fazer ultimamente. É bom nos lembrarmos que até mesmo quando o Novo Testamento estava sendo confeccionado, alguns discípulos tiveram de se posicionar contra esses erros doutrinários. Além do gnosticismo, estudaremos brevemente sobre alguns dos principais grupos heréticos surgiram nos séculos II e III d.C.

Ebionismo

O termo ebionitas deriva de uma palavra hebraica ebyonim que significa os pobres. O termo ebionista "foi aplicado pela primeira vez a todos os crentes, e logo depois a um grupo específico de judeus cristãos" que "descreve um grupo judaico extremista do 2º século que praticava um ascetismo rigoroso" (MATHER, NICHOLS, 2007, pág. 140). Designa ainda uma seita de judeus cristãos primitivos que guardavam a lei de Moisés, por este motivo criam na salvação pela obediência à lei, rejeitavam os escritos de Paulo, consideravam Jesus como o messias, um profeta humano apenas, no entanto, negavam que ele tivesse nascido de uma virgem e negavam a sua divindade. Em outras palavras, Jesus era apenas homem e foram os primeiros a rejeitarem a divindade de Cristo nas primeiras controvérsias cristológicas registradas.

> Apareceram no ano 107 depois de Cristo, e negavam a realidade da natureza divina de Cristo. Segundo os seus ensinos, Cristo era somente homem. Porém este homem Jesus Cristo tinha uma relação muito íntima com Deus, especialmente depois do seu batismo. O ebionismo era o judaísmo dentro das igrejas cristãs. Como sabemos, era difícil aos judeus crer na doutrina da Trindade. É esta uma das razões mais fortes por que não creram que Jesus era Deus, e daí negarem a sua divindade. Consideravam a Jesus simplesmente um homem extraordinário, que se relacionava muito intimamente com Deus e nada mais. Jesus era, enfim, um grande profeta, mas não era Deus (LANGSTON, 1999, pág. 176).

O ebionismo ao que parece não teve muitos adeptos, mas isto não significa que esse ensino não trouxe consequências negativas para a igreja dos primeiros séculos, pois segundo esse ensino, ele colocava em xeque a singularidade de Cristo. Jesus nesse ponto de vista, deixa de ser o filho unigênito de Deus, passando assim, a condição de um mero profeta dentro de uma linhagem de outros profetas. A Bíblia, por outro lado, deixa de ser cristocêntrica e ao mesmo tempo, Jesus deixa de ser o salvador enviado por Deus e podendo ser visto ou considerado como um simplesmente elemento da ação da vontade de Deus. É interessante, mas ao escrever estas linhas, me veio à mente que possivelmente os ensinamentos dos ebionitas, tenha de alguma forma influenciado o fundador do islamismo, Maomé.

Gnosticismo

Quem foram os gnósticos e por que o apóstolo João teve que combater seus ensinamentos e mais tarde, também seus discípulos fizeram a mesma coisa? Para responder esta pergunta, falaremos inicialmente quem foram os gnósticos. O Dicionário on-line, assim os define:

> [Filosofia] Religião. Ocultismo. Movimento de teor religioso que, possuindo caráter sincrético ou esotérico, foi criado nos séculos iniciais do calendário cristão, pautando-se no cristianismo convencional, juntamente com o misticismo e especulação filosófica, sendo o conhecimento alcançado a partir das verdades divinas e da rejeição da matéria. [Por Extensão] Qualquer busca pelo conhecimento místico das verdades divinas ou transcendentes que se podem referir ao estado espiritual de um indivíduo.
>
> Gnose: Conhecimento ou sabedoria; ação de conhecer, de saber. [Filosofia] Religião. Modelo religioso e filosófico de acordo com o qual a sabedoria, das coisas divinas, vem de uma descoberta interior, sendo parte da essência humana, intuitiva e não científica.

A origem do gnosticismo não pode ser apontada por qualquer estudioso, alguns chegam a apontar Simão, o mágico de Samara descrito n livro de Atos, capítulo 8, como sendo o primeiro gnóstico existente, mas é sempre bom lembrar que não há prova cabal de tal tese. No entanto, muitos outros estudiosos, acreditam que ele se iniciou com um grupo herético dentro do próprio judaísmo, alcançando após os cristãos primitivos do primeiro século. Os gnósticos divergiam entre si em relação a muitos assuntos, segundo os estudiosos, porém, é mencionado que todos eles tinham um ponto em comum a qual todos aceitavam, pois acreditavam possuir um conhecimento ou sabedoria espiritual superior.

Esse tipo de conhecimento que eles afirmavam possuir, foi considerado uma grande ameaça, pois foi seriamente combatida pelo apóstolo João e posteriormente pelos pais da igreja como Agostinho de Hipona, Justino Mártir, Irineu, Clemente de Alexandria, Tertuliano e Orígenes que escreveu um livro intitulado "Contra as heresias" sendo esse considerado um tratado contra tudo aquilo que os gnósticos acreditavam.

Assim, o gnosticismo pode ser considerado uma filosofia religiosa especulativa e sincrética que mescla elementos mitológicos, helênicos, cristãos entre outros. Basicamente, sua filosofia consistia em uma doutrina de salvação realizada através do conhecimento. No entanto, em sua base estava um dualismo que conflita o mundo espiritual com o mundo material. Para eles, Deus é o criador das realidades espirituais, nesse aspecto também pode-se incluir a alma humana e desse Deus, provinha uma hierarquia de divindades inferiores, que era denominada como Demiurgo e essas divindades inferiores, é que deram origem ao mundo material.

Por causa de uma desarmonia no mundo espiritual – algumas vezes chamada de Pleroma – as almas humanas ficaram aprisionadas em corpos materiais. Isto porque em sua linha de pensamento, eles acreditavam que a matéria, inclusive o corpo físico era considerado como se fosse uma prisão que impunha limites ao mesmo ou até mesmo, criava obstáculo para a boa alma ou espírito do ser humano. Lembrando que para eles, o espírito era considerado uma "centelha de Deus" que habitava em uma prisão chamada corpo humano. Nessa linha de pensamento, a salvação para eles estava na libertação do espírito imortal que se encontrava aprisionado na matéria e em consequência da morte natural do corpo, a "centelha de Deus ou divina", retornava ao seu mundo original divino. Por este motivo que o conhecimento (em grego, gnosis) era importante.

Para todos os gnósticos, a salvação significava alcançar um conhecimento além das outras pessoas, especialmente daquele demonstrado pelos cristãos, pois eles acreditavam que Jesus passou esse conhecimento especial apenas a alguns de seus seguidores. Tal gnosis ou conhecimento, implicava reconhecer a origem celestial do espírito, sua natureza como parte do próprio ser de Deus e que Jesus era o mensageiro espiritual enviado por Deus para resgatar as centelhas que se encontravam dispersas de seu ser e estavam aprisionadas em nossos corpos. Sobre a pessoa de Cristo, os gnósticos acreditavam que ele não havia se tornado carne em Jesus como encontra-se descrito nas Escrituras, para eles o que aconteceu é que o Cristo desceu sobre o homem Jesus na ocasião de seu batismo no

Rio Jordão e momento antes da paixão, esse Cristo o abandonou.

Os gnósticos demonstravam um certo desprezo pela matéria, fazendo desse modo que eles fossem considerados uma ameaça para o ensino cristão, porque se opunha ao ensinamento da doutrina da criação, de Deus estar sob o comando de todas as coisas, do próprio entendimento sobre a salvação através de Cristo, a natureza da pessoa de Jesus, bem como sua obra e especialmente sobre a ressurreição de seu corpo. Jesus tinha a missão de trazer a gnosis, para que por meio desse conhecimento especial, os espíritos humanos que se encontravam prisioneiros no corpo físico, tivessem a condição de retornar ao mundo espiritual de onde vieram.

> Muitos cristãos do século II foram atraídos para o gnosticismo por ele se mostrar como uma forma especial da verdade cristã, mais sublime, melhor e mais espiritual do que a que os bispos ensinavam às massas incultas e impuras. O gnosticismo apelava para e estimulava o elitismo espiritual, o sigilo e a divisão dentro da jovem igreja cristã que começava a desabrochar.
>
> No século XX, diversos grupos e indivíduos que se proclamam "cristãos da Nova Era" ressuscitaram a mensagem gnóstica do século II. Na realidade, os ecos do gnosticismo nas igrejas cristãs atravessaram os séculos, mas foram silenciados pela supressão oficial dos imperadores cristãos e das igrejas estatais. Com o pluralismo moderno e a tolerância a opiniões conflitantes e, ainda, com a separação entre a igreja e o estado, o gnosticismo voltou a levantar a cabeça para desafiar o evangelho apostólico da salvação. Raras vezes é identificado como "gnosticismo". É apresentado frequentemente por cristãos que se auto-intitulam esotéricos como

uma forma mais pura do cristianismo para pessoas genuinamente espirituais que toleram o dogmatismo sufocante e a institucionalização das igrejas oficialmente ortodoxas (OLSON, 2001, pág. 28).

O movimento da Nova Era, os existencialistas e os críticos da Bíblia, mostram que o gnosticismo continua vivo no cristianismo nos dias atuais, mas diferentemente do gnosticismo apresentando no primeiro século, o gnosticismo de hoje surge em manifestações subjetivas, sucintas, mascaradas e menos descaradas do que antes. Podemos dizer que sempre que algumas pessoas escarnecem da existência material ou mesmo física em nome da espiritualidade, ou ainda para se parecer mais espiritual em relação aos que se encontram ao seu redor, elevam a alma ou espírito humano à condição de divindade, lembrando aqui a "centelha divina", a heresia do gnosticismo ressurge e tem o poder de contaminar o puro cristianismo.

Geisler aponta "que o gnosticismo carecia de uma autoridade comum, ele compreendia várias crenças. A base da maioria, se não todas" estão descritas abaixo:

1. O dualismo cósmico entre espírito e matéria, bem e mal.
2. A distinção entre o Deus finito do AT, Iavé, que era igualado ao Demiurgo de Platão, e o Deus transcendental do NT.
3. A visão da criação como resultante da queda de Sofia (Sabedoria).
4. A identificação da matéria como maligna.
5. A crença em que a maioria das pessoas são ignorantes sobre sua origem e condição.
6. A identificação de fagulhas de divindade que estão encapsuladas em certos indivíduos espirituais.

7. A fé num Redentor docetista, que não era realmente humano nem morreu na cruz. Esse redentor trouxe salvação na forma de uma gnose secreta ou um conhecimento que foi comunicado por Cristo após sua ressurreição.
8. O objetivo de escapar da prisão do corpo, atravessando as esferas planetárias de demônios hostis e reunindo-se com Deus.
9. A salvação baseada não na fé nem nas obras, mas num conhecimento especial ou gnose da própria condição.
10. A visão confusa da moralidade [...] A maioria dos gnósticos, no entanto, tinham uma posição muito ascética com relação ao sexo e ao casamento, argumentando que a criação da mulher era a fonte de todo mal e a procriação de filhos só multiplicava o número de pessoas escravizadas pelo mundo material ...
11. A interpretação do batismo e da santa ceia como símbolos espirituais da gnose.
12. A visão da ressurreição como sendo espiritual, não física (GEISLER, 2002, pág. 375).

Mather e Nichols informam que existem evidências de que o gnosticismo tenha surgido na era apostólica e "foi o item de várias epístolas do Novo Testamento (1 João, epistolas pastorais)", no entanto, a maior polêmica contra esse grupo, ficou mais evidente no "período patrístico, com os escritos apologéticos de Irineu (130-200), Tertuliano (160-225) e Hipólito (170-236)", sendo considerado um movimento herético pelos cristãos ortodoxos e fazem um sucinto resumo do que eram os gnósticos:

> Os gnósticos tornaram-se uma seita que defendia a posse de conhecimento secretos que, segundo eles, tornava-os superiores aos cristãos comuns que não tinham o mesmo privilégio. O movimento surgiu a partir das filosofias pagãs anteriores ao Cristianismo, que floresciam na Babilônia, Egito, Síria e Grécia (Macedônia). Ao combinar filosofia pagã, alguns

elementos da astrologia e mistérios da religiões gregas com as doutrinas apostólicas do cristianismo, o gnosticismo tornou-se uma forte influência na Igreja.

A premissa básica do gnosticismo é uma cosmovisão dualista. O Supremo Deus Pai emanava do mundo espiritual "bom". A partir dele, procediam sucessivos seres fintos (Éons[2]), quando um deles (Sofia) deu à luz a Demiurgo (Deus-criador), que criou o mundo matéria "mau", juntamente com todos os elementos orgânicos e inorgânicos que o constituem (MATHER, NICHOLS, 2007, pág. 175).

Docetismo

Segundo Langston, "os docetas apareceram no ano 70 da era cristã, e existiram, aproximadamente, até o ano 170". Historicamente falando, o docetismo foi uma antiga manifestação com influencias gnósticas em certos setores do cristianismo primitivo. O docetismo em essência, negava que Jesus tivesse um corpo real como o nosso, diziam que Jesus apenas possuía uma aparência de corpo, mas ele nunca foi realmente um ser humano. Daí vem o termo docetismo, do grego doketes, de dokein, que significa "parecer" ou "pensar" conforme Mather e Nichols. Esse ensino colocava em xeque a encarnação e a morte de Jesus na cruz, no entanto, esse ensino distorcido foi claramente combatido tanto nas cartas joaninas (1 Jo

---

[2] Eons, segundo definição, são "cada um dos seres eternos que emanam da divindade e a compõem.", em outras palavras, são considerados os "intermediários entre o Ser Supremo e os homens", podendo ainda significar eras ou longos períodos de tempo, conforme definição de Mather, Nichols.

4.2s; 2 Jo 7) quanto nas cartas de Inácio de Antioquia, colocando assim um xeque-mate nessa questão.

> Segundo a filosofia dos docetas, as coisas materiais eram, por natureza, más. O mal residia na matéria, e visto que Jesus não tinha pecado, logo, não tinha também corpo material. Para os docetas toda a matéria era corrupta. Era a sede d pecado e do mal. Jesus não podia ter corpo material, porque era inteiramente puro. Julgavam, por isso, que o corpo de Jesus era aparente, e não real. Os docetas negavam, portanto, a humanidade de Jesus (LANGSTON, 1999, pág. 176).

Portanto, esse tipo de cristologia apresentado pelos docetas, de que Jesus não era homem e jamais assumiu a forma humana, que ele simplesmente parecia ser o que na realidade não era, segundo os docetas, conflita abertamente com os ensinos contidos na Bíblia, pois para eles Jesus e toda a sua existência aqui na terra, não passou de uma farsa, um teatro, onde Jesus fingiu ser carne e sangue, se aparentando conosco. Esse tipo de visão sobre o corpo de Jesus ter a aparência de um corpo humano, lembra vagamente o ensino kardecista sobre a manifestação dos espíritos usando um corpo etéreo.

Marcionismo

O marcionismo derivou seu nome de Marcião, segundo Schüller, nasceu em Ponto, pelo ano 100, e faleceu aproximadamente em 160 d.C. tinha o objetivo principal de libertar permanentemente o cristianismo da influência judaica, isto incluindo o Deus de Israel. De acordo com

Olson, "Marcião foi um mestre entre os cristãos de Roma no século II" e é atribuído a ele, a "ideia e a realidade de uma Bíblia cristã", mesmo que a igreja acertadamente tenha rejeitado a sua obra, considerando-o um herege, a igreja deve não apenas a ele, mas também a muitos outros hereges, muitas das suas ortodoxias. No caso de Marcião, não se pode negar que ele deu sua contribuição ao tentar definir um cânon para as Escrituras cristãs.

> Marcião também tentou definir um cânon de Escrituras cristãs, limitado a escritos gentios. Alguns dos seus pensamentos a respeito da humanidade e da criação tinham uma pitada de gnosticismo e Tertuliano nada poupou no seu ataque fulminante contra os ensinos de Marcião (OLSON, 2001, pág. 92,93).

O tipo de pensamento que Marcião alimentava e propunha, era que a igreja precisava passar por um tipo de reforma, tentando identificar, aquilo que ele considerava ser o ensino verdadeiro de Jesus. É por este motivo que Marcião acreditava que era necessário desvincular qualquer tipo de vestígio do judaísmo do cristianismo. Para ele, os livros do Antigo Testamento não apresentavam e nem tinham importância alguma para os cristãos e que o Deus descrito no Antigo Testamento, poderia ser considerado um deus menor de uma tribo, que era sanguinário imperfeito e vingativo, por este motivo, não merecia qualquer tipo de adoração pelos cristãos. No entanto, para ele, o Deus verdadeiro, o Pai de nosso Senhor Jesus Cristo, assim como o filho, deveria ser amoroso e perdoador. Somente assim, toda a humanidade poderia ser salva e a salvação era do espírito, não do corpo.

> Marcião foi, talvez, o primeiro cristão que tentou definir um cânon cristão das Escrituras inspiradas e quis limitá-lo exclusivamente aos escritos dos apóstolos que considerava livres de qualquer vestígio do judaísmo. A Bíblia de Marcião constituía-se de duas partes: uma versão editada do evangelho segundo Lucas e dez epístolas de Paulo. Até mesmo o apóstolo foi editado por Marcião para livrar as dez epístolas de todos dos "elementos judaizantes".
>
> Marcião e sua versão anti-judaica das Escrituras cristãs tiveram rápida aceitação entre alguns cristãos, e igrejas marcionitas foram surgindo de repente em Roma, Cartago e em outras cidades. Os pais e bispos principais da igreja atacaram com severidade Marcião e seus seguidores.
>
> A obra de Tertuliano Contra Marcião é um excelente exemplo da polêmica cristã antimarcionita na época da virada do século (201). Ireneu também criticou Marcião e os seus ensinos, em Contra heresias, e outros pais da igreja dos séculos II e III fizeram o mesmo. Alguns cristãos da antiguidade claramente consideravam Marcião como o arqui-herege e principal inimigo do cristianismo ortodoxo e católico. Apesar disso, igrejas marcionitas sobreviveram em cidades de todas as partes do império, até serem fechadas pelos primeiros imperadores cristãos (OLSON, 2001, pág. 138).

Complementando a informação de Olson que Marcião foi o primeiro a elaborar um cânon do Novo Testamento, ele considerou que somente o evangelho de Lucas e as cartas do apóstolo Paulo às igrejas, poderiam ser consideradas inspiradas. Isto também valia para as cartas e ele não considerava as cartas pastorais como inspiradas. Somente após uma década após a morte de Marcião, é que "a igreja cristã de Roma criou o Cânon muratório para rebater o de Marcião e fornecer aos cristãos uma lista completa de profetas e apóstolos autorizados".

Montanismo

O montanismo foi um movimento fanático de natureza apocalíptico que surgiu pouco depois da metade do século II, na região da Ásia Menor, chamada Frigia. Seus líderes eram Montano e duas profetizas, Priscila ou Prisca e Maximila, alegavam que tinham autoridade apostólica, eram o instrumento do Espírito Santo prometido por Cristo. Mais tarde, o próprio Montano referia a si mesmo como sendo o porta-voz do próprio Paracleto (Espírito Santo). Internamente, eles se denominavam "Nova Revelação" e "Nova Profecia", no entanto, esse movimento ficou mais conhecido entre seus oponentes como montanismo, por causa do nome do fundador e principal profeta: Montano, cujo objetivo, segundo eles, era preparar o caminho para a iminente volta de Cristo à sua comunidade e para o milênio.

Montano era um sacerdote pagão convertido ao cristianismo Não se tem qualquer conhecimento da existência dos seus escritos em qualquer biblioteca, como se pode achar obras deixada pelos gnósticos. A maior parte do que sabemos sobre esse movimento e dos seus ensinamentos deve-se aos escritos deixados pelos pais da igreja do século II que contra Montano e suas duas profetizas. Montano e seus seguidores não reconheciam a autoridade dos bispos como herdeiros dos apóstolos, nem dos escritos apostólicos, pois eles consideravam as igrejas e seus líderes, espiritualmente mortos.

Para os bispos e os líderes das igrejas, o problema na realidade, não era as críticas apresentadas pelos montanismo ou à falta de vida espiritual da liderança eclesiástica com seus apelos em prol de um reavivamento, mas por Montano se auto identificar como o porta-voz direto de Deus, acusando a liderança das igrejas de não deixar o Espírito Santo agir a vontade, prendendo-o dentro de um livro e ao limitando sua inspiração divina aos escritos apostólicos. Montano opunha-se veementemente a qualquer limitação ou restrição desse tipo e procurava enfatizar o poder contínuo e a realidade de vozes inspiradas como a dele.

Schüller (2002, pág. 317) nos diz que Montano profetizou "que a Jerusalém celeste desceria sem demora perto de Pepuza, Frígia, o que valeu mais um nome aos montanistas: pepuzianos". Acrescenta ainda a informação de que "o movimento insistiu que os espirituais deveriam afastar-se do mundo, preparando-se com uma vida severamente ascética para a segunda vinda", proibindo ainda o segundo casamento e mesmo o próprio casamento.

Montano, Priscila e Maximila, passaram assim, a profetizar a segunda vinda de Cristo e seu breve retorno, além de condenar as lideranças das principais áreas metropolitanas dirigidas pelos bispos, chamava-os de corruptos e apóstatas. Outra peculiaridade de Montano e as duas profetisas é que eles entravam ou fingiam entrar em uma espécie de transe espiritual, falando como se Deus usasse suas bocas e vozes para falar diretamente através deles.

Durante décadas a igreja mostrou-se extremamente

> desconfiada quanto a profetas auto-proclamados, temendo que talvez pretendesse substituir os apóstolos como autoridades especiais suscitadas por Deus, à parte das estruturas da igreja. As igrejas principais do império romano e seus bispos, a fim de preservar a união em uma estrutura visível e nos ensinos, decidiram adotar um conceito de "sucessão apostólica" semelhante aos posteriormente criado. Se um bispo pudesse demonstrar que sua linhagem de ordenação, por assim dizer, remontava a um dos apóstolos do século I, então seria um bispo digno e legítimo. Caso contrário, não seria considerado legítimo.
>
> Mas, entre os cristãos da metade do século II, ainda havia profetas carismáticos itinerantes e estacionários. E por vezes, podiam ser bem problemáticos, como revela um dos escritos pós-apostólicos mais antigos, o Didaquê. Esse texto anônimo do começo do século II oferece conselhos conflitantes aos cristãos sobre como lidar com tais profetas aventureiros que falavam em nome de Deus (OLSON, 2001, pág. 31).

Os líderes eclesiásticos praticamente não apresentavam um parecer severo contra Montano e suas duas profetizas, porque viam com bons olhos o rigoroso ascetismo (proibição do casamento, das relações sexuais e contínuos jejuns severos) praticados por eles. Entretanto, o mesmo não acontecia em relação a autoridade especial que a "Nova profecia" reivindicava para as mensagens que eles apresentavam. No entanto, os bispos reagiam severamente contra Montano e seus seguidores excomungando-os, quando esses começaram a crescer, fundando pequenas células onde seus ensinamentos eram aceitos, sem se preocuparem muito com uma possível perseguição do império romano.

Olson relata ainda que numa reação contra as reivindicações exclusivistas do Montanismo, os "líderes da igreja procuraram se apoiar cada vez menos em manifestações verbais sobrenaturais, como línguas, profecias e outros dons, sinais e milagres sobrenaturais do Espírito" chegando ao ponto de quase se extinguirem. Olson adverte ainda que "sempre e onde quer que a profecia for elevada a uma posição igual ou superior, às Escrituras, lá estará o montanismo em ação".

Monarquianismo

Segundo Olson, o monarquianismo não foi um "movimento ou grupo organizado, mas um entendimento sobre a doutrina cristã de Deus", pois esses eram grandes defensores da monarquia ou monoteísmo, querendo evitar a todo custo que a noção de Deus como Pai, filho e Espírito Santo, pudesse ser entendida não como o Deus triuno, como aceitamos nos dias de hoje, mas que fosse entendido como triteísmo, ou seja, três deuses. Mather e Nichols acrescentam que o monarquianismo era uma "doutrina antitrinitariana que se desenvolveu no segundo e terceiro séculos" de nossa era e ensinavam que "Deus era um único ser e Jesus Cristo não era divino, mas um simples homem nascido de forma miraculosa de uma virgem e depois adotado por Deus" (MATHER, NICHOLS, 2007, pág. 300).

Dentro desse contexto, o que podemos apontar é que o monarquianismo adotaram dois pontos de vistas em suas doutrinas, pois alguns deles negavam a divindade de Cristo, afirmando assim, que só o Pai é Deus; enquanto uma outra parte afirmava a divindade de Cristo e do Espírito Santo e negavam que havia distinções pessoais no ser de Deus.

A primeira posição é conhecida como monarquianismo dinâmico que negava a divindade de Cristo, alegando que "Jesus era Deus somente no sentido de que o poder de Deus estava sobre ele", segundo Mather e Nichols (pág. 300), em outras palavras, o homem chamado Jesus foi adotado por Deus como filho e assim, recebeu o poder divino. Essa acaba sendo uma posição defendida pelos ebionitas e de Paulo de Samosata, bispo de Antioquia, que para eles, Jesus era o Verbo como descrito no evangelho de João, em razão do poder ou da sabedoria de Deus que habitava o homem Jesus desde a sua concepção.

A segunda posição, no entanto, é denominada monarquianismo modalista, que tem uma pequena variação do monarquianismo inicial, pois eles afirmavam que Deus é uma só essência e uma só pessoa, não dividida em três pessoas, segundo o ensinamento que o cristianismo apresenta, no entanto, Deus se manifestou em três modos ou formas diferentes durante a história. Isto quer dizer que Deus se manifestou primeiramente como o Pai, o Criador de todas as coisas, depois se tornou filho na encarnação de Jesus e depois se manifestou como o Espírito Santo que é o consolador prometido à igreja.

Esse ensino com o passar do tempo, a igreja acabou condenando como antibíblico, pois falhava em fazer a clara distinção entre a essência única da divindade com as três pessoas da Trindade.

Arianismo

O arianismo foi um ensino que o cristianismo considerou herético, surgido no ano 325 d.C., é chamado assim devido ao nosso de seu fundador Ário (250-336 d.C.), cuja doutrina partia do princípio da negação da eternidade de Jesus. Essa doutrina é contrária ao que o cristianismo prega, bem como as Escrituras afirmam, pois Jesus, o filho de Deus é coeterno com o Pai.

> Ário, o seu fundador, negava a integridade e a perfeição da natureza divina de Cristo. O Verbo, que se fez carne, segundo o Evangelho de João, não era Deus, senão um dos seres mais altos do Criador. O Verbo não era, afinal, mais que uma criatura de Deus. Esta teoria confunde o estado original de Jesus Cristo com o estado de humilhação. Ao invés de estudar toda a questão, Ário estudou apenas a parte que se refere à personalidade de Jesus enquanto estava aqui na terra, e, naturalmente, a sua ideia era imperfeita e parcial, por isso que confundia o estado de humilhação com o estado original (LANGSTON, 1999, pág. 176).

Assim como os outros hereges que fizeram história na teologia cristã, quase nada se sabe sobre a vida de Ário, pois até mesmo o local de seu nascimento é desconhecido. Alguns estudiosos apontam a região da África do Norte onde atualmente está a Líbia, mas nada pôde ainda ser provado e ou confirmado. No entanto, dizem que Ário foi aluno do teólogo Luciano de Antioquia que, por sua vez, foi influenciado pelo bispo Paulo de Samosata, outro personagem que foi considerado herético. Embora nenhum dos escritos de Ário tenha sobrevivido, muitos estudiosos modernos consideram que Luciano de Antioquia foi a fonte de numerosas heresias na igreja primitiva.

Assim como muitos em Antioquia, o arianismo tinha a tendência de enfatizar a humanidade de Cristo mais do que sua divindade e por esse motivo, eles procuravam encontrar uma maneira de explicar a contento, a encarnação de Deus na pessoa de Jesus, sem contudo, fazer de Jesus o próprio Deus, procurando ter o cuidado de não recair na heresia dos adocionistas de Paulo de Samososta que explicava a divindade de Jesus em seu relacionamento com Deus a partir do seu batismo no Rio Jordão e negando assim, uma filiação divina em sentido próprio

Conta-se que Ário fez uma grande amizade com outro aluno de Luciano. Esse novo amigo se chamava Eusébio natural de Nicomédia, que posteriormente se tornou um bispo muito importante e influente. A amizade deles durou por toda a vida, pois tinham muito em comum e pensavam da mesma maneira a respeito da pessoa de Jesus Cristo, da salvação e da natureza de Deus. Ário e Eusébio, no entanto, odiavam e ao mesmo tempo temiam a heresia do sabelianismo (também conhecido como monarquianismo modalista ou simplesmente modalismo), mais do que a heresia do adocionismo, que por sua vez, para eles não parecia tão perigosa quanto a ideia implícita no sabelianismo de que Deus Pai, literalmente foi crucificado e morreu na cruz porque segundo os ensinos modalistas, Jesus Cristo era realmente o Pai encarnado.

Para Ário e seus seguidores, nossa salvação estaria em jogo se prevalecesse a opinião de que Jesus não poderia ter sido realmente humano. O ato de salvação cumprido por Jesus em nosso favor, como nossa propiciação, não seria uma vitória genuína, porque para eles, a salvação significava seguir espontaneamente o exemplo de Cristo reativo a submissão a Deus ensinado por Jesus. A salvação para o arianismo, é levada pela identificação do filho com as criaturas e isso ligaria Cristo e as criaturas a Deus.

> Os cento e tantos bispos reunidos no sínodo em Alexandria em 318 condenaram Ário e seus ensinos a respeito de Cristo como heréticos e o depuseram de sua condição de presbítero. Ele foi obrigado a deixar a cidade. Alexandre, com seu conceito tradicional do Logos plenamente divino, foi vindicado temporariamente. Ário, porém, não considerou o assunto encerrado. Fugiu para o encontro de seu antigo amigo Eusébio de Nicomédia, que a essa altura já era um bispo importante e foi aceito por ele. Ário e Eusébio começaram, em Nicomédia, uma campanha de escrever cartas aos bispos que não compareceram ao sínodo de Alexandria (OLSON, 2001, pág. 149).

O pensamento de Ário a respeito de Deus e do Verbo encarnado, era que se Jesus fosse realmente Deus, a salvação sendo "um processo de união com Deus mediante a graça e o livre-arbítrio", então, não seria algo que Jesus poderia levar a cabo. "Ário e seus seguidores separavam cada vez mais a relação entre Deus Pai e Jesus Cristo, de modo que, para muitos dos seus oponentes, pareceu que negavam qualquer sentido real da divindade de Cristo e rejeitavam totalmente a Trindade" (OLSON, 2001, pág. 151).

Em resposta ao arianismo, Alexandre escreveu uma

carta encíclica intitulada "Deposição de Ário". O título dessa obra deixava implícito a tentativa de explicar tanto a condenação como a deposição de Ário em Alexandria. Nessa carta encíclica, o arcebispo de Alexandria fez um sucinto resumo da heresia de Ário e dos arianos a respeito de Deus e do filho de Deus. Assim, recomendava que seus colegas bispos e ministros não acolhessem esses hereges, nem aceitassem o pedido do bispo Eusébio em tratá-los bem.

Uma das acusações feitas contra Ário e seus seguidores, era contra a crença na igualdade do Pai e do filho, pois para eles, ele traria mais confusão e consequentemente destruiria a crença da imutabilidade de Deus. Se Jesus fosse verdadeiramente Deus, como era ensinado, logo Deus não pode ser imutável, porque Jesus passou por mudanças como nós passamos. Alexandre na tentativa de reverter o jogo contra Ário, resolve acusá-lo de negar a imutabilidade do Pai, pois segundo os arianistas, Deus nem sempre foi Pai, isto aconteceu somente a partir da criação de um filho.

O imperador Constantino ficou sabendo da controvérsia entre Ário e Alexandre e temeu uma possível divisão no cristianismo, pois alimentava a esperança do cristianismo ser o elo religioso de ligação que manteria a estabilidade de seu império instável e essa controvérsia entre eles, além de surpreendê-lo, não lhe agradou, porque para ele, os líderes cristãos nunca poderiam se envolver em disputas enigmáticas da divindade. Assim, o imperador Constantino ordenou que todos os bispos cristãos, de todas as partes de seu império, obrigatoriamente comparecessem a uma reunião para resolver essa disputa doutrinária e decidir qual das duas posições era correta. A decisão tomada, serviria para que todos os cristãos tivessem uma opinião única e pudessem ser considerados cristãos autênticos. Essa reunião aconteceu no primeiro concílio ecumênico, mais conhecido como Concílio de Nicéia realizado no ano 325 d.C.

> Ário sustentava que Cristo era "Unigênito", ou seja, criado a partir do nada. Atanásio (296-373) opôs-se veementemente ao arianismo, condenado no Concílio de Nicéia (325 d.C.), que utilizou o termo homoousios[3] para descrever a consubstancialidade do Filho com o Pai. Ário foi banido, mas seus ensinos sobreviveram. Eusébio, o primeiro historiador da igreja, era ariano. Essa doutrina também se tornou predominante nas tribos teutônicas do norte do Império Romano, evangelizadas por Ulfilas (311-383). O arianismo sobrevive atualmente como uma Cristologia, com representação em numerosos grupos (MATHER, NICHOLS, 2007, pág. 11).

Adocionismo

Um dos grandes problemas que o cristianismo tem encontrado ao longo de sua existência, é explicar como em uma só pessoa o divino e o humano podem coexistir sem um anular o outro. Esse foi o ponto de partido de se tentar explicar esse mistério, que acabou sendo conhecido como adocionismo. Essa a doutrina partia do princípio de que

---

[3] Homoousios é um produto de duas palavras gregas que significam "uma" e "substância", ou seja, "uma só substância" ou "um só ser". Esta palavra foi utilizada para descrever o relacionamento entre o Filho de Deus e o Pai.

Jesus nasceu como um ser humano como outro qualquer, um ser mortal, falível e se tornou o Filho de Deus por adoção realizada pelo próprio Deus, em outras palavras, o ensino traduzia da seguinte forma: Jesus embora fosse homem, foi adotado pelo Verbo e incorporado na deidade.

Essa doutrina, o adocionismo é uma visão teológica do cristianismo primitivo que surgiu nos primeiros três séculos da era cristã e que ainda hoje, podemos encontrar pessoas que defendem esse ponto de vista, especialmente entre os liberais. Eles enxergavam Jesus apenas como ser humano que posteriormente se tornou divino por ocasião do seu batismo, quando foi "adotado" como filho de Deus. Esse ponto de vista tratam Deus e Jesus como dois modos de uma mesma divindade, pois para eles Jesus como Deus é apenas o filho de Deus, mas Jesus como homem, é o filho de Deus apenas pela adoção e graça que aconteceu no momento em que ele foi batizado por João Batista.

Alguns cristãos modernos com uma visão distorcida dos ensinamentos bíblicos, ansiosos por se resguardar de uma possível heresia sobre o ensino da divindade de Cristo, acabaram de cometer outro erro, pois eles em certo ponto, procuraram eliminar qualquer doutrina sobre a humanidade de Cristo, caindo assim no erro do docetismo que ensinava que a humanidade de Cristo não era real, apenas aparente e atribuíram à sua divindade pelos sinais que ele demonstrou durante sua vida terrena. Assim, seu conhecimento especial, milagres, sua condição moral e espiritual, eram interpretados como atributos de sua divindade.

No entanto, o ensino neotestamentário ortodoxo é

que Jesus foi cem por cento homem em todos os modos, sentidos e requisitos, havendo apenas a exceção de que ele não herdou a pecaminosidade de Adão que foi atribuído a todos os seres humanos, não cometeu qualquer tipo de dolo e consequentemente, não pecou e cem por cento Deus. Porém, a pergunta continuava no ar: Como pode habitar duas naturezas em uma só pessoa sem que uma anule a outra, ou seja visto como dupla personalidade? A resposta ainda nos dias de hoje, é um grande mistério e ninguém, nem mesmo o adocionismo conseguiu esclarecer a contento.

Sabemos que há uma só pessoa, Jesus o Verbo encarnado, o filho Unigênito de Deus, o próprio Deus e Jesus, o homem, o filho de Maria, havendo nele uma completa e perfeita fusão dessas duas naturezas, resultando assim, em uma única pessoa: cem por cento homem e cem por cento Deus. Esse é um grande mistério, que possivelmente se desvendará somente quando estivermos na glória.

Ao analisar as heresias existentes do passado, pode-se dizer que o adocionismo, é quase o reaparecimento do nestorianismo que afirmava a dupla personalidade de Jesus. Essa dupla filiação em Cristo é um erro que se deve evitar, pois como a humanidade de nosso Senhor Jesus Cristo não pode ser desvinculada da própria pessoa do Verbo que se fez carne, então, não pode haver dupla filiação. Jesus tem como filiação natural, Deus da qual procede a sua natureza divina e ao mesmo tempo, uma filiação adotiva da qual procede a sua natureza humana.

Apolinarianismo

O apolinarianismo foi uma teoria defendida por Apolinário de Laodicéia que era bispo e teólogo cristão do século IV da era cristã, sendo duramente criticado e condenado por Gregório Nazianzeno e pelo Concílio de Constantinopla, por "negar a alma racional humana de Jesus Cristo e substituí-la pelo Logos", ou seja, para eles, Cristo não tinha mente humana. Langston (1999, pág. 176,177) complementa informando que segundo seus adeptos, o que Jesus "tinha de humano era o corpo e o espírito. O Verbo que se fez carne tomou o lugar da mente, e por isso Cristo não era homem perfeito. Cristo era, segundo essa teoria, constituído de corpo, de verbo e de espírito".

> Contra a opinião antioquena, como a que era sustentada por Diodoro de Tarso, Apolinário "buscava garantir uma encarnação verdadeira, contrariando a ideia de uma mera conexão entre o Logos e o homem Jesus". O problema foi que "garantiu essa união orgânica entre o humano e o divino somente pela mutilação da parte humana". A razão pela qual Apolinário "mutilou" a parte humana em Jesus Cristo era soteriológica, é claro. Para ele, assim como para a maioria dos alexandrinos, a salvação como deificação é possível somente se Cristo for totalmente controlado pela vontade e poder divinos. Se ele tivesse uma alma, ou mente/espírito, racional, poderia ter pecado e resistido ao chamado do Logos em sua vida, e isso implicaria que a encarnação não teria acontecido. Além disso, se sua alma fosse racional, ou mente/espírito, haveria dois centros de consciência, de ação e de vontade em Jesus

> Cristo: um divino e outro humano, e essa seria uma união falsa ou incompleta da divindade e da humanidade. Somente uma verdadeira união natural – duas naturezas reunidas em uma só pessoa formando uma única natureza – pode equivaler a uma encarnação na qual o divino permeia e cura o humano (OLSON, 2001, pág. 211).

A posição cristológica de Apolinário de que Cristo era divino e não havia nele a natureza humana, foi considerada herética pelo Concílio de Constantinopla em 381 d.C. com base na alegação do não reconhecimento da natureza humana de Cristo, assunto amplamente descrito na Bíblia Sagrada. "Acreditava que se Jesus tivesse essa natureza humana, teria de, como homem, submeter-se ao sofrimento, a desenvolvimento moral, etc. Para Apolinário, isso era inconcebível. No lugar da natureza humana de Cristo, estava o Logos divino" (MATHER, NICHOls, 2007, pág. 10). Após esse concílio, foi imperativo que os cristãos ortodoxos, concordassem e aceitassem que Jesus tinha uma natureza humana integral, composta de corpo, alma/ espírito e até mesmo uma mente humana.

A heresia pelagiana

> Pelágio nasceu na Grã-Bretanha por volta de 350. Assim como tantos outros hereges do cristianismo primitivo, sua vida é cheia de mistérios e muitos dos seus escritos são conhecidos somente através das citações e alusões feitas em livros que se opõem a ele e o condenam. Chegou em Roma por volta de 405 e viajou para a África do Norte, onde poderia ter se encontrado com Agostinho, mas não o fez. Depois, continuou a viagem até a Palestina e escreveu dois

> livros sobre o pecado, o livre-arbítrio e a graça: "Da natureza" e "Do livre-arbítrio". Suas opiniões foram violentamente criticadas por Agostinho e seu amigo, Jerônimo, tradutor e comentarista bíblico, que morava em Belém. Pelágio foi inocentado da acusação de heresia pelo sínodo de Dióspolis na Palestina em 415, mas condenado como herege pelo bispo de Roma em 417 e 418, e pelo Concílio de Éfeso em 431. não se sabe o ano exatamente de sua morte, mas provavelmente, foi pouco depois de 423. É provável que sua condenação pelo Concílio de Éfeso tenha sido póstuma (OLSON, 2001, pág. 272).

O pelagianismo cujo nome é derivado de seu principal proponente, se opôs contra Agostinho que defendia a ideia da natureza humana não haver se tornado totalmente depravada após a queda dos primeiros seres humanos relatada em Gênesis, mas que havia permanecido em um estado de neutralidade moral. A isto, Mather acrescenta:

> O indivíduo, portanto, somente se torna pecador, através dos hábitos, e pode exercer a vontade humana para vencer o pecado. Pelágio ensinava também que a pessoa pode dar o primeiro passo em direção à salvação, independente da graça divina. Pelagianismo foi condenado como heresia no quarto século e as doutrinas de Agostinho sobre a Queda e o pecado original foram adotadas como parte do ensino ortodoxo (MATHER, NICHOLS, 2007, pág. 355).

Em relação à Pelágio, pode-se dizer que ele era essencialmente um cristão moralista, que queria que as igrejas adotassem um comportamento de alto valor moral, se contrapondo a determinadas crenças e práticas comuns em seu tempo. Ele defendia ainda o batismo infantil, no entanto, rejeitava a ideia do pecado original, bem como que o batismo tinha o poder de remover eficazmente a culpa herdada. Muitos cristãos orientais, a exemplo de Pelágio, também rejeitava, a ideia da culpa original ou herdada, contudo, acreditavam no livre-arbítrio e na necessidade da graça divina para a salvação. Neste ponto de vista, eles defendiam que a graça era mão de via dupla, pois no entendimento deles, a graça dependia em parte, do ser humano e outra parte, dependia da revelação da vontade de Deus através da lei.

A necessidade da graça de Deus, Pelágio afirmou que o ser humano não precisava nada além da Palavra de Deus e de nossa própria consciência para fazer qualquer coisa boa. Em outras palavras, isto queria dizer que qualquer cristão batizado se decidisse seguir a vontade de Deus, não necessitaria de qualquer outra "capacitação especial de Deus para viver sem pecado", no entanto, quando se tratava de não-cristãos, ele afirmava a necessidade do batismo para que se pudesse ter um relacionamento correto com Deus.

Olson nos conta que sob a liderança de Agostinho, os oponentes de Pelágio o acusavam de três heresias, sendo a primeira que ele negava o pecado original, seguida de "negar que a graça de Deus é essencial para a salvação" e "por último, disseram que ele pregava a impecabilidade operada pelo livre-arbítrio sem a graça".

> Sem dúvida, Pelágio realmente negou o pecado original no tocante à culpa herdada. Não acreditava que as crianças nasciam responsáveis diante de Deus por causa do pecado de seu ancestral, Adão. Em seu livro "Do livre-arbítrio", escreveu que "o mal não nasce conosco e somos procriados sem culpa". Acreditava sim, que todos nascemos em um mundo

corrompido pelo pecado e que tendemos a pecar por causa dos maus exemplos de nossos pais e amigos. Se todo mundo de fato peca, é simplesmente porque decide espontânea e deliberadamente repetir o ato de Adão. Não existe nenhuma tendência ou predisposição inata ao pecado. São os exemplos pecaminosos que seduzem as pessoas ao pecado. Em linguagem metafórica, para Pelágio, o pecado era um mal social e não um mal genético (OLSON, 2001, pág. 273).

A posição que Pelágio tinha em negar o pecado original que era um pensamento predominante nas igrejas orientais, confrontava abertamente a interpretação de Agostinho, levou Agostinho a apresentar uma contra argumentação a respeito e em resposta a Agostinho a Pelágio, Olson relata:

> Respondendo ao que entendia dos ensinos de Pelágio a respeito do pecado, do livre-arbítrio e da graça, Agostinho desenvolveu sua própria teologia da depravação humana e da soberania e graça de Deus. Suas principais obras antipelagianas incluem: "Do Espírito e da letra" (412), "Da natureza e da graça" (415), "Da graça de Cristo e do pecado original" (418), "Da graça e do livre-arbítrio" (427) e "Da predestinação dos santos" (429). Além disso, formou suas próprias opiniões sobre essas relevantes questões em muitos outros escritos, incluindo "O enchiridion; da fé, da esperança e do amor" (421) e sua obra-prima, "A cidade de Deus", que concluiu pouco antes de sua morte em 440. Alguns desses livros foram escritos depois de Pelágio ser condenado pelo papa (418) e morrer pouco tempo depois e não visavam tanto atingi-lo, mas a certos monges e teólogos que defendiam alguns aspectos dos ensinos de Pelágio contra o monergismo[4] desenvolvido pelo próprio

---

[4] Monergismo: a idéia e a crença de que a agência humana é inteiramente passiva e a de Deus é totalmente determinante, tanto na

Agostinho (OLSON, 2001, pág. 275).

O conceito de Agostinho era que todos com exceção de Cristo, "não somente nascem corruptos, já que o pecado é inevitável, mas também culpados do pecado de Adão e merecedores da condenação eterna, a não ser quando são batizados para obter a remissão dos pecados e permanecem na graça pela fé e pelo amor" (OLSON, 2001, pág. 276).

Eutiquianismo

Segundo Olson, Eutiques era um monge de Constantinopla de idade avançada, sem muitos atributos intelectuais, porém uma pessoa muito influente. Assim como muitos personagens, Eutiques apoiava a causa de Alexandria e "tomou o partido de Dióscoro no tocante à única natureza de Cristo". Para Eutiques, as duas naturezas de Cristo (humana e divina) se fundiram de tal forma que deu origem a uma terceira natureza, ou seja, essa natureza não era divina e nem humana. Para Eutiques, Jesus não era humano e nem divino.

> Temos, assim, considerado todas estas teorias errôneas que apareceram nos primeiros séculos do cristianismo acerca de Jesus. Os ebionitas negavam a realidade da natureza de Cristo, ao passo que os docetas negavam a realidade da sua natureza humana. Ário negava a integridade da sua natureza divina. Apolinário, a da sua natureza humana. Nestório negava a união verdadeira entre as duas naturezas, dividindo Jesus em duas partes: uma divina e outra

---

história universal quanto na salvação individual. Muitas pessoas conhecem como predestinação.

humana; enquanto Eutiques fundia as duas naturezas de Cristo, formando uma terceira natureza, que não era humana nem divina (LANGSTON, 1999, pág. 177).

No entanto, é recomendável fazer um parênteses, pois o ensino bíblico ortodoxo nos ensina que há apenas uma só personalidade em Cristo, no entanto, ao mesmo tempo, ensina que Cristo tem duas naturezas: a humana e a divina que coexistem em perfeita harmonia em um único ser, que unidas formam uma única personalidade. A divergência de ensino provocada por Eutiques, foi a sua recusa em afirmar que Cristo era consubstancial conosco, ou seja, da mesma substância ou que está numa mesma substância conosco e isto foi considerado uma rejeição da fé que afirma que Jesus é verdadeiramente humano e verdadeiramente divino.

> Segundo a teologia de Eutiques, a realidade humana de Jesus não fazia diferença ao Logos e até mesmo era absorvida na união da encarnação. É realmente difícil enxergar como o Jesus da teologia de Eutiques pode ser real ou verdadeiramente humano [...] Ele foi muito além da ideia de Cirilo, chegou a negar a verdadeira humanidade de Cristo quando rejeitou a consubstancialidade dele conosco. Para Eutiques, Cristo não tinha uma personalidade humana ou existência humana individual e nem sequer uma natureza humana como a nossa. [...] Eutiques ensinava que desde o momento da concepção em Maria, Jesus Cristo era um ser híbrido entre a humanidade e a divindade – uma única natureza divina-humana – que juntava e misturava as duas naturezas de tal maneira que a natureza humana era subjugada e absorvida pela divina. "Se isso era a verdade, como ele podia realmente ser o nosso mediador?", questionaram os críticos (OLSON, 2001, pág. 232).

Nestorianismo

A teoria de Nestório surgiu no ano de 431 de nossa era. Langston resume a heresia conhecida como nestorianismo da seguinte maneira:

> Néstório, seu fundador, negava a união verdadeira entre as duas naturezas de Cristo. Ele atribuía a Cristo duas partes ou divisões, uma humana, outra divina. Quando Jesus estava dormindo, por exemplo, era a parte humana que dormia. Mas quando acordava e repreendia os ventos, era a parte divina que estava em ação. Assim explicava Nestório a Pessoa de Jesus. Esta ideia, logo se vê, é muito errônea. Jesus não se divide em duas partes. Ele não opera parceladamente. Não é que ele agisse ora por meio da natureza humana, ora por meio da natureza divina. Quando agia, fazia-o com toda a sua personalidade, e não só cm a natureza divina, ou com a humana (LANGSTON, 1999, pág. 177).

Entretanto, Olson ainda relata que além da controvérsia da união verdadeira entre as duas naturezas de Cristo, apontada por Langston, Nestório levantou ainda outra controvérsia que envolve mais a parte litúrgica que envolve a questão theotokos, referindo-se a um título da virgem Maria. Esta expressão é vista ainda nos dias de hoje, quando principalmente os católicos romanos rezam a oração "Ave Maria" quando dizem: "santa Maria, mãe de Deus". E devido ao ressuscitamento dessa controvérsia, alguns desses mesmos católicos romanos alteraram para "santa Maria, mãe de Jesus".

Assim como outros muitos personagens da história

da igreja, pouco se sabe a respeito da vida de Nestório, no entanto, até o local de nascimento não pode ser afirmado, pois alguns estudiosos afirmam que ele nasceu em Antioquia e outros nos arredores dessa localidade no final do século IV, vindo a falecer em seu exilio no deserto da África do Norte por volta de 450 de nossa era. Alguns apontam que ele foi aluno do teólogo antioqueno, Teodoro de Mopsuéstia, outros que ele sofreu influência do mesmo.

Em 428, o imperador Teodósio II, elevou Nestório ao cargo de bispo de Constantinopla. A nomeação de Nestório como bispo de Constantinopla, derrubou por terra os sonhos de dominação por parte dos alexandrinos. Conta-se que na manhã de Natal do ano de 428, Nestório pregou um sermão que condenava o título de Maria como Theotokos, alegando que toda a congregação, incluindo aqui os clérigos e membros da corte imperial, que evitassem se referir a Maria como theotokos.

> O título em si significa "portadora de Deus". Ás vezes, Theotokos é traduzida como "mãe de Deus", mas essa não é a tradução preferida. Embora as duas tradições (a ortodoxa oriental e a católica romana) prestem grande reverência a Maria, o título Theotokos na verdade serve como indicador da verdadeira divindade de Jesus. Quando Maria deu à luz o seu filho, deu à luz Deus.
>
> Esse tipo de expressão a respeito de Maria e Jesus era -comum em Constantinopla no início do século V. O povo devoto da cidade frequentemente se referia a Maria como Theotokos nos hinos e nas orações. Por isso, foi uma grande surpresa para muitos deles quando o recém-nomeado patriarca Nestório se colocou de pé na catedral e ordenou que cessasse esse uso popular. Os cristãos da cidade ficaram surpresos e preocupados e os espiões alexandrinos, chocados e

> contentes ao mesmo tempo. Ali estava a oportunidade de pagar a Antioquia na mesma moeda por ter ajudado na condenação de Apolinário. Fariam Nestório pagar por todos os pecados de Antioquia (OLSON, 2001, pág. 215).

Olson relata que a veneração a Maria em si não era a questão do problema. O problema real se encontrava, segundo Nestório, na confusão que poderia gerar entre as naturezas diferentes de Jesus Cristo. Nestório argumentava que a natureza divina não poderia nascer, da mesma forma que essa mesma natureza não poderia morrer. É fato que a natureza humana de Jesus, nasceu por meio de Maria, no entanto, o mesmo não se aplica à natureza divina e para diferenciar uma natureza da outra, Nestório apresentou a congregação a solução em chamar Maria ao invés de theotokos "portadora de Deus" chama-la de cristotokos, que significa "portadora de Cristo". Embora possamos dizer que isso seja teologicamente correto dizer que "Cristo nasceu de uma mulher chamada Maria", não é correto conforme Nestório, dizer que "Deus nasceu de uma mulher".

> Portanto, para Nestório, "em Jesus Cristo, Deus uniu o prosopon divino com uma natureza humana, mas isso não destrói, de modo algum, as duas prosopa (pessoa) naturais, que correspondem a cada uma das duas naturezas completas ou hypostases que estão unidas em Cristo".
>
> Como duas pessoas podem ser uma só? Esse era o dilema que Nestório tinha diante de si. A fim de evitar o adocionismo (no qual o homem Jesus Cristo é meramente "um objeto de aproveitamento divino"), Nestório teve que explicar a verdadeira união entre o divino e o humano em Jesus Cristo. Tinha de haver uma maneira de dizer que, embora Jesus Cristo fosse postular um tipo especial de união que chamou de

synapheia. Em latim, a palavra é traduzida por conjunctio e, por isso, a ideia de Nestório é tradicionalmente chamada de "conjunção". Jesus Cristo era uma conjunção da natureza-pessoa divina com a natureza-pessoa humana: o Logos divino eterno e a pessoa humana de Jesus em íntima união (OLSON, 2001, pág. 220).

Dízimo

Dissertar sobre dizimo é entrar em um campo pouco abordado por pregadores, pastores e conferencistas nos dias de hoje. Esse receio de se falar sobre dizimo, é uma medida preventiva adotada para que não se possa interpretar erroneamente o objetivo final da apresentação do dízimo, devido à má utilização desse recurso por parte de muitos líderes. Temos entendimento de que no mundo em que vivemos, o dinheiro é útil e indispensável para resolver algumas situações e essa necessidade também pode ser aplicada na área religiosa. A diferença é que no meio eclesiástico, ao contrário do meio secular, este recurso deve ser utilizado com sabedoria, coerência e principalmente, a favor do reino de Deus.

Definição e origem

A palavra dízimo é "a décima parte das receitas que alguém recebe" (ERICKSON, 2011, pág. 61). Já o Dicionário Teológico de Claudionor C. de Andrade diz que a palavra dízimo vem do latim décima, cujo significado é décima parte de uma importância ou quantia.

> Oferta entregue voluntariamente à obra de Deus, constituindo-se da décima parte da renda do adorador (Ml 3.10). O dízimo não tem caráter mercantilista, nem pode ser visto como um investimento. É um ato de amor e adoração que devotamos àquele que tudo nos concede. De igual modo, é uma aliança prática entre Deus e o homem. O que é fiel no dízimo, haverá de usufruir de todas as bênçãos que o Senhor reservou-nos em sua suficiência (Ml 3.10) (ANDRADE, 2010, pág. 148).

Pfeiffer, Vos e Rea nos contam que a palavra hebraica 'asar', dizimar é derivada da palavra que significa "dez" e que também significa "ser rico", cujo princípio básico é o reconhecimento de que tudo, inclusive as propriedade dos homens que são apenas guardiões, pertence por direito a Deus; ou seja, "o dízimo corresponde a um testemunho oferecido em honra a Deus, e em reconhecimento de que tudo pertence a Ele" (PFEIFFER, VOZ & REA, 2009, pág. 572). Coenen e Brown nos informam: "Dízimo traduz palavras hebraicas e gregas que significam 'a décima parte' ou 'dar ou tomar a décima parte' dalguma coisa [...] A décima parte era usualmente do produto da terra, e era considerada aquela parte do todo que era devida por um adorador ao seu Deus, para o sustento do santuário de Deus e dos seus sacerdotes" (COENEN &

BROWN, 2000, pág. 595).

Embora possamos notar que nas Sagradas Escrituras, o dízimo como reconhecimento que Deus é possuidor de todas as coisas está enraizada na cultura judaica, com o misto de história e o sagrado. O dízimo de forma alguma não era exclusivo dessa cultura. Assim, podemos encontrar no mundo secular, citações de cobranças do dízimo em literaturas extrabíblicas. Como exemplo disso, citamos Champlin que faz citações do dízimo nas literaturas extrabíblicas:

> Através das antigas alusões literárias, sabemos que o dízimo existia em muitas culturas antigas, sob uma forma ou outra. O trecho de Gênesis 14.17-20 nos informa sobre o costume, antes da lei mosaica. Sabemos que a prática existia entre os gregos, os romanos, os cartagineses e os árabes. Ver I Macabeus 11.35; Heród. 1.89, 4.152; 5.77; Diod. Sic. 5.42; 11.33; 20.44; Cícero, Verr. 2,3,6,7; Xenofonte, Anáb. 5.3, parte 9. Nessas culturas, tal como entre os hebreus, o dízimo fazia parte da piedade religiosa (CHAMPLIN, 2001, pág. 4164).

Cerullo nos diz que "o dízimo é parte do plano de Deus. Não é um mero ritual requerido pela Lei. É uma expressão da aliança que temos com Ele e o método que criou para derramar as duas bênçãos sobre nós" (Bíblia de Estudo Batalha Espiritual e Vitória Financeira, pág. 14).

O dízimo na visão das Escrituras

Cerullo (pág. 24) nos informa que o termo Ma'aser,

significa "um décimo". Um décimo dos despojos de guerra, um décimo de produção, do gado e das terras. Aos sacerdotes e reis era um costume antigo e profundamente arraigado entre muitas nações. Segundo Champlin, a palavra Maaser é utilizada por trinta e duas vezes com o significado de décima parte (CHAMPLIN, 2001, pág. 4164). No entanto, vemos que a primeira referência ao dízimo no Antigo Testamento, como citado anteriormente, reporta ao tempo de Abraão (Gn 14.20), mais de 400 anos antes de a lei ser proclamada no Monte Sinai; ou seja, antes da lei, os dízimos já existiam como citado anteriormente, embora não havia o preceito regular como culto religioso e ou como um processo contínuo.

Douglas nos informa que "o costume de dar o dízimo não se originou com a lei mosaica (Gn 14.17-20), nem era peculiar aos hebreus. Era praticada entre outros povos antigos" (DOUGLAS, 2006, pág. 357). Com os relatos de Champlin e Douglas podemos perceber que o dízimo estava ligado ao pensamento em retribuir a Deus como uma demonstração de gratidão a Deus pelas dádivas, mais precisamente como uma vitória em batalha ou sucesso em uma jornada importante.

Nas Escrituras vemos que Deus ao exigir a devolução de tudo que o povo escolhido, ou seja, os filhos de Israel a décima parte do que eles possuíam, tinha como objetivo maior a provisão para o seu povo. Por detrás da obediência em entregar o dízimo, havia a promessa de que enquanto eles fossem fiéis nos dízimos e nos demais preceitos da lei, as bênçãos de Deus seriam derramadas sobre eles e eles prosperariam. Os dízimos pela acepção da palavra, poderia se dizer que eram sagrados aos olhos de Deus, pois eram entregues aos levitas como meio de subsistência, para que eles pudessem dedicar em tempo integral ao serviço do Senhor do Templo.

Ao estudarmos mais atentamente o assunto, veremos que havia três tipos dízimos e cada dízimo era diferente um do outro. O primeiro dízimo era destinado aos levitas (do qual eles davam o dízimo aos sacerdotes) (Nm 18.21 e seguintes). O segundo, era separado dos nove décimos restantes (Nm 18.26) e consumidos em Jerusalém e o terceiro dízimo era a porção sagrada dos levitas, estrangeiros, órfãos e viúvas (Dt 14.28,29).

> Os levitas, por causa da natureza de sua posição e de suas funções na comunidade, não tinham meios de renda, nem gado, nem herança que lhes assegurasse o sustento; por conseguinte, em recompensa "pelo serviço que prestam, serviço na tenda da congregação", recebiam "os dízimos dos filhos de Israel" (Nm 18.21,24). Essa passagem de Números 18 menciona apenas o dízimo dos cereais e das safras de frutas (v. 27). Os levitas, todavia, não tinham a permissão de conservar para si a totalidade dos dízimos recebidos. Mas receberam ordens de apresentar "uma oferta ao Senhor" que representava "os dízimos dos dízimos" (Nm 18.26). Esses "dízimos dos dízimos" tinham de ser "de todas as vossas dádivas" (v. 29), e tinham de ser dados ao sacerdote (v. 28; Ne 10.39) (DOUGLAS, 2006, pág. 358).

O proprietário da terra costumava ir a Jerusalém e, após declarar o que havia feito, pedia as bênçãos de Deus para si (Deuteronômio 26.12.15). O terceiro ano era considerado o "ano do dízimo". O dízimo era parte do relacionamento entre os filhos de Israel e Deus. Ao entregá-lo, simbolizada que eles reconheciam Deus como a sua fonte de provisão e de bênção, ou seja, eles O honravam e O adoravam pela sua bondade e se regozijavam diante Dele para provisão abundante. A prática do dízimo continuou geração após geração e podemos ver que ainda era praticada nos dias de Jesus. Porém, nos tempos de Jesus, os homens haviam acrescentados alguns itens ao dízimo, tais como produtos menores do solo, sementes, folhas e caules.

Algumas pessoas chegam a afirmar que o dizimo havia deixado de ser observado e por este motivo, não precisamos mais apresentar nossos dízimos nas igrejas, porém, vemos que o ensino de Jesus com relação ao dízimo, de modo algum, não anulou a sua prática como alguns pretendem, dizendo que Jesus nessa passagem condenava a prática do dízimo. Em vez disso, o que podemos entender é que Jesus reconhecia a natureza obrigatória dos dízimos e por esse motivo, levou os discípulos e consequentemente aos cristãos posteriores – que somos nós – a uma compreensão mais profunda dessa forma de contribuição.

Entretanto, apesar do que foi escrito, alguém ainda pode perguntar: o dízimo é exigido no tempo da graça a qual nos encontramos? Como resposta apresentamos o texto de Mateus 5.17 quando Jesus diz que não veio abolir a lei ou os profetas, mas veio para cumprir. Através dessas palavras, podemos dizer que Jesus confirmou que não devemos negligenciar o dízimo. Outro texto é de Mateus 23.23 quando Jesus repreende os mestres da lei e os fariseus dizendo que eles davam o dízimo da hortelã, do endro e do cominho e negligenciavam os preceitos mais importantes da lei que é a justiça, a misericórdia e a fidelidade; finalizando que eles deveriam praticar estas coisas sem omitir aquelas. Assim, podemos verificar que Jesus não reprovou os mestres da lei e os fariseus em dar o dízimo, mas os reprovou pela negligência mais importantes da lei, a justiça, a misericórdia e a fidelidade.

O dizimo sob a Nova Aliança, ainda é um meio de honrar e adorar a Deus com um décimo de tudo que possuímos. O dízimo ainda é um meio pelo qual Deus derrama bênção sobre o seu povo. Em relação às nossas contribuições para a obra de Deus através do dízimo, podemos cair em dois erros mais comuns: um deles é deixar de apresentar o dízimo com a pretensa desculpa de que Deus não precisa de dinheiro e na realidade Deus não precisa mesmo; outro erro está na atitude de alguns pastores que transforma a igreja em uma "empresa" pronta para arrancar a qualquer custo o dinheiro dos fiéis. Os dízimos e as ofertas são bíblicos, são os recursos que Deus deixou para a expansão de seu reino na terra.

Estudiosos dizem que esse silêncio a respeito do dízimo nos textos do Novo Testamento é proposital, pois muitos dizem que não estamos mais debaixo da lei, mas debaixo da graça e o dízimo é uma legislação veterotestamentária.

Com relação ao dízimo, apresento dois princípios que considero muito importante: o primeiro princípio podemos encontrar na 2 cartas aos Coríntios: *"Cada um contribua segundo propôs no seu coração; não com tristeza, nem por constrangimento; porque Deus ama ao que dá com alegria"* (2 Co 9.7). Isso em outras palavras nos ensina que a Palavra de Deus nos mostra que devemos contribuir com planejamento, com consciência e não motivados pelo momento ou pela emoção. O segundo princípio, é mais que evidente, pois Deus espera que a nossa contribuição seja proporcional ao que ganhamos; Ele não nos pede além do que temos ou podemos dar. Em 1 Coríntios 16.2,3, podemos ler: *"No primeiro dia da semana cada um de vós ponha de parte o que puder, conforme tiver prosperado, guardando-o, para que se não façam coletas quando eu chegar"*.

Esse ensinamento apesar de estar se referindo acerca da coleta para os necessitados da Judeia, podemos extrair ensino precioso que pode ser aplicado aos dias de hoje. No texto bíblico, vemos que o apóstolo Paulo esperava uma contribuição sistemática, pois ele diz que essa contribuição deveria ser realizada aos domingos (no primeiro dia da semana), que é quando os cristãos se reuniam. Isso quer dizer que as contribuições deveriam ocorrer de forma regular e não apenas quando apresentasse a necessidade em se recolher para utilizar em algum propósito, ou mais ainda, quando nos sentirmos generosos e decidirmos doar alguma coisa.

Por que é importante dar o dízimo?

Para uma pergunta tão direta e também para obtermos uma resposta a contento, é necessário reforçar que no plano da provisão de Deus, o dízimo é o meio pelo qual ele não apenas abençoa e faz prosperar o seu povo, como também é a maneira pela qual as necessidades da casa de Deus são supridas. Em outras palavras, isto quer dizer que por meio dos dízimos, estaremos garantindo a "provisão" contínua na casa de Deus. Por provisão, quero dizer as despesas básicas para que a mesma continue funcionando.

Da parte escriturística pode-se dizer que o dízimo passa a ser um mandamento, um desafio e uma promessa. Para melhor compreensão dessas palavras, devemos ler a passagem abaixo: *"Roubará o homem a Deus? Todavia vós me roubais, e dizeis: em que te roubamos? Nos dízimos e nas ofertas alçadas. Com maldição sois amaldiçoados, porque me roubais a mim, vós, toda a nação. Trazei todos os dízimos à casa do tesouro, para que haja mantimento na minha casa, e depois fazei prova de mim, diz o Senhor dos exércitos, se Eu não vos abrir as janelas do céu, e não o derramar sobre vós uma bênção tal, que dela vos advenha a maior abastança. E por causa de vós repreenderei o devorador, para que não vos consuma o fruto da terra, e a vida do campo vos não será estéril, diz o Senhor dos exércitos"* (Ml 3. 8-11).

> O Senhor lembra os judeus que não estavam levando os dízimos e ofertas exigidos pela lei e necessários para a manutenção da teocracia, usados para sustentar os levitas (cf. Lv 27.20-33; Nm 18.8-28; Dt 12.18; Ne 13.10), realizar as festas religiosas nacionais (Dt 12.6-17; 14.22-27) e socorrer os pobres (Dt 14.28,29). Ao deixarem de pagar o que deviam e, portanto, roubarem de Deus, também estavam roubando de si mesmos, pois Deus havia retido suas bênçãos. (Bíblia de Estudos MacArthur, nota marginal)

O mandamento está no versículo 10 que diz: *"Trazei*

todos os dízimos a casa do Tesouro", o desafio encontra-se na palavra "provai-me". Essa é uma exceção onde Deus convida o povo a colocá-lo em prova. Enfim, a promessa está no restante do versículo, pois assim, Deus firma uma aliança de bênçãos com o seu povo. Em se tratando de Deus, sabemos que Ele é fiel e cumprirá sua palavra. Porém, essa bênção está condicionada à obediência. Enquanto os israelitas fossem obedientes e fiéis em seus dízimos e suas ofertas, Deus os abençoaria em abundância.

O versículo 10 Deus fala: "... *fazei prova de mim...*", provar é testar, é comprometer. Deus então se compromete com o seu povo, através de sua palavra. Ele prometeu derramar bênçãos sobre as nossas vidas e, isso basta. Ao entregarmos nosso dízimo, devemos ter a expectativa de que Deus cumprirá a promessa feita. Devemos aguardar as janelas do céu se abrir, porém, não devemos questionar se Deus suprirá a nossa necessidade ou se a bênção está demorando a chegar. Independente das circunstâncias que estivermos enfrentando, Deus está dizendo: coloque-me em primeiro lugar. Confie em mim e em minhas promessas. Você receberá tudo que prometi se continuar fiel e obediente.

Quando entregamos o dízimo com amor para a obra de Deus, devemos entregar como um ato de amor a Deus e a sua obra; assim teremos certeza que nosso dízimo será aceito pelo Senhor. Finalizando, enfatizamos que sem fé e obediência, jamais experimentaremos o cumprimento das bênçãos prometidas por Deus. Um dia, li uma mensagem que dizia que não devemos fixar nossos olhos no tamanho dos nossos problemas, mas fixar nossa atenção no tamanho de nosso Deus.

Batismo

O Dicionário Bíblico Universal define batismo como: mergulho, mergulhar. Do mesmo modo, a Grande Enciclopédia Larousse Cultural, volume 3, pág. 685, apresenta a seguinte definição: "Do Grego Baptismos, mergulho. 1. O primeiro dos sete sacramentos da maioria das igrejas cristãs que consiste em lançar água sobre a cabeça do neófito com sentido de purificação. 2. Admissão solene no grêmio de uma religião ou seita".

O sentido de imergir e mergulhar são adequados. No Evangelho de Marcos (1.5), o povo era batizado por João no Rio Jordão e também nos diz que Jesus saiu da água quando foi batizado (Mc 1.10). O fato de que João e Jesus entraram no rio e saíram dele sugere imersão. Podemos dizer que quando Jesus comissionou os apóstolos, ele tornou o batismo um elemento central da mensagem que eles deveriam pregar ao mundo.

O batismo encontra-se presente em nossa vida e no

caso dos católicos romanos, é visto desde tenra idade quando ainda o batizando é um bebê. Vale a pena salientar que no sentido geral, em cada religião existe algum tipo de batismo como ato iniciatório e entre os judeus não era diferente, pois havia certo tipo de batismo para os prosélitos. Este ato marcava o ingresso no judaísmo e hoje nas igrejas cristãs, há também a mesma ideia, tanto que sem a pessoa ser batizada, é impossível ela pertencer regularmente a igreja.

No entanto, o batismo pode ser visto sobre outros aspectos e uma dessas ideias que acompanha o batismo é a da aceitação das doutrinas da igreja do batizando. Sem aceitação dessas doutrinas, o batismo se torna incoerente ou mesmo sem validez. Há ainda, a ideia que está associada ao arrependimento e vemos visivelmente esse tipo de associação nos textos bíblicos, pois esse aspecto foi destacado por João Batista. Sem o arrependimento, para João não tinha valor algum e podemos dizer que sem arrependimento, o pecador tomava apenas um banho e nada mais.

Mais uma ideia simbólica que também acompanha o batismo é a de lavar os pecados, contudo, essa ideia é mais associada na igreja católica romana, surgindo daí a doutrina da regeneração pelo batismo, sendo o batismo considerado essencial para a salvação. Lembramos que todo verdadeiro cristão deve ser batizado, mas esse ato, jamais foi essencial para a salvação. O sacrifício de Jesus é o ato salvador e completo.

O que antecede o batismo

Vimos o significado e a necessidade do batismo na vida de uma pessoa, mas, será que qualquer pessoa pode ser batizada? O que uma pessoa precisa para se batizar? Biblicamente falando, qualquer pessoa pode ser batizada desde que atenda a dois pré-requisitos: arrependimento e fé. Alguém pode dizer: mas nem todos os textos que lemos falam sobre arrependimento. Correto, no entanto esses textos falam da palavra que era pregada e era anunciado o reino de Deus. As pessoas daqueles tempos eram exortadas a reconhecer o seu pecado e a necessidade de arrependimento. Pedro então lhes respondeu: Arrependei-vos, e cada um de vós seja batizado em nome de Jesus Cristo, para remissão de vossos pecados; e recebereis o dom do Espírito Santo. (At 2.38).

Observemos o texto de Marcos: *"Quem crer e for batizado será salvo; mas quem não crer será condenado"* (Mc 16.16). João escreveu que *"Quem nele crê não é julgado; o que não crê já está julgado, porquanto não crê no nome do unigênito Filho de Deus"* (Jo 3.18). A primeira pergunta a formular dever ser: crer em quem ou no quê? A resposta é que devemos crer que Jesus Cristo é o Filho unigênito de Deus e também crer que Deus o ressuscitou dentre os mortos, pois esta é o fundamento da religião cristã. Em outras palavras, devemos crer no nome de Jesus. Mas o que significa crer no nome de Jesus? A Bíblia de Estudo MacArthur em suas notas marginais nos apresenta o seguinte: "Essa frase significa mais do que simples aceitação intelectual das afirmações do evangelho. Inclui confiança e comprometimento com Cristo como Senhor e Salvador, que resulta no recebimento de uma nova natureza (v.7), que produz mudança no coração e obediência ao Senhor". F. F. Bruce assim declara a respeito desse versículo:

> A pessoa que despreza Cristo, ou o considera indigno de sua confiança, julga a si mesmo, não a Cristo. Ele não precisa esperar até o dia do julgamento; o veredito sobre ele já foi pronunciado. Sem dúvida, haverá um dia de julgamento final (Jo 5.26-29), mas que servirá somente para confirmar o julgamento já decidido. Aqueles que creem no nome do Filho de Deus, [...] tornam-se filhos de Deus; para aqueles que não crerem não há alternativa além do juízo no qual incorrerão (BRUCE, 2008, pág. 88).

Joiner aborda sobre o tema arrependimento e a fé. Ele escreveu que a fé manifesta-se em nós antes do arrependimento. A crença na existência de Deus, na revelação em geral e até nas ameaças de sua palavra, em particular, precisam vir antes de nossas súplicas por sua misericórdia. O que esse autor quer nos transmitir é que primeiro é necessário crer que Deus exista antes de crer que Ele é galardoador dos que o buscam conforme está escrito em Hebreus 11.6. O arrependimento precede a fé que traz a salvação. *"Arrependei-vos e crede no evangelho"* nos alerta Marcos 1.15, essa é a formula que jamais será anulada.

Portanto, o arrependimento vem antes da fé justificadora. É muito difícil ao pecador que não se arrepende crer em Cristo como salvador de todos os nossos pecados. É necessário ao pecador primeiramente renuncie aos seus pecados antes de abraçar o seu salvador. Ele tem de ser justificado ainda como pecador, mas como pecador arrependido e não como santo, porque Deus justifica o ímpio, ou seja, Deus alcança, com sua graça e justiça, o pecador arrependido, e este obtém a salvação através da fé em Jesus Cristo. Com relação à ressurreição de Cristo, Kreeft e Tacelli trazem a seguinte redação:

> Todos os sermões mencionados no Novo Testamento, pregados por todos os cristãos, estão centrados na ressurreição. O Evangelho, a Boa Nova, traz essencialmente a notícia sobre a ressurreição de Cristo.
> A mensagem que se espalhou pelo mundo antigo, acendeu uma chama em vários corações, mudou vidas e revolucionou o mundo não foi "Ame o próximo", qualquer pessoa moralmente sã já sabia disso; isso não era novidade. A Boa Nova era que um homem que afirmava ser o filho de Deus e o Salvador do mundo havia ressuscitado dentre os mortos.
> Quando Paulo pregou o Evangelho aos filósofos estóicos e epicureus em Atenas, eles acharam que o apóstolo estava falando de dois novos deuses, Jesus e Anastasis (vocábulo grego para ressurreição, Atos 17.18) – isso demonstra o quanto à ressurreição é importante... (KREEFT, TACELLI, 2008, pág. 273).

Na página 274, Kreeft e Tacelli escreveram que "a ressurreição tem uma importância prática fundamental, porque ela completa nossa salvação. Jesus veio para nos livrar do pecado e de sua consequência: a morte" (Rm 6.23). Prosseguem demonstrando que a ressurreição de Cristo se distingue dos demais fundadores religiosos. "O corpo de Moisés, Maomé, Buda, Confúcio, Alan Kardec, Lao-tsé e de Zoroastro sucumbiram nesta vida. O túmulo de Jesus está vazio, porque ele ressuscitou".

O significado espiritual do batismo?

O Pastor Geziel Nunes Gomes (2008, pág. 54) apresenta o seguinte significado para o batismo: obediência ao mandamento de Cristo (Mt 28.19,20); acesso à comunhão paternal e à integração na igreja de Cristo (At 2.41;16) e morte, sepultamento e ressurreição espiritual (Rm 6.1-4; Gl 3.27; Cl 2.12).

O apóstolo Paulo escrevendo aos colossenses declarou: "Tendo sido s*epultados juntamente com ele, no batismo, no qual igualmente fostes ressuscitados mediante a fé no poder de Deus, que o ressuscitou dentre os mortos*" (Cl 2.12 - ARA). Quando ele diz que fomos "sepultados com ele no batismo", ele fez uma associação do símbolo do batismo com a morte de Cristo na cruz. De modo algum podemos pensar que o batismo nas águas tem a finalidade de perdão de pecados, porém o apóstolo Paulo faz uma alusão ao ritual para explicar a obra do Espírito Santo. Radmacher, Allen e House acrescentam algumas palavras para nosso melhor entendimento:

> A igreja do primeiro século jamais teria entendido a ideia de um cristão que não foi batizado, afinal, batismo e fé eram considerados as realidades externa e interna de um cristão (At 2.38; 10.47,48; 16.33; Rm 6.3-5). Alguns enfatizaram a associação próxima que Paulo faz do batismo e da circuncisão nessa passagem como uma indicação de que o batismo nas águas é um sinal da Nova Aliança, assim como a circuncisão era um sinal da aliança abraâmica (RADMACHER, ALLEN & HOUSE, 2010, pág. 548).

Wiersbe acrescenta ao nosso estudo que quando Paulo utiliza a ilustração do batismo, devemos lembrar que no Novo Testamento, esse termo tem tanto o significado literal quanto o sentido figurativo. Ele explica que o "sentido literal é 'mergulhar, fazer submergir'. O sentido figurativo é 'ser identificado com'.

> [...] Paulo usa o termo batismo com sentido figurativo, pois não há água material que possa sepultar uma pessoa com Cristo ou ressuscitá-la em Cristo. O batismo com água por imersão é uma imagem dessa experiência espiritual. Ao ser salva, a pessoa é batizada no mesmo instante pelo Espírito e passa a fazer parte do corpo de Cristo (1 Co 12.12,13), sendo identificada com o cabeça, Jesus Cristo. Essa identificação significa que tudo o que aconteceu com Cristo também aconteceu conosco. Quando ele morreu, nós morremos com ele. Quando ele foi sepultado, nós fomos sepultados. Quando ele ressuscitou, ressuscitamos com ele – e deixamos para trás a mortalha da vida antiga (Cl 3.1-14).
> Tudo isso se deu "mediante a fé no poder de Deus" (Cl 2.12). Fomos transformados pelo poder de Deus, não pelo poder da água. O Espírito de Deus nos identificou com Jesus Cristo, e fomos sepultados com ele, ressuscitados com ele e vivificados com ele!
> (Os verbos gregos são bastante significativos: co-sepultar, co-ressuscitar e co-vivificar). Temos vida eterna porque Deus ressuscitou seu filho dentre os mortos (WIERSBE, Volume II, São Paulo, 2006).

O batismo é nossa união com Cristo, é acima de tudo, compromisso com Cristo e nesse compromisso, a pessoa promete viver dentro dos padrões estabelecidos pelo Novo Testamento para o viver cristão, para um relacionamento sadio com os seus semelhantes. E quando isto não acontece, a pessoa está quebrando ou já quebrou seu compromisso com Cristo. A ênfase que devemos dar ao batismo está em sepultar o velho homem e o ressurgir para uma nova vida. É esperado que cada pessoa ao receber o batismo dê sinais dessa nova vida em Cristo e consiga dia após dia, dominar sua natureza pecaminosa, mais comumente chamada de velho homem.

Os tipos de batismo

Antes de destacarmos os tipos de batismo, é necessário salientar que o batismo é um rito de passagem, está presente em vários grupos religiosos, onde destacamos: catolicismo romano, protestantismo, mormonismo entre outros e, também em grupos não religiosos, mas que contêm a religiosidade em seus ensinamentos como a maçonaria, porém ao invés de utilizarem a palavra batismo, normalmente é utilizado a palavra iniciação. O Dicionário Popular de Teologia de Millard J. Erickson apresenta três tipos de batismo: imersão (mergulho), afusão e aspersão.

Aspersão – Termo derivado do latim aspersione; ato ou efeito de aspergir, borrifar ou respingar (Dicionário Aurélio). Na prática a aspersão é similar à efusão, pois a intenção de ambos é derramar água sobre o batizando. Essa forma é adotada por algumas igrejas, em especial a igreja católica e os primeiros movimentos protestantes surgidas com a Reforma, tais como o Luteranismo, o Anglicanismo, o Presbiterianismo e a Igreja Metodista do Brasil.

Afusão – Do latim affusione: banho, aspersão (Dicionário Aurélio). No modo geral, afusão significa derramar ou entornar. Denomina também uma forma de batismo, onde a água é derramada sobre a cabeça do batizando. Na prática é similar à aspersão como modo de batismo.

Imersão – É a pratica de afundar na água a

pessoa. No batismo, imersão significa que todo o corpo daquele que está sendo batizado ficará encoberto pelas águas. Essa prática é usada nas igrejas evangélicas que é o método utilizado pela igreja primitiva.

Dos três tipos de batismo apresentados e pelo relatado até o momento, segundo os princípios bíblicos, o batismo por imersão é considerado o correto, pois a própria palavra batismo significa literalmente imersão. Ao examinarmos a Bíblia em Marcos 1.9-11 podemos notar dois pontos importantes; primeiro na segunda parte do versículo 9 diz que Jesus foi batizado por João, no Rio Jordão. O Jordão é o rio principal da Palestina que nasce no rio Hermom e vai até o mar Morto; a profundidade média do Jordão é de 1 a 3 metros e largura de 30 metros (Dicionário da Bíblia de Almeida, SBB, 2009, pág. 95).

Esse breve relato sobre o Jordão foi necessário para que pudéssemos ter uma ideia da forma do batismo que Jesus passou. Assim, podemos enfaticamente dizer que o batismo por aspersão não necessita de muita água. O sentido imergir é adequado e provavelmente exigido para a palavra nos vários textos do Novo Testamento. Em Marcos 1.5 o povo era batizado por João no Rio Jordão. Marcos também nos diz que quando Jesus foi batizado, ele saiu da água. O texto grego especifica que ele saiu "para fora da" água. O fato de João e Jesus entrar no rio e saíram dele, sugere enfaticamente imersão, já que a aspersão ou a afusão de água poderiam mais facilmente ter sido feitas junto ao rio, especialmente pelo fato de que multidões estavam vindo para o batismo. O evangelho de João nos diz depois que *"João Batista batizava também em Enom, junto a*

Salim, porque havia ali muitas águas" (Jo 3.23). Novamente, não era necessário muita água para batizar pessoas por aspersão, mas isso seria preciso para batizar por imersão.

Pelo exposto, poderíamos considerar que o método correto de batismo adotado pela igreja primitiva era o de imersão. Mas será isso mesmo? Lendo os textos com mais atenção, vemos que os tipos apresentados (aspersão, afusão e imersão) são três formas de utilizar a água, as quais sempre foram e ainda são utilizadas por cristãos em todo mundo. Batismos por imersão são bastantes claros no Novo Testamento e possivelmente, essa prática fosse a mais comum. O eunuco etíope certamente foi imerso, pois lemos que tanto ele como Filipe desceram e saíram da água. *"E mandou parar o carro, e desceram ambos à água, tanto Filipe como o eunuco, e o batizou. E, quando saíram da água, o Espírito do Senhor arrebatou a Filipe, e não o viu mais o eunuco; e, jubiloso, continuou o seu caminho"* (At 8.38,39).

Quem pode ser batizado?

Em resposta à essa pergunta, vemos que o modelo revelado nos textos do Novo Testamento indica que somente os que fazem uma profissão de fé digna de crédito devem ser batizados. Essa posição é muitas vezes chamada batismo de convertidos, já que defende que somente os que creram ou deram provas razoáveis de terem crido em Cristo (devem ser batizados.

Alguns podem contra argumentar e dizer que não precisam se batizar para se salvar, e alguns casos essa argumentação é válida e está correto. Eles utilizam de uma passagem do Novo Testamento que diz sobre o malfeitor que estava ao lado de Jesus na cruz, não foi batizado e mesmo assim foi salvo, pois Jesus lhe disse: *"Em verdade te digo que hoje estarás comigo no Paraíso"* (Lc 23.43). Mas contra o argumento que esse malfeitor não foi batizado e mesmo assim foi salvo, devemos retornar ao texto bíblico e veremos que a princípio esses dois homens lançaram insultos sobre Jesus (Mt 27.44). Apesar desses malfeitores terem também zombado de Jesus, um deles se arrependeu e quando seu outro companheiro retomou a zombaria, esse último o repreendeu, recusando-se a participar novamente. Suas palavras descritas em Lucas 23.40-42 revelam o processo de sua transformação espiritual. Esse malfeitor reconheceu a sua culpa, e ele apelou a Jesus com fé: *"Lembra-te de mim quando entrares no teu reino"*.

Que fé o criminoso na cruz expressou? Para nós na atualidade é fácil expressar essa fé, pois temos a visão dos futuros acontecimentos após esse episódio e olhando para a ressurreição, vermos que Jesus é realmente o filho de Deus. Mas o homem na cruz viu um Jesus aparentemente desamparado, sofrendo como ele e mesmo assim, esse malfeitor que também estava crucificado creu. Em resposta a essa extraordinária fé, Jesus disse: *"Em verdade te digo que hoje estarás comigo no paraíso"* (Lc 23.43). Esse homem na cruz pode simbolizar as pessoas que no leito de morte se arrependem de seus pecados e aceitam a Jesus. Não havendo tempo para se batizar, nesse único caso, a pessoa é salva pela graça e misericórdia de Deus.

Batismo infantil – O ponto de vista católico

A igreja católica romana ensina que o batismo deve ser ministrado às crianças. A razão disso é que o catolicismo crê que o batismo é necessário para a salvação e que o ato do batismo em si traz regeneração. Portanto, nessa posição, o batismo é um meio pelo qual a igreja confere graça. E, tratando-se de um canal de graça salvífica, deve ser ministrado a todos.

> Por nascerem com uma natureza humana decaída e manchada pelo pecado original, também as crianças precisam do novo nascimento no batismo, a fim de serem libertadas do poder das trevas e serem transferidas para o domínio da liberdade dos filhos de Deus, para a qual todos os homens são chamados. A gratuidade pura da graça da salvação é particularmente manifesta no Batismo das crianças. A igreja e os pais privariam então a criança da graça inestimável de tornar-se filho de Deus se não lhe conferissem o Batismo pouco depois do nascimento (Catecismo da Igreja Católica, 1999, pág. 348).

Essencial para compreender a posição católica do batismo é o reconhecimento de que os católicos sustentam que os sacramentos atuam sem a fé da pessoa que deles participam. E, sendo esse o caso, segue-se que o batismo haveria de conferir graça até sobre crianças que não tem a capacidade de exercer fé. Mas o que dizer de João 3.5? O versículo diz *"Na verdade, na verdade te digo que aquele que não nascer da água e do Espírito, não pode entrar no reino de Deus"*. MacArthur em nota marginal nos diz que literalmente a "frase significa 'nascer do alto'. [...] O novo nascimento é um ato de Deus pelo qual vida eterna é concedida ao crente (2 Co 5.17; Tt 3.5; 1 Pe 1.3; 1 Jo 2.29; 3.9; 4.7; 5.1,4,18)".

Quanto à posição da igreja católica de que o batismo confere graça separadamente da disposição do batizado ou do ministro (posição coerente com as crianças batizadas que não exercem fé por si mesma), precisamos reconhecer que não existe nenhum exemplo no Novo Testamento que comprove este ponto de vista e nem há testemunho algum (neotestamentário) que o indique. O argumento católico de que o batismo é necessário para a salvação é semelhante ao argumento dos opositores de Paulo na Galácia que afirmavam que a circuncisão era necessária para a salvação. A resposta de Paulo é que os que exigem a circuncisão estão pregando outro evangelho (Gl 2.10).

Mais uma característica: Mateus 28.19,20 está escrito: *"Ide, portanto, fazei discípulos de todas as nações, batizando-os em nome do Pai, e do Filho, e do Espírito Santo"*. Atentem na ordem: primeiro fazendo discípulos, depois batizando. Como: um recém-nascido pode ser feito discípulo? Se não pode ser feito discípulo, como pode ser batizado? No livro de Atos 2.38 lemos sobre uma cena quando Pedro pregava e os judeus foram tocados pelo espírito de Deus e eles perguntaram dizendo: *"E agora que faremos?"*. A reposta: *"Respondeu-lhes Pedro: Arrependei-vos, e cada um de vós seja batizado em nome de Jesus Cristo para remissão dos vossos pecados"*. Isto quer dizer que uma pessoa para ser batizada, primeiro tem de se arrepender. E a minha pergunta é: um recém-nascido pode se arrepender? De que vai se arrepender?

Ora, um batismo bíblico, pelas características que acabamos de ver pelas Escrituras é: a pessoa antes de ser batizada precisa ser ensinada, tem que crer e tem que se arrepender. Portanto, um recém-nascido, ainda não pode ser ensinado, nem crer e nem se arrepender. Concluindo, os ensinamentos católicos de que o batismo é necessário para a salvação, de que o ato do batismo em si confere graça salvadora e de que o batismo é corretamente ministrado a crianças, não são convincentes segundo os ensinos do Novo Testamento.

Batismo infantil – O ponto de vista protestante

A perspectiva protestante é muito simples e objetiva. Todas as declarações doutrinárias sobre o batismo no Novo Testamento pressupõem em uma fé consciente por parte do batizando. Todos os exemplos de batismo no Novo Testamento são de homens e mulheres que desejam expressar sua fé em Cristo. A resposta que Felipe dá a pergunta do eunuco etíope é de suma importância: *"E, indo eles caminhando, chegaram ao pé de alguma água, e disse o eunuco: Eis aqui água; que impede que eu seja batizado? E disse Filipe: É lícito, se crês de todo o coração. E, respondendo ele, disse: Creio que Jesus Cristo é o Filho de Deus"* (At 8.36,37).

Para os cristãos, essas palavras refletem o parâmetro universal da igreja na administração do batismo: fé consciente por parte do candidato. Ao longo de todo o Novo Testamento, a fé é a chave para a salvação. *"Porque pela graça sois salvos, por meio da fé; e isto não vem de vós, é dom de Deus*" (Ef 2.8) é a mensagem encontrada em toda a Bíblia de forma consistente. Na Bíblia quando o batismo está vinculado à fé, é claramente uma expressão de fé e somente dela. Isso equivale dizer que embora as pessoas tenham de crer para ser salva, até mesmo essa fé é dom de Deus. Não basta que a fé seja identificada nos pais, nos padrinhos, na igreja ou na esperança de que aquele bebê algum dia creia, como afirma o catolicismo romano.

Se fé é a chave da salvação, qual deveria ser a posição e o significado do batismo? Em todo o Novo Testamento podemos associar a fé, e a fé expressa no batismo, o perdão de pecados, o novo nascimento, os dons do Espírito Santo e a identificação com Cristo em sua morte e ressurreição.

Jejum

> Abstinência total, ou parcial, de alimento durante um determinado período, visando aprimorar o exercício da oração e da meditação na Palavra de Deus. O jejum bíblico não pode ser visto como penitência, e, sim, como um sacrifício vivo e agradável a Deus. Para que seja aceito, deve o jejum ser acompanhado de justas e piedosas intenções... (ANDRADE, Claudionor Correa de, 2010, pág. 237).

Erickson (2011, pág. 109) define jejum como "abstinência voluntária total ou parcial de comida por tempo limitado. Normalmente é realizado para benefício espiritual". Para Douglas (2006, pág. 657) "Na Bíblia em geral, jejum significa passar algum tempo sem ingerir alimentos ou água (p. ex. Et 4.16) e não meramente evitar certos alimentos" e por fim, o entendimento sobre jejum no ponto de vista de uma literatura secular é a "abstinência de alimentos. Abstinência voluntária de alimentos durante um tempo determinado, por espírito de mortificação. Qualquer privação ou abstenção" (Grande Enciclopédia Delta

Larousse, 1971, pág. 3713).

As definições apresentadas deixaram sem menor sombra de dúvida o aspecto da falta de ingestão de algo, traduzida pela palavra abstinência. Biblicamente, o que podemos acrescentar às definições é que o jejum não é apenas abster-se de alimento e bebida. É abster-se de tudo que o mundo oferece, para consagrar-se a Deus e encher-se de seu Espírito, voltando nossos pensamentos, sentimentos e vontade para as coisas celestiais. Outra coisa que se pode acrescentar, é que o jejum não pode ser feito de qualquer maneira, de forma indistinta. Existe uma regra para nosso jejum ser aceito por Deus.

Isto é verdade quando vemos que o próprio Jesus nos ensinou como realizá-lo e pelo contexto aprendemos que o jejum não é uma forma de parecermos mais espirituais do que os outros e quando jejuarmos, o melhor é que ninguém saiba que você está jejuando. Vejamos a passagem que traz luz ao assunto: *"E, quando jejuardes, não vos mostreis contristados como os hipócritas; porque desfiguram os seus rostos, para que aos homens pareça que jejuam. Em verdade vos digo que já receberam o seu galardão. Tu, porém, quando jejuares, unge a tua cabeça, e lava o teu rosto, para não pareceres aos homens que jejuas, mas a teu Pai, que está em secreto; e teu Pai, que vê em secreto, te recompensará publicamente"* (Mt 6.16-18).

MacArthur comentando sobre o versículo acima diz que as palavras "quando jejuardes" no contexto dos versículos 16 e 17, "indica que o ato de jejuar é considerado uma parte normal da vida espiritual de uma pessoa" e que o jejum estava associado à tristeza, oração, caridade e busca da vontade de Deus. Em contrapartida, a Bíblia de Estudo Aplicação Pessoal explica melhor o que é o jejum, além de apresentar o melhor esclarecimento sobre o costume daqueles tempos e interpretação do texto:

> Jejuar, a fim de passar um tempo em oração, é uma atividade nobre e difícil. Por meio dela, reservamos um tempo para falar com Deus, aprendemos a autodisciplina, a humildade e a gratidão, que fazem lembrar que podemos viver com muito menos e apreciar as dádivas de Deus.
>
> Nesse versículo, Jesus não estava condenando o jejum, mas a hipocrisia de jejuar para alcançar a aprovação pública. O jejum é obrigatório para o povo judeu uma vez por ano, no Dia da Expiação (Lv 23.32). Os fariseus jejuavam voluntariamente duas vezes por semana, a fim de impressionar o povo por sua "santidade". Jesus recomendou que os atos de abnegação fossem feitos discreta e sinceramente. Ele queria que as pessoas adotassem disciplinas espirituais pelas razões certas, não pelo desejo orgulho de receber elogios (Nota marginal, pág. 1228).

Falwell diz que "Jesus não estava condenando o jejum, mas, sim, aqueles que alardeavam seu jejum". E que "tal atitude não glorificava a Deus, nem era prova de que eram sinceros em suas orações" e finaliza seu comentário dizendo que Jesus "não se opôs a uma conclamação pública para o jejum" (1983, pág. 9). Aprendemos que não devemos esperar as situações difíceis baterem à nossa porta para colocar em prática o jejum. Também, devemos ter o cuidado de não fazer que a prática do jejum se torne um hábito. Entretanto, concordamos que a prática do jejum nos ajudará a ter certo domínio sobre a carne. Podemos estender isto a outro nível, o jejum em si pode nos auxiliar a não tomar atitudes precipitadas, bem como nos manterá em comunhão com Deus. Isso nos ajudará a perceber melhor a dimensão espiritual e a posicionar-se em relação ao jejum.

Na visão do pastor Silas Malafaia, o jejum "é uma das armas mais poderosas para dominarmos nossa natureza pecaminosa, para disciplinarmos nossa vontade e que o jejum nos leva à santificação".

> Jejuar não é deixar de comer para apresentar a Deus em sacrifício. É deixar de alimentar o corpo, para enfraquecer a carne e vivificar o espírito. Jesus venceu porque estava nessa dimensão espiritual, na dimensão de Deus. O jejum nos aproxima Dele. [...] Você precisa jejuar para também entrar na dimensão do espírito. O profeta Daniel orou e jejuou por 21 dias, e só obteve a resposta de sua oração quando já estava em um nível espiritual que o levou a compreender o que Deus estava falando.
>
> Muitas vezes nós jejuamos muito e não conseguimos atingir nosso objetivo. Pode ser que o jejum esteja apenas martirizando o seu corpo, e não levando você a buscar uma comunhão mais profunda com Deus. A maior parte das pessoas tem o hábito de jejuar quando as coisas estão indo mal ... Precisamos aprender que o jejum não é para ser feito quando a tribulação aparece, porém muito antes dela chegar. O jejum é para nos colocar na dimensão de Deus, para estarmos fortes quando o diabo estiver lançando sementes más. (MALAFAIA, 2007, pág. 47,48).

Ele ainda defende a tese de que o jejum é para ser feito em tempos bons e não de crise e ou adversidade, porque assim, na opinião desse autor, o mal não nos atingirá. Além do mais, ele acrescenta que se o mal vier, pela prática do jejum, estaremos prontos para defender e lutar. A isso, acrescenta:

> Sabemos que a nossa luta não é contra a carne nem contra o sangue, mas contra os espíritos malignos. Não poderemos combater Satanás que é espírito, com armas humanas, mas sim com armas espirituais. O jejum é uma arma com a qual podemos derrubar as fortalezas do diabo. Jejuar para intensificarmos nossa comunhão com Deus, como exercício espiritual, talvez seja uma das atividades de santificação mais difíceis, pois implica negar os apetites fundamentais da carne. Mas é essencial para quem deseja ser um vencedor. (MALAFAIA, 2007, pág. 49).

O parecer deste autor é que o ato de jejuar talvez possa ser considerado um ato de santificação, mas o fato é que esse ato de santificação deve ser uma constante em nossa vida, ou seja, dia após dia. Devemos sim, estar preparado para a adversidade em nossas vidas, pois foi o próprio Senhor Jesus que nos diz em Jo 16.33 que no mundo teremos adversidades. Mas, além de jejuar, devemos utilizar uma arma que Deus nos deu, o nosso cérebro para analisar os fatos, verificar as possibilidades, escolher o melhor caminho e seguir em frente; contudo, além disso, é muitíssimo importante confiar em Deus e depositar nossas esperanças nele. Salmo 37.5 está escrito: *"Entrega o teu caminho ao Senhor; confia nele, e ele o fará"*.

Tipos de jejum

Quando nos referimos a tipos de jejum, queremos dizer quais são os exemplos de jejum que existem e podemos encontrar inclusive nas Escrituras Sagradas. Assim, fizemos uma rápida viagem pela história bíblica e encontramos três tipos: o jejum normal, o completo e o jejum parcial.

O jejum normal recebe ainda outros dois nomes: jejum típico e jejum característico. A Bíblia ensina que o jejum normal consiste basicamente em abster-se totalmente de alimento sólido, o que significa dizer que o jejum normal, não implicava em abstinência de líquidos e isso, podemos constatar na ocasião em que Jesus jejuou quarenta dias e quarenta noites no deserto.

Lemos em Mateus 4.2: *"E, tendo jejuado quarenta dias e quarenta noites, depois teve fome"*. Apesar de encontrarmos algumas pessoas que defendem que o jejum praticado por Jesus neste período, era a abstinência total de alimento e ingestão de líquido, discordamos desse ponto de vista, pois a própria Escritura é bem explícita e informa que Jesus teve fome e pelo fato dela não mencionar que ele teve sede, então nada mais natural deduzir que o jejum praticado por Jesus foi apenas da abstinência de alimentos sólidos.

Somando-se a isto sabemos que o corpo humano pode ficar três dias sem a ingestão de líquido e depois disso ele entra em um processo de desidratação profunda que leva à falência de órgãos vitais. No ambiente do deserto, as condições climáticas são severas e o perigo de desidratação, eleva essa questão ao extremo. Como a Bíblia se silenciou sobre Jesus ter sentido sede e afirma que Jesus nasceu homem, era como nós em todos os aspectos, exceto na questão do pecado e em seu texto cita apenas que ele sentiu fome, então, necessariamente, Jesus ingeriu água nesse período.

Com relação ao segundo jejum apontado, diremos que o jejum completo: consiste na abstinência total de alimento e de água. Um exemplo bíblico sobre este tipo de jejum, encontra-se no livro de Atos quanto Saulo tem um encontro com Jesus a caminho de Damasco. Assim diz a Palavra do Senhor: "E esteve três dias sem ver, durante os quais nada comeu e nem bebeu" (At 9.9). Trata-se de um jejum rigoroso e pode até trazer perigo a quem o faz, pois nem todos podem fazer este tipo de jejum. Este alerta tem como base as pessoas que desenvolveram gastrite, úlcera e ainda, não é recomendado para idosos. A recomendação geral é que se faça o jejum de algumas poucas horas, não é aconselhável fazer um jejum total por mais de um dia para essa classe de pessoas. Lembrando também que as pessoas que têm problema de saúde devem conversar com o médico antes de resolver fazer um jejum completo ou mesmo qualquer tipo de jejum. Lembre-se que a sua saúde é muito importante.

O jejum parcial, tem várias aplicações e é caracterizado pelo que se come ou pelo que se bebe e pela frequência com que se realizam esses dois atos. O jejum parcial significa abster-se de certos alimentos e ou abster-se de ingerir líquidos. Referente a abstenção de certos tipos de alimentos, vem a minha mente a história de Daniel e de seus três outros companheiros: Hananias, Misael e Azarias cujos nomes foram mudados para Sadraque, Mesaque e Abede-Nego.

Daniel e esses outros jovens de Israel receberam orientação para se alimentarem das iguarias da mesa do rei da Babilônia e, a Bíblia relata que Daniel decidiu firmemente não se contaminar com essas iguarias e nem com o vinho (Dn 1.8). Não querendo se contaminar pediram que no período de dez dias, ele e seus três companheiros israelitas só tomariam água e comeriam legumes (Dn 1.12).

Como o assunto versa sobre os tipos de jejum, então julguei necessário citarmos outros dois tipos de jejum que a igreja católica romana apresenta: jejum eucarístico e jejum eclesiástico. Sobre esses dois tipos de jejum a Grande Enciclopédia Delta Larousse, página 3713 esclarece:

> O jejum eucarístico é o que precede ao recebimento de eucaristia pelos fiéis ou à celebração da missa pelos padres. Os fiéis doentes são dispensados desse jejum; com saúde, podem fazer uma refeição uma hora antes da comunhão.
>
> O jejum eclesiástico é uma prática de penitência que determina só fazer durante o dia uma única refeição principal e uma colação à noite. Os dias de jejum eclesiástico são: quarta-feira de cinzas, sexta-feira santa, a Vigília de Assunção (salvo se esta cai em domingo) e a sexta-feira das Têmporas do Advento.

Hoje em dia, quando alguém decide fazer um jejum parcial, significa que a pessoa vai se abster de certos tipos alimentos, no entanto, entre os fiéis do catolicismo romano, é mais comum vermos muitos deles, durante o período da quaresma, se absterem de comer carne vermelha e alguns outros de ingerir bebidas alcoólicas. Há três aspectos que gostaria de enfatizar antes de finalizar esta seção. Em primeiro lugar, quero dizer que Deus pode levar algumas pessoas a se absterem de certos alimentos, a fim de provar sua sinceridade, principalmente se estiverem buscando uma resposta de oração em termos específicos.

Em segundo lugar, o jejum parcial implica em abster-se de alimentos durante determinado período de tempo. Lembramos que o jejum comum praticado no Antigo Testamento começava ao pôr-do-sol e estendia-se até o pôr-do-sol do dia seguinte. O jejum parcial consistia em abster-se de alimento apenas durante as horas do dia. Em terceiro lugar, o jejum parcial incluía também a abstinência das relações sexuais entre o marido e mulher. Todavia Paulo exortou que após o cumprimento do tempo estipulado pelo casal, esses deveriam unir-se sexualmente: *"Não vos priveis um ao outro, salvo talvez por mútuo consentimento, por algum tempo, para vos dedicardes `oração e novamente, vos ajuntardes, para que Satanás nãos vos tente por causa da incontinência"* (1 Co 7.5).

Por que devemos jejuar?

Na história bíblica, lemos diversos relatos a qual o

jejum é muitas vezes acompanhado e associado a oração, estando de certa forma ambos presentes. Numa aplicação prática, podemos afirmar que o motivo que leva uma pessoa, ou mesmo um povo, uma nação a jejuar é devido a circunstâncias do acontecimento. Dentre essas circunstâncias que levava um povo a se unir em jejum, podemos dizer que eles jejuaram praticamente por quatro motivos: (1) eles jejuavam por ocasião de crise nacional; (2) jejuavam pelos próprios problemas; (3) jejuavam em períodos de grande aflição e (4) jejuavam também antes de tomarem grandes decisões de caráter pessoal

Com relação ao jejuar por ocasião de crise nacional, inicialmente quero salientar que a palavra chave, é crise. Segundo o Dicionário Aurélio, crise é: "manifestação violenta e repentina de ruptura de equilíbrio, manifestação violenta de um sentimento, estado de dúvidas e incertezas, fase difícil, grave, na evolução das coisas, dos fatos, das ideias, momento perigoso ou decisivo, lance embaraçoso; lance, conjuntura, tensão, conflito, deficiência, falta, penúria".

Crise também pode ser para o otimista, uma oportunidade que surge de crescer espiritual, material e pessoalmente; já aqueles que apenas veem o lado pessimista das coisas, crise é uma situação grave em que os acontecimentos da vida social, rompem os padrões tradicionais em detrimento de alguns ou mesmo de todo um grupo ou sociedade. Do último caso, vimos esse tipo de situação quando Israel enfrentou sérias crises, como por exemplo, ante a ameaça de extinção de todo povo judeu.

No livro de Ester, capítulo 3, nos quinze primeiros versículos, podemos ver que ela e o povo de Deus corriam perigo de serem definitivamente aniquilados. Hamã que possuía "um alto cargo político no reinado de Assuero (Xerxes) na Pérsia" (GARDNER, 2008, pág. 251)", movido pela ira pelo fato de Mordecai recusar-se a ajoelhar em sinal de respeito a ela, trama a morte de todo o povo judeu, armando assim, uma conspiração bem tramada contra o povo de Deus. Assim vemos a nação de Israel diante de uma crise nacional. Ester que havia se tornado a rainha e fora criada por seu primo Mordecai, "estava entre os judeus que habitavam a fortaleza de Susã", era a única pessoa que poderia fazer o rei mudar sua ordem. Então, ela pede a seus compatriotas a praticarem o jejum completo, ou seja, sem ingerir qualquer tipo de líquido e alimento (Et 4.16).

Outro exemplo de crise nacional é quando o povo hebreu regressou a terra sob a liderança de Esdras. Este também proclamou um jejum, para se buscar a proteção de Deus. "Então apregoei ali um jejum junto ao Rio Arva, para nos humilharmos perante o nosso Deus, para lhe pedirmos jornada feliz para nós, para nossos filhos e para tudo o que era nosso" (Ed 8.21). Aqui o jejum teve um objetivo de pedir a proteção de Deus. MacArthur assim descreve esse episódio:

> Em breve eles começariam a longa jornada. Uma viagem como essa era perigosa, pois as estradas eram frequentadas por ladrões que roubavam para sobreviver. Até mesmo os mensageiros viajavam em caravanas para garantir a própria segurança. Esdras e o seu povo não queriam confundir o rei em relação à confiança na proteção de Deus, então eles o

> encarregaram da segurança com jejum e oração. Deus honrou essa oração de fé com a sua proteção (Nota marginal aos comentários do versículos 21 a 23).

O profeta Joel convocou o povo para um jejum quando da iminência do ataque da praga de gafanhotos. *"Promulgai um santo jejum, convocai uma assembleia solene, congregai os anciãos, todos os moradores desta terra, para a casa do Senhor vosso Deus, e clamai ao Senhor"* (Jl 1.14). Com esses exemplos, aprendemos que os cristãos jejuavam em uma manifestação de arrependimento e reconhecimento de sua dependência de Deus. Acredito que, se os cristãos manifestassem a sinceridade de sua fé por meio de jejum e oração, Deus salvaria as nações, assim como o fez no passado.

O segundo motivo de se jejuar está relacionado aos próprios problemas. Quando Jesus desceu do monte onde ocorreu a transfiguração, a Bíblia nos conta que quando chegaram a multidão, um homem se colocou de joelhos pedindo que curasse o seu filho. Explicou que seu filho era lunático e sofria muito e que ele havia levado seu filho aos discípulos de Jesus e esses não puderam curá-lo. Jesus repreendeu o demônio curando o rapaz e o texto nos diz que os discípulos indagaram por que eles não conseguiram expulsá-lo e Jesus respondeu-lhe o seguinte: *"Por causa da vossa pouca fé, porque em verdade vos digo que, se tiverdes fé como um grão de mostarda, direis a este monte: passa daqui para acolá e há de passar, e nada vos será impossível"* (Mt 17.14-20).

Isso nos mostra a realidade de nossos dias. Muitos de nós somos como esses discípulos, achamos que enfrentamos problemas acima de nossas forças, mas existe uma saída e esta saída encontra-se nas palavras finais de Jesus, com relação à incapacidade deles: *"Mas esta casta de demônios não se expulsa senão pela oração e pelo jejum"* (Mt 17.21). Aprendemos assim, que a oração aliada ao jejum gera poder espiritual, e fortalece nosso espírito, diminuindo a influência que a carne exerce sobre nós.

Partimos agora para o terceiro motivo: jejuar em períodos de grande aflição. Infelizmente, esse é o período da vida em que os cristãos, mais procuram realizar o jejum e não deve ser confundido com o segundo motivo, pois o problema pessoal diverge de uma grande aflição. O povo de Israel jejuou muitas vezes em horas de aflição. Jejuou no momento em que se nos últimos momentos de acontecer uma guerra civil com os benjamitas (Jz 20.26), jejuou em Mispa, antes de acontecer uma batalha contra os filisteus (1 Sm 7.6). Outro exemplo pode ser citado quando Saul e Jônatas morreram. Davi e todo o povo jejuaram (2 Sm 1.12). Davi novamente jejuou quando o filho dele e Bate Seba estava doente (2 Sm 12.16).

Podemos observar um aspecto interessante nesse jejum de Davi por seu filho, ele jejuou antes da morte da criança, pelo fato de que ela estava viva e acreditava que suas orações poderiam ser atendidas e mudar o julgamento de Deus. Então seu jejum tinha por objetivo tornar sua oração mais eficaz. O jejum também era observado antes de tomar grandes decisões de caráter pessoal. Como exemplo, citamos que atitude de Jesus antes de começar seu ministério aqui na terra. Ele dedicou algum tempo ao jejum: *"E tendo jejuado quarenta dias e quarenta noites, depois teve fome*" (Mt 4.2).

Sabedores de que Jesus é Deus e também é homem, podemos de certa forma dizer que o seu lado humano estava se preparando espiritualmente para servir a Deus. Deixando esclarecido que Jesus veio cumprir uma missão e creio que mesmo que ele não tivesse passado esses quarenta dias e noite jejuando no deserto, ele cumpriria sua missão com eficácia, pois ele é Deus. Foi após jejuar que a igreja primitiva tomou uma de suas decisões mais importantes para nós ocidentais. Antioquia, "era uma cidade importante erguida às margens do Rio Orontes, na Síria, onde a igreja foi estabelecida pelos cristãos que fugiram de Jerusalém depois do martírio de Estevão" é o que nos informa a Enciclopédia Bíblica Ilustrada, página 197.

Esse preâmbulo sobre essa cidade foi necessário para nossa compreensão no assunto tratado nesta seção, pois esta cidade se tornara "a base mais importante da missão cristã". Ela era uma porta para o ocidente e para o oriente. Assim, a obra missionária, partindo daquela cidade, poderia seguir tanto para o oriente como para o ocidente, por este motivo que escrevi sobre a importância para nós ocidentais. Então, a igreja de Antioquia buscou o Senhor pedindo sua orientação (At 13.2) e assim, a vontade de Deus foi conhecida por meio do jejum e da oração. O ponto alto foi a orientação de que o evangelho seria levado para o ocidente. Glória a Deus por isto.

Quando temos que tomar decisões importantes de caráter pessoal e até mesmo espiritual, precisamos aprender a pedir orientação divina e através do jejum aliado à oração poderemos obter essa orientação. Finalizando digo que muitos de nossos fardos podem ser aliviados por meio do jejum

Oração

Desde o princípio dos tempos os homens oram e isto quer dizer que a oração é inerente ao ser humano, é algo inato e a alma do homem anseia por um relacionamento com seu Criador. A oração conecta o ser humano a Deus porque no momento em que estamos orando, deixamos de pensar e viver nesse mundo de pecado e, temos acesso ao trono de Deus Todo-poderoso. Deus deseja se relacionar conosco, esta é a mais pura verdade que podemos apresentar. Ele desde a eternidade, mesmo antes da criação, não mediu esforços para ter a certeza de que teríamos um meio de alcançá-lo. A oração é uma súplica dirigida a Deus e tão somente a Ele.

Geziel Nunes Gomes diz que "a oração alcança o coração de Deus" e isso pode ser visto em 2 Reis 20.1-11. Diz também que "a oração é a chave que abre portas", conforme nos ensina a Bíblia em Salmos 6.9; João 14.13,14; 16.26 e que a "oração muda às coisas", conforme

Tiago 5.16 (GOMES, Geziel, 2008, pág. 245).

A oração serve também para Deus levantar seus servos como obreiros, conforme está escrito em Mt 9.37,38 *"Então, disse aos seus discípulos: A seara é realmente grande, mas poucos os ceifeiros. Rogai, pois, ao Senhor da seara, que mande ceifeiros para a sua seara"*.

Jeremias 33.3 está escrito que a oração para Deus nos revela os segredos: *"Clama a mim, e responder-te-ei, e anunciar-te-ei coisas grandes e firmes que não sabes"*. A pastora Ângela Mércia Valadão Cintra nos diz o que é oração:

> Orar é falar com Deus, é dialogar com Ele. É ligar a terra aos céus. É trazer das alturas, as bênçãos que já nos estão reservadas. É conhecer mais o Senhor, o seu coração, seus planos para nós. Orar é apresentar ao Senhor o nosso coração e deixar perante Ele a nossa petição. Orar é buscar a resposta, a direção, a intervenção do Pai a nosso favor. A oração é a nossa linguagem de comunhão com a Trindade – é a nossa comunicação com o reino dos céus. (CINTRA, Ângela Valadão – 2006, pág. 11).

Podemos dizer que na prática, oração é uma evidência que verdadeiramente depositamos nossa fé em Deus Pai, o todo-poderoso e em seu filho Jesus Cristo. É uma ferramenta que utilizamos para fazer a vontade de Deus se realizar na terra. A oração é uma adoração que inclui todas as atitudes do espírito humano em sua aproximação com Deus. O crente cristão presta culto a Deus quando adora, confessa, louva e o suplica em oração.

A conclusão que tenho chegado sobre a oração é que o homem ora porque Deus primeiramente tocou em seu coração, quando me refiro ao coração, não estou fazendo referência ao órgão coração, mas a sede do entendimento, da sabedoria, do pensamento, do nosso ser, da nossa alma. "A oração está relacionada com o crescimento espiritual de cada pessoa. À medida que a alma amadurece, a vida de oração se aprofunda, e vice-versa". (BOICE, 2011, pág. 423). A oração é um dom do Espírito Santo (1 Co 14.14-16). O cristão ora "no espírito" (Ef 6.18; Jd 20) que é oferecida ao Pai em nome do seu filho, Jesus Cristo, através da inspiração do Espírito Santo que habita em nosso íntimo.

Tipos de oração

É interessante abordarmos sobre tipos de oração, pois a maioria dos cristãos apesar de praticar mais um tipo de oração, comumente designa como se fosse apenas um tipo de oração. Porém, sabemos que isso não procede, pois como estamos abordando o assunto oração, então é necessário fazer tal distinção. A palavra de Deus nos relata veladamente sobre a existência de vários tipos de oração. Em Ef 6.18 lemos: *"Com toda oração e súplica, orando em todo o tempo no espírito, e, para isto vigiando com toda perseverança e súplica por todos os santos"*.

Neste texto, o apóstolo Paulo nos declara a existência de mais de um tipo de oração ao mencionar a palavra "toda oração". Se pararmos para analisar, verificaremos que a palavra "toda oração" denota mais de um tipo de oração, pois caso assim não fosse, com certeza o apóstolo Paulo não a utilizaria, simplesmente escreveria "com oração e súplica". Assim sendo, nas Escrituras Sagradas encontraremos os mais variados tipos de oração que transcrevo abaixo, salientando que não estão em ordem cronológica.

O primeiro tipo de oração que poderemos citar é a oração de consagração. Esta oração nos fala de dedicação ao Senhor de maneira pessoal ou até mesmo coletiva. As orações feitas por Salomão, por exemplo, descritas em 2 Cr 6.12-42. No Novo Testamento citamos Lucas 22.4. Essas orações mostram o cumprimento da vontade de Deus sob nós e fala-nos de rendição ou submissão ao Senhor Deus. O segundo tipo de oração é a oração de entrega, que nos leva a deixar aos cuidados aos pés do Senhor como em 1 Pe 5.7 *"Lançando sobre ele toda a vossa ansiedade, porque ele tem cuidado de vós"*.

Esse versículo nos incita a entregar a Deus todos nossos problemas, isto é visto nas palavras "toda a vossa ansiedade". Entregar todos os nossos problemas a Deus não é deixar tudo de lado, esperando que Deus resolva a situação ou que o problema se resolva por si só. Naturalmente, devemos confiar ao ponto de deixar Deus operar em nós, mas isso não significa cruzar nossos braços. De que maneira Deus nos mostra seu amor e cuidado para conosco quando lhe entregamos nossas preocupações?

> Creio que ele realiza quatro ministérios em nosso favor: (1) dá-nos coragem para enfrentar as preocupações com honestidade e não fugir delas (Is 41.10); (2) dá-nos a sabedoria necessária para compreender a situação (Tg 1.5); (3) dá-nos as forças para fazer o que é preciso (Fp 4.13); e (4) dá-nos a fé necessária para crer que ele fará o resto (Sl 37.5)

(WIERSBE, 2008, pág. 558).

Outro tipo de oração é a oração de adoração. O livro de Salmos está repleto deste tipo de oração. Como exemplo, citamos Sl 146; 147; 148; 149; 150; Lc 24.52,53. Mais um tipo de oração é a oração de concordância. Esse tipo de oração pode ser compreendido no texto de Mt 18.18-20, quando o povo de Deus se une e tem o mesmo alvo de oração: *"Em verdade vos digo que tudo o que ligardes na terra será ligado no céu, e tudo o que desligardes na terra será desligado no céu. Também vos digo que, se dois de vós concordarem na terra acerca de qualquer coisa que pedirem, isso lhes será feito por meu Pai, que está nos céus. Porque, onde estiverem dois ou três reunidos em meu nome, aí estou eu no meio deles"*.

Lembrando que o contexto dos versículos apresentados aponta para a autoridade referente "as decisões da igreja quanto aos conflitos com seus membros" (Bíblia de Estudo Aplicação Pessoal), ou seja, a aplicação desses versículos se aplica à questão de disciplina e também é citado o testemunho de duas ou três.

> A tradição judaica exige pelo menos dez homens (uma minyan) para que seja constituída uma sinagoga ou até mesmo para que se façam orações públicas. Aqui, Cristo prometeu estar presente no meio de um rebanho ainda menor – as duas ou três testemunhas reunidas em seu nome com propósito de disciplina (Bíblia de Estudos MacArthur – nota marginal)

Outro tipo de oração está descrito em 1 Co 14.14,15: *"Porque, se eu orar em outra língua, o meu espírito ora de fato, mas a minha mente fica infrutífera. Que farei, pois? Orarei com o espírito, mas também orarei com a mente; cantarei com o espírito, mas também cantarei com a mente*". Esse tipo de oração é conhecido como oração no espírito. MacArthur comentando o versículo acima informa que:

> Paulo continuou a falar de modo sarcástico (cf. v.16; 4.8-10) a respeito das falsas línguas, de modo que empregou o singular, "língua" que se refere ao falso dom. ele estava falando hipoteticamente a fim de ilustrar a insensatez e o despropósito de falar em algaravia extática. Que falava não poderia entender; então, que virtude havia em orar a Deus ou louvar a Deus sem entendimento? Ninguém poderia dizer "amém" para tal absurdo (Bíblia de Estudo MacArthur, nota marginal).

A oração em conjunto ou em unanimidade é outro tipo de oração. Isso acontece quando o povo de Deus proclama em uníssono a mesma coisa diante de Deus (At 4.23-31). O penúltimo tipo de oração é uma prática muito conhecido nas Escrituras e pelos cristãos em geral, a oração de intercessão. Quando se ora em favor de outra pessoa é como se estivéssemos tomando o lugar da pessoa diante de Deus. Exemplo de oração de intercessão pode ser visto nas orações que Moisés realizou por seu povo.

Tiago nos ensina que devemos orar por aqueles que sofrem e ao mesmo tempo, também sabemos que apesar de estarmos sujeitos a fraquezas, podemos encontrar consolo e vitória na oração se Deus assim o desejar. Devemos nos lembrar de que diversos personagens bíblicos como por exemplo, os profetas que andaram com Deus, ouviram sua voz e falavam em seu nome, mesmos esses, tiveram as mesmas limitações que temos, eles passaram por grandes aflições, mas lembremos que a oração do justo pode muito em seu efeito. O último tipo de oração apresentado é um tipo que abrange demais tipos não citados como Ação de graças, confissão, etc. Jesus nos ensinou a perseverar na oração – Lucas 18.1-8.

> Jesus disse: "Bem-aventurados sois vós, quando vos injuriarem e perseguirem e, mentindo, disserem todo mal contra vós por minha causa. Alegrai-vos e exultai, porque é grande o vosso galardão nos céus; porque assim perseguiram aos profetas que foram antes de vós" (Mt 5.11,12). Quando você estiver enfrentando sofrimento, não coloque em dúvida o amor de Deus, pois pessoas que andaram com Deus como você, também passaram pelas aflições. Seja paciente! (LOPES, 2006, pág. 113).

Qual deve ser nossa motivação para orar?

Motivação segundo o dicionário é o ato ou efeito de motivar, exposição de motivos ou causas, conjunto de fatores psicológicos (conscientes ou inconscientes) de ordem fisiológica, intelectual ou afetiva, os quais agem entre si e determinam a conduta de um indivíduo. Então, motivar é dar motivo a; causar; produzir: expor ou explicar o motivo ou a razão de; fundamentar, determinar a motivação de, despertar o interesse ou o entusiasmo, a curiosidade, por (atividade intelectual, social, afetiva, etc.) levar, induzir, incitar, mover, estimular.

É incrível como o significado das palavras denota ação ao invés de reflexão, pois conheço pessoas que no ponto de vista delas, oração é um momento para desligar-se do mundo para recarregar sua bateria, conectar-se com o mundo espiritual à procura de transcendência. Mas o cristão sabe que o descrito está mais para meditação do que para oração. Orar requer ação, atitude, mudança, reconhecimento, súplica e ao invés de meditação, reflexão. Por isso, quando você for pedir alguma coisa ao Senhor, é necessário que reconheça sua soberania, creia que Ele é galardoador mesmo que mereçamos a "recompensa", e que mesmo assim você vai receber, ainda que aos olhos humanos seja algo impossível.

Não é o que as pessoas chamam de poder do pensamento positivo, mas fé. Você precisa crer no invisível, naquilo que você não está vendo, pois Deus tem uma resposta para você. Não resolve você pedir a Deus se você não crer que Ele tem poder para atendê-lo, mas também, não adianta você pedir absurdos, coisas contrárias a razão e ao bom senso, fora de lógica e utópica, porque Deus apesar de ouvir sua petição, não o atenderá. Também há pessoas que antes mesmo de orar a Deus estão se lamuriando, vertendo lágrimas não de reconhecimento de sua condição de pecador, mas de remorso, lamentando-se por não ter feito a coisa certa, sem querer mudar aquela situação, lastimando para que sinta dó ou compaixão de sua condição, com certeza com esse tipo de atitude, Ele ouvirá a sua oração, no entanto, também não apresentará a resposta que espera.

Deus não pode ser manipulado por ninguém ou coisa alguma. Quando Deus ouve e agrada de nossa oração, Ele nos dá a certeza de alguma coisa, ainda que no momento pareça impossível a realização de nosso desejo. Quando nós sentimos aquela ponta de esperança diante da perspectiva do acontecimento, isso pode ser indício em si de que a confirmação do milagre está se aproximando ou mesmo que Deus ouviu nosso clamor e está nos respondendo. Agora, resta saber qual foi a resposta de Deus. A Palavra de Deus é oportuna neste momento e um Salmo de Davi diz: *"Deleita-te também no Senhor, e Ele te concederá o que deseja o teu coração. Entrega o teu caminho ao Senhor, confia nele, e ele tudo fará"* (Sl 37.4,5).

A palavra de Deus esclarece que o procedimento é simples: "Mas tu, quando orares, entra no teu quarto, e, fechando a tua porta, ora a teu Pai, que vê o que está oculto; e teu Pai que vê o que está oculto, te recompensará" (Mt 6.6). É muito fácil, e justamente por ser tão fácil que muitas vezes nos esquecemos desse princípio que agrada tanto a Deus e deixamos de praticá-lo, perdendo assim, a benção da pratica da intimidade com o Senhor e esta deve ser a nossa principal motivação ao orar.

Assim, percebemos que é de vital importância que tenhamos uma visão clara do que é oração, como orar, sua motivação, em nome de quem devemos orar, onde depositar nossa confiança, porque às vezes Deus responde nossas orações, outras vezes não responde. Deus sempre tem algo a nos dar além do que lhe pedimos. Descanse em Deus, pois isto nada mais é do que uma prova de nossa maturidade espiritual e do reconhecimento de que Ele governa o mundo todo e que nada escapa de sua diretriz.

Possessão demoníaca

Falar sobre possessão demoníaca no meio eclesiástico é quase que afirmar sobre a ação de Satanás e seus anjos na vida das pessoas. Entretanto, quando a pessoa se manifesta estar possuída por algum tipo de demônio, seja em uma igreja ou em qualquer outro lugar, a reação instintiva que se tem é afastar-se um pouco. Depois dessa reação instintiva, o amor de Deus se manifesta e vamos em socorro da pessoa. Os cristãos de um modo geral, lançam mão da Palavra de Deus, repreendendo aquele ser espiritual em nome de Jesus e expulsando-o. Alguns mais afoitos querendo demonstrar sua espiritualidade, adotam uma postura não recomendada pelas Escrituras que é conversar com aquela entidade, para depois então expulsá-la.

Porém, antes mesmo de falarmos da pratica de expulsão de demônios, analisemos inicialmente o que é possessão demoníaca. Falar algo a respeito de possessão é falar sobre posse, domínio, enquanto a palavra demoníaco traz a ideia a tudo aquilo referente ao demônio, diabólico ou satânico. Segundo definição do Dicionário on-line, possessão é "ação ou consequência de possuir. Determinada coisa que se possui - objeto possuído. Circunstância em que alguém está possuído por algo sobre-humano, por uma paixão, por um tormento, por uma obsessão etc.[Religião] Expressão ou circunstância em que alguém está sob o efeito de forças sobre-humanas ou em estado de transe: ele estava em possessão de forças do mal".

Exposto o que é definição, no senso comum, possessão é o estado ou condição em que uma pessoa é possuída ou dominada por uma entidade, um ser, ou por uma força externa, ou seja, é um fenômeno da qual essa entidade prevalece sobre a mente ou corpo tanto de uma pessoa como de um animal, a fim de exercer algum tipo de influência total ou parcial. No esoterismo e nas religiões onde o ocultismo predomina, a possessão é vista como o domínio de um espírito não encarnado em uma pessoa encarnada para que essa aja como agente de sua vontade. Habitualmente a possessão demoníaca é associada à presença do diabo ou de algum de seus anjos, que "toma" o corpo de uma pessoa, alterado seu comportamento normal. Os kardecistas, no entanto, evitam utilizar a palavra possessão, preferindo usar a palavra obsessão, no entanto, apesar da visão cristã não estar de acordo com a posição espírita, é didático conhecer essa linha de pensamento:

> Para nós a possessão seria sinônimo de subjugação. Se não adotamos este vocábulo foi por dois motivos, o primeiro porque implica a crença em seres criados para o mal e

> perpetuamente voltados ao mal, quando apenas existem seres mais ou menos imperfeitos e todos se podem melhorar. O segundo, porque implica igualmente a ideia de tomada de posse do corpo por um Espírito estranho, uma espécie de coabitação, quando existe apenas um constrangimento. O termo subjugação dá perfeita ideia. Assim, para nós não há possessos, no sentido vulgar da palavra, apenas há obsidiados ou subjugados e fascinados (KARDEC, 1963, pág. 211).

Antes de seguirmos em frente, seria proveitoso fazer algumas considerações a respeito da posição espírita a respeito. É dito que segundo o entendimento espírita, possessão é sinônimo de subjugação, entretanto, no sentido vulgar da palavra, estas duas palavras, apesar de na língua portuguesa apresentar sentidos diferentes, no resultado final, os possessos e os subjugados, encontram-se sob influência de terceiros; nesse caso, mais especificamente, os espíritos. Também, foi mencionado que eles evitam, pelo menos em literatura, usar o termo possessão – o que não acontece na prática – para evitar a crença na existência de seres criados especialmente para o mal, contudo, esse fundamento é uma falácia, pois seria necessário que a pessoa que pudesse ter esse tipo de pensamento, tivesse completo desconhecimento de Deus e especialmente da própria doutrina espírita, porque considerando que alguém tenha lido pelo menos "O Evangelho segundo o espiritismo", eles já terão um noção de que tudo aquilo que Deus criou é bom.

A mesma argumentação, pode ser usada quando eles citam que existem mais ou menos imperfeitos e todos podem melhorar. Referindo-se a criação, argumentamos que Deus criou Adão e Eva, seres perfeitos, entretanto, o mal se instalou neste mundo e hoje encontramos pessoas que podem melhorar seu tipo de vida, não da forma implícita do texto que sugere a reencarnação; as pessoas podem melhorar quando arrependem-se de seus pecados, muda sua atitude, procura fazer sempre o bem, aceita a Jesus Cristo como seu único Salvador e Senhor. Neste livro, evitaremos o termo reencarnação, pois este assunto já foi tratado em meu livro intitulado "A filosofia kardecista segundo a Bíblia" (2015), nos capítulos "A doutrina da reencarnação", "João Batista, a reencarnação de Elias" e "Objetivo da reencarnação".

A respeito da reencarnação, apenas diremos que a doutrina espírita através da reencarnação nos ensina que somos consequência daquilo que fomos no passado, que podemos nos aperfeiçoar e nos tornarmos espírito de luz, perfeito, descartando assim, o sacrifício vicário de Jesus Cristo por toda a humanidade, pois essa doutrina, encontra respaldo no carma e não tem evidência objetiva. É contrária ao bom senso, à ciência, a sã psicologia do desenvolvimento humano e se opõe claramente ao ensinamento das Escrituras.

Com relação de ideia de coabitação de outro espírito em outro corpo, ou seja, dois espíritos habitando um único corpo, é outra infantilidade que demonstra que a ignorância sobre o assunto. Assim como dois objetos não ocupam o mesmo lugar no espaço, assim também acontece com os espíritos e mesmo quando a pessoa morre, o obsessor, o espírito maligno, não tem o poder de reavivar o corpo inerte para possuí-lo. Por fim, diremos que as outras palavras sinônimas (obsidiados, subjugados e fascinados), trazem melhor entendimento para um leigo, porém, isto de forma alguma, nega a possibilidade de haver pessoas possessas.

Dando seguimento ao assunto, Mathers e Nichols (2007, pág. 365) dizem "nos tempos modernos, muitos registros de possessão demoníaca são diagnosticados como distúrbios mentais e tratados como tal. A Igreja Católica Romana ainda pratica o ritual do exorcismo, nos casos onde a terapia medica não apresenta os devidos resultados". Algumas descrições de possessões demoníacas podem apresentar enfernidade física, mudança de comportamento, algumas vezes, convulsões, desmaios, falar em línguas estrangeiras (glossolalia), apresentam ainda uma pequena mudança na entonação da voz da pessoa e tem-se ainda relato de apresentar força sobre-humana.

Para aqueles que pensam que na Bíblia não tem descrição de possessão demoníaca, a esses podemos dizer que estão redondamente enganados. A Bíblia nos textos neotestamentários, apresenta casos de possessão demoníaca. Um exemplo pode ser visto quando o Evangelho relata episódios em que Jesus Cristo expulsa demônio de pessoas possuídas e vemos também, ele transmitindo esse poder aos seus apóstolos, no dia da Ascensão: *"Estes sinais acompanharão os que crerem: em meu nome expulsarão demônios; falarão novas línguas"* (Mc 16.17).

O que a Bíblia diz a respeito de possessão demoníaca?

Como vimos, a Bíblia apresenta alguns exemplos de pessoas sendo influenciadas por demônios, no entanto, podemos encontrar alguns sintomas de influência demoníaca onde possamos ter o entendimento de que um espírito tenha condição de possuir alguém. Seguem-se alguns exemplos bíblicos: não pode falar (Mt 9.32); cego e mudo (Mt 12.22); provoca sofrimentos, se joga no fogo e na água (Mt 17.15); demonstra força física, vive em sepulcros (Mc 5.3); a filha da mulher siro-fenícia (Mc 7.24-30); demonstra conhecimentos não revelados (Lc 4.33-35); a possessão de Judas Iscariotes (Lc 22.3); predizendo o futuro (At 16.16-18), etc.

Algumas destas passagens, como mencionado pode causar algum tipo de enfermidade física, como a mulher descrita em Lc 13.11: *"e ali estava uma mulher que tinha um espírito que a mantinha doente havia dezoito anos. Ela andava encurvada e de forma alguma podia endireitar-se"*, outras causando a inaptidão em se falar, ver, fazendo-as contorcerem como um sintoma de epilepsia, etc. Em outros casos, como apresentado em 1 Samuel, onde o rei Saul é perturbado por um espírito do mal (1 Sm 16.14; 18.10; 19.9), com o desejo em matar Davi e também apresentando sintomas de depressão.

Desta forma, a lista de prováveis sintomas é extensa e não temos condições de enumerá-las, entretanto, é importante notar que quase todas essas manifestações, podem ser explicadas cientificamente e não como um sintoma espiritual, devido a isso, é prudente e até inteligente não ficar rotulando sintomas como manifestação demoníaca, pois temos conhecimento de que a depressão por exemplo, pode ser um mal tanto físico, quanto espiritual, assim como uma pessoa epilética quando apresenta o sintoma.

> O demônio pode produzir cegueira ou mutismo histérico, ou sintomas de outras enfermidades, tais como a epilepsia. Mencionamos a epilepsia em vista do fato que entre muitos povos o ataque epiléptico tem sido considerado como sinal de possessão por parte de um espírito ou deus, pois, efetivamente, os epilépticos são com frequência psiquicamente sensíveis. A Bíblia, entretanto, não associa a epilepsia com a possessão demoníaca, e até mesmo a descrição dos ataques de certo menino possuído, em Mt 7.14s; Mc 9.14s; Lc 9.37s, parece indicar algo mais do que mera epilepsia. A natureza da epilepsia ainda é desconhecida até nos nossos dias, porém, podem ser artificialmente induzidas em pessoas aparentemente normais (DOUGLAS, 2006, pág. 1081).

Somando-se a estas características físicas e emocionais, podemos acrescentar uma recusa da pessoa perdoar (2 Co 2.10-11), crer e disseminar falsas doutrinas principalmente quando essas se tratam a respeito de Jesus Cristo e sua obra expiatória (2 Co 11:3-4;13-15; 1 Tm 4.1-5; 1 Jo 4:1-6). A estratégia que Satanás utiliza para que recusemos a perdoar, creiamos em falsas doutrinas, é enganando ardilosamente o ser humano, assim como fez com Eva, ele semeia dúvidas em nossos corações e mentes, aguçando ou mesmo entorpecendo nossos sentidos, por isso que Joe Tarry diz que "o campo de luta entre Satanás e Deus é nossos corações. Satanás não ganhou a luta no céu como anjo rebelde, mas ele acha que vencerá na terra, ou pelo menos acredita que será vencedor se levar a maioria das almas ao inferno" (TARRY, 2005, pág. 13).

A respeito do influência demoníaca na vida de cristãos, o caso de Judas se torna representativo, porque sabemos que ele abriu seu coração ao mal, então por inferência, podemos ver que é possível que alguém permita que seu coração seja guiado por algum tipo de pecado e esta seja a porta de entrada convidando a um anjo caído para "fazer a festa". A influência de maus espíritos pode também ser visto na adoração de deuses pagãos, na posse de objetos de ocultismo, pois as Escrituras compara a adoração a ídolos, deuses a adoração a demônios (Lv 17.7; Dt 32.17; Sl 106.35-37; 1 Co 10.20), então não seria de se espantar que esses envolvimentos pudessem resultar em influência demoníaca.

Desta forma, cremos ainda que algumas experiências perniciosas como imoralidade; uso e abuso de substâncias químicas que alteram o estado de consciência, ou mesmo rebelião, amargura, fascinação pelo ocultismo, podem fazer parte dessa lista. No entanto, é sempre bom nos lembrar que até mesmo a ação de Satanás e de seus anjos, nada podem fazer a menos que esta seja a vontade permissiva do Senhor (ver Jó 1). Assim, quando estamos debaixo da obediência de Deus não devemos temer as investidas do diabo, pois sabemos que no final seremos vencedores em Cristo Jesus e que Deus está no controle de todas as coisas.

Atividades demoníacas na Bíblia

A existência de demônios é visto na Bíblia Sagrada como um fato real e nos escritos veterotestamentários, a palavra demônio não é empregada com frequência, mas isso não quer dizer que devido essa não frequência, significa que tenha em seus relatos que indicam atividade demoníaca e podem ser conhecido por diversos nomes. Dentre eles, apontamos alguns além do nome Satanás que é o mais conhecido, são eles: diabo[5] (Mt 4.1; 13.39; 25.41; Ap 12.9; 20.2); serpente (Gn 3.1,14; 2 Co 11.3; Ap 12.9, 20.2); Belezebu (Mt 10.25; 12.24,27; Lc 11.15); príncipe deste mundo (Jo 12.31; 14.30. 16.11); príncipe da potestade do ar (Ef 2.2); maligno (Mt 13.19; 1 Jo 2.13).

Devemos nos lembrar que as atividades demoníacas, nem sempre se manifestam de maneira sobrenatural, pois Satanás e seus anjos caídos, utilizam-se de diversas estratégias que algumas vezes pode passar desapercebido por nós, tais como a mentira, um atentado contra a sua própria vida ou mesmo qualquer tipo de atentado destrutivo praticado contra si ou a outrem, pode as vezes ser bem sutil quando alguém traz uma palavra e esses agentes malignos, procuram fazer a pessoa se afastar de

---

[5] A palavra diabo é tradução do grego diabolos, que significa caluniador

Deus e caminhar rumo a destruição, ou mesmo quando obscurecem a mente da pessoa para que ela não entenda a verdade que está sendo dita como podemos ler em 2 Co 4.4: *"O deus desta era cegou o entendimento dos descrentes, para que não vejam a luz do evangelho da glória de Cristo, que é a imagem de Deus"*.

Uma estratégia bem peculiar de Satanás e seus anjos utilizam é lançando dúvidas, medo, algumas vezes nos tentando, acusando, confundindo, fazendo termos inveja, orgulho, outras vezes adorando falsos deuses, cultuar ídolos, outras vezes caluniar pessoas, mesmo que elas mereçam, lembrando que apenas o fato de caluniarmos injustamente ou não uma pessoa, é um mau testemunho cristão que de forma alguma vem a glorificar o nome de Deus. Praticar a idolatria, a apostasia ou semeamos discórdia, desânimo. O problema de servir a outros deuses, cultuar ídolos é tão sério que o apóstolo Paulo nos adverte em 1 Co 10.10 dizendo que as coisas que eles sacrificavam era a demônios e não a Deus.

Entretanto, vemos que quando Jesus iniciou seu ministério terreno, vemos a pratica de expulsão de demônios praticada por ele com tal autoridade que muitos pensavam ser uma nova doutrina e se admiravam: *"Todos se admiraram, a ponto de perguntarem entre si: que vem a ser isto? Uma nova doutrina! Com autoridade ele ordena aos espíritos imundos, e eles lhe obedecem!"* (Mc 1.27). O fato deles se admirarem e porque o ensino de Jesus era ministrado com autoridade da Palavra de Deus, diferente dos ensinos ministrados pelos escribas que baseavam sua autoridade em outros rabinos. Entretanto, Jesus deixa claro que o poder dele sobre os demônios é uma marca de seu ministério.

Contudo, salientamos que essa autoridade vista no ministério de Jesus Cristo sobre as forças demoníacas, não é exclusividade apenas dele, pois como mencionamos anteriormente, Jesus nos concedeu a seus discípulos autoridade semelhante, depois essa autoridade foi concedida aos setenta discípulos, conforme nos informa Lc 10.17 que posteriormente foi concedida a igreja primitiva que ministrava em nome de Jesus (ver At 8.6,7; 16.18) e hoje, essa autoridade nos é dada em o nome de Jesus.

Essa autoridade é concedida a todos os cristãos indistintamente, no entanto, muitos cristãos sinceros por não verem ou perceberem que sua fé não alcança ou não funciona como a fé dos cristãos primitivos, acabam abandonando a fé, mas isso não é porque rejeitaram a Deus, é porque sua fé não funciona como ele queria, na hora que ele queria; assim não pode testemunhar por meio da Bíblia e apesar de sua intercessão, não conseguiu resgatar aqueles que estão sofrendo nas mãos do diabo.

Os que muitos cristãos ainda não perceberam, é que os espíritos que ele tentou expulsar, são os mesmos espíritos que o Senhor Jesus expulsou, pois alguns deles estão vagando pela terra. Lembrando que os demônios são aqueles anjos que se rebelaram juntamente com Lúcifer e esse levou um terço dos anjos dos céus. A esses chamamos de anjos caídos e como são anjos, eles são imortais e não possuem um corpo como nós. As pessoas comumente os chamam de demônios, contudo, eles são maus espíritos querem que soframos, porque eles sabem que irão sofrer no dia do julgamento final onde serão atormentados no lago de fogo e enxofre.

Mas vale a pena dizer que essa opressão que Satanás e seus anjos investem contra nós, tem pode ser uma prova de Deus. Então logo vem em nossa mente: Como saberei se é o diabo que está me oprimindo ou quando estou passando por uma prova de Deus? Inicialmente tenho a dizer que devemos ter sempre em mente e compreender que não importa o que o diabo e seus anjos tentem fazer para nos destruir, porque sabemos e cremos que Deus é maior do que todos eles juntos e não permitirá que eles façam qualquer coisa em nossas vidas além daquilo que não possamos suportar (1 Co 10.13) ou merecermos.

É bom ainda enfatizar que além deles serem rebeldes contra toda a criação de Deus, o que nos inclui também, ainda assim, querendo eles ou não, eles têm de se submeter a Deus e a seus divinos planos. Embora Deus tenha permitido que Satanás e seus anjos o atingisse nos levando a sofrer, devemos lembrar que o sofrimento pode se tornar uma oportunidade de benção para nós. Deus não permite que soframos simplesmente como um tipo de punição que temos de suportar, mas Ele usa esse sofrimento para nos fortalecer, para que consigamos vencer as opressões deste mundo, possamos ainda ser canal de benção a outras pessoas e por fim, para que possamos glorificar seu santo nome.

Em casos de subjugação demoníaca como é conhecido pelos espíritas ou influência demoníaca grave, temos alguns desses relatado nos evangelhos, onde a pessoa influenciada pode manifestar atitudes não convencionais e muitas vezes mostrar-se violenta. No caso em questão, esse demonstra um conhecimento sobrenatural sobre a missão de Jesus no dia do juízo, justamente quando Jesus pregava o evangelho: *"Eles foram para Cafarnaum e, logo que chegou o sábado, Jesus entrou na sinagoga e começou a ensinar. Todos ficavam maravilhados com o seu ensino, porque lhes ensinava como alguém que tem autoridade e não como os mestres da lei. Justo naquele momento, na sinagoga, um homem possesso de um espírito imundo gritou: "O que queres conosco, Jesus de Nazaré? Vieste para nos destruir? Sei quem tu és: o Santo de Deus!" "Cale-se e saia dele!", repreendeu-o Jesus. O espírito imundo sacudiu o homem violentamente e saiu dele gritando"* (Mc 1.21-26).

Outro exemplo pode ser visto nas atitudes de um homem endemoninhado, onde coloca em risco a própria existência e tem a tendência de tentar destruir a criação de Deus que nesse caso foi a vara (coletivo de porcos): *"Quando Jesus desembarcou, um homem com um espírito imundo veio dos sepulcros ao seu encontro. Esse homem vivia nos sepulcros, e ninguém conseguia prendê-lo, nem mesmo com correntes; pois muitas vezes lhe haviam sido acorrentados pés e mãos, mas ele arrebentara as correntes e quebrara os ferros de seus pés. Ninguém era suficientemente forte para dominá-lo. Noite e dia ele andava gritando e cortando-se com pedras entre os sepulcros e nas colinas"* (Mc 5.2-5).

Um exemplo mais grave pode ser visto onde a

pessoa é agitada violentamente, cai por terra, espuma a boca, range os dentes, etc. Tais atitudes, especialmente as que pretende destruir a pessoa afligida é uma clara indicação de atividade demoníaca: *"Um homem, no meio da multidão, respondeu: "Mestre, eu te trouxe o meu filho, que está com um espírito que o impede de falar. Onde quer que o apanhe, joga-o no chão. Ele espuma pela boca, range os dentes e fica rígido. Pedi aos teus discípulos que expulsassem o espírito, mas eles não conseguiram". Respondeu Jesus: "Ó geração incrédula, até quando estarei com vocês? Até quando terei que suportá-los? Tragam-me o menino". Então, eles o trouxeram. Quando o espírito viu Jesus, imediatamente causou uma convulsão no menino. Este caiu no chão e começou a rolar, espumando pela boca"* (Mc 9.17-20).

Vemos ainda que algumas manifestações demoníacas, são mais discretas, pois muitas vezes não se trata de jogar a pessoa no chão, alterar o timbre de voz, demonstrar força física ou tentar agredir a si mesmo ou a outras pessoas próximas. É discreta, pois esse tipo de influência leva a pessoa fazer afirmações doutrinárias falsas, procurando semear a mentira, o engano, ou ainda possa amaldiçoar alguém ou dizer que ela é amaldiçoada *"Por isso, eu afirmo que ninguém que fala pelo Espírito de Deus diz: "Jesus seja amaldiçoado"; e ninguém pode dizer: "Jesus é Senhor", a não ser pelo Espírito Santo"* (1 Co 12.3), ou possa ter a convicção de que Jesus não veio em carne, conforme 1 Jo 4.2,3. Esses duas passagens sugerem que a divulgação de uma falsa doutrina que se opõe ao verdadeiro ensino da Palavra de Deus ensinada pelos apóstolos, seja inspirada por influências demoníacas.

Jesus nos deu autoridade para repreender demônios

Lemos no evangelho de Lucas que Jesus ao enviar seus doze discípulos para pregar que o reino de Deus é vindo, ele deu a esses discípulos poder e autoridade para expulsar todos os tipos de demônios (Lc 9.1) e esta autoridade pode ser ainda vista em outros livros do Novo Testamento, por exemplo, em Tg 4.7 está escrito: *"Portanto, submetam-se a Deus. Resistam ao diabo, e ele fugirá de vocês"*. É a submissão voluntária e consciente à autoridade de Deus que nos dá força para resistirmos ao diabo, poder para fazer ele fugir de nós, ou seja, todo cristão que estiver sob o senhorio do Senhor Jesus, tem a autoridade de repreender demônios e expulsá-los.

Do mesmo modo, o apóstolo Pedro escreveu que o diabo que é nosso adversário, anda em nosso derredor, (1 Pe 5.8). Contudo, essa autoridade que Jesus nos deu para repreender demônios, como funciona na prática? Não basta saber apenas que temos essa autoridade, devemos exercer a autoridade. Também não basta saber que Jesus venceu as investidas do diabo quando estava no deserto jejuando, nem que Jesus se fez carne para destruir o pecado, nos reconciliando com Deus, devemos encher mais ainda do Espírito Santo para repreender a Satanás e seus anjos. O Espírito Santo faz morada em nós: *"Vós sois de Deus e tendes vencido os falsos profetas, porque maior é aquele que está em vós do que aquele que está no mundo"* (1 Jo

4.4).

Assim, mais uma vez afirmamos que assim como Jesus tem autoridade sobre os demônios para expulsá-los; ele deu esta autoridade para os seus discípulos e para aqueles que desejam entregar suas vidas e segui-lo. Na mesma linha de pensamento, Higginbotham escreveu: "Uma pessoa com a autoridade de Jesus Cristo é mais do que suficiente para expulsar qualquer demônio, não importa o quão forte ele seja. Se eu tenho a autoridade do senhor Jesus Cristo, e fui chamado para fazer a Sua Obra nesse mundo, tenho tudo o que preciso, em Seu nome, para deter o trabalho do diabo" (HIGGINBOTHAM, 2011, pág. 167).

O Senhor Jesus nos deu autoridade para repreender e expulsar demônios, por isso, não é bom conversar com eles como algumas pessoas fazem. Sabemos que Satanás é o pai da mentira, quer nos destruir, matar e roubar. Qualquer coisa que vier da boca dele, em primeira instância pode ser considerado mentira. Então, não importa o que os demônios estejam fazendo na vida de alguém ou a quanto tempo eles agem na vida da pessoa, o que importa é que o Espírito Santo tem morada em nosso corpo, somos santificados a cada dia em Jesus Cristo e em seu nome podemos repreender e expulsar demônios. Não invente rituais, apenas repreenda e expulse-os em nome de Jesus. Deixe Deus agir.

Entretanto, caso encontre resistência da parte do opressor, não desanime e lembre-se que existe casta de demônios que são expulsos com jejum e oração (Mt 17.15-21). Também não devemos desanimar quando uma pessoa experimenta uma libertação momentânea. A diferença entre aqueles que experimentam uma libertação definitiva e aqueles que experimentam uma libertação momentânea, está no nível de dedicação que eles aplicam na busca pela presença de Deus em suas vidas.

Este fato pode ser exemplificado na passagem a seguir: *"Quando um espírito imundo sai de um homem, passa por lugares áridos procurando descanso e, não o encontrando, diz: 'Voltarei para a casa de onde saí'. Quando chega, encontra a casa varrida e em ordem. Então vai e traz outros sete espíritos piores do que ele, e entrando passam a viver ali. E o estado final daquele homem torna-se pior do que o primeiro"* (Lc 11.24-26; Mt 12.43-45). Ou ainda, se você adquire um lote, capina o mato e o cerca, esse lote estará limpo e bonito, no entanto, se você não manter essa condição constantemente, arrancando os matos, ele voltará a crescer e pode acontecer pior ainda, acabando virando onde se fazem coisas ilícitas. Assim também é o espírito citado por Jesus, voltou e levou consigo mais sete outros.

> Quando se ora para expulsar espíritos, é extremamente importante para quem estiver realizando a libertação ter uma comunhão íntima com Deus. Como no exemplo dos sete filhos de Ceva, o demônio pode dizer a mesma coisa para nós: "Conheço a Jesus e sei quem é Paulo, mas, vós quem sois?". A fé para lutar contra o diabo começa antes de mais nada, com o nosso relacionamento com Jesus como nosso Senhor e Salvador. Sem isso, não temos autoridade ou direitos como Seus filhos. Nossa obediência diária a Deus e a consciência do quão irremediavelmente perdidos estaríamos sem Ele é o que nos mantém perto do nosso Pai no Céu. Ele é nossa corda salva-vidas. Jesus avisou aos discípulos

> que não se alegrassem apenas porque tinham visto os demônios obedecerem as suas palavras, mas que se alegrassem porque seus nomes estavam escritos no céu. Nós também precisamos manter nossos olhos em nossa própria salvação e não nos imaginarmos poderosos quando os demônios se nos submetem. De fato eles não se submetem a nós de forma alguma – eles se submetem ao nosso Senhor que habita em nossos corações (HIGGINBOTHAM, 2011, pág. 170).

Quando um espírito for expulso, oriente o oprimido a buscar Deus com mais perseverança, pois senão o estado dele poderá se tornar pior que antes. Vale a pena também lembrar que mesmo que uma pessoa esteja endemoninhada, ela pode ainda exercer seu livre-arbítrio, mudar as circunstâncias, pois qualquer que seja a pessoa, tem a capacidade de buscar a ajuda de Deus e de rejeitar o mal que estiver em sua vida. Para muitas pessoas pode parecer até difícil, mas o problema está em outro ponto, pois algumas pessoas não tem força para se afastar das práticas pecaminosas de suas vidas. Esses necessitam de muito amor, oração, acompanhamento, ensinamento e principalmente, mudar suas atitudes e clamar a Deus de todo o coração, pois sempre há esperança de mudar através do Senhor Jesus. O que determina a libertação definitiva de uma pessoa endemoninhada é a fé, a intercessão de quem realiza a libertação feita em nome de Jesus Cristo e as ações, a mudança de atitude procurando buscar a Deus que a pessoa que é libertada a partir daquele momento.

Um cristão pode ser influenciado por demônios?

Possessão demoníaca é um fato real e sabemos que muitas pessoas que sofrem a influência demoníaca ou estão endemoninhados. É bom fazer uma pequena distinção entre estar possesso e estar endemoninhado. Possesso é estar subjugado, em total posse e estar endemoninhado pode ser uma influência temporária e menos severa que a primeira condição. Contudo, devemos desfazer da ideia que comumente temos de que estando possesso ou endemoninhado, a pessoa não tem consciência e ou não consegue reagir, onde todas as suas vontades são anuladas, deixando que o espírito maligno aja indistintamente. Muito embora, esse tipo de atitude possa ser visto no endemoninhado geraseno (Mc 5.1-20; Mt 8.28-33; Lc 8.26-34).

Kardec nos conta que existem três tipos de obsessão: obsessão simples, fascinação e por fim subjugação. Na obsessão simples, "o espírito malfeitor se impõe ao médium", ou seja, "o médium sabe muito bem que lida com um Espírito enganador" e mantém as rédeas. "A fascinação tem consequências muito mais graves. É uma ilusão produzida pela ação direta do Espírito sobre o pensamento do médium e que paralisa de certo modo, o seu julgamento acerca das comunicações", isto quer dizer que o espírito maligno entorpece o entendimento do médium e esse se deixa dominar, aceitando até mesmo falsas doutrinas, teorias como se fosse a única verdade. No terceiro caso, a subjugação é o pior estágio, pois segundo o ensinamento de Kardec, ela pode ser moral e corporal, onde a pessoa é totalmente subjugada, podendo agir de forma muito diferente de costume e até mesmo apresentar movimentos involuntários (KARDEC, 1963, pág. 209-

211). Esse último, é apontado como sendo o tipo de possessão do endemoninhado geraseno, entretanto, nós cristãos, não concordamos nem comungamos com essa visão espírita, pois independente de seu grau ou intensidade, a obsessão, será visto sempre como obsessão e deve ser "repreendida" imediatamente em nome de Jesus Cristo.

Mas vamos a questão: um cristão pode ser possuído por demônios? Existem duas respostas e isso dependerá do que a pessoa entende ser possuído por demônios. Se ela não souber precisar seu significado, é mais viável trabalhar com ela nessa questão, antes de apresentar qualquer tipo de resposta. Se possuído por demônios ela quer dizer influenciada por maus pensamentos, podemos falar sobre nossa natureza pecaminosa sem atribuir, contudo, a possessão demoníaca. Mas por outro lado, se por possuído por demônios ela quer dizer que o cristão é completamente subjugado, não sabe o que está fazendo, não tendo, inclusive capacidade de decidir a fazer o bem e a obedecer a Deus, então, devemos responder com um sonoro não. Em seguida, devemos dizer que a Bíblia nos garante que aquele que pertence a Deus, o maligno não lhe toca.

"Mas o Senhor é fiel; ele os fortalecerá e os guardará do Maligno" (2 Ts 3.3); *"Sabemos que todo aquele que é nascido de Deus não está no pecado; aquele que nasceu de Deus o protege, e o Maligno não o atinge"* (1 Jo 5.18). Também, não devemos tentar tampar o sol com a peneira, porque sabemos que estamos sujeitos e podemos sofrer graus de ataque de alguma influência maligna, ou

seja, um cristão pode até eventualmente ou uma única vez se encontrar sob ataque demoníaco de uma forma bem branda, mas nunca como vemos os não cristãos manifestarem e muito menos com a visão distorcida hollywoodiana.

Para ser sincero, qualquer pessoa, até mesmo os cristãos podem sofrer graus de ataque ou alguma influência demoníaca, mesmo que esses o neguem, mas fato é fato. Afirmamos isto porque sabemos que um cristão quando não vive sob o temor de Deus, não tem suas atitudes respaldadas pelo evangelho de Jesus Cristo, não procura conhecer a Palavra de Deus, fazendo ao menos uma leitura, procurar ter comunhão com outros cristãos, ele é um forte candidato a sofrer essas influências.

Do mesmo modo, é difícil precisar o quanto dessa influência ele pode sofrer, pois isto é algo pessoal, ou seja, de pessoa para pessoa. Não tem como se medir isso, no entanto, quando o cristão não faz uso das armas espirituais que lhe estão à disposição, ele está deixando brecha para o inimigo agir em sua vida e é onde essa influência se manifesta. O fato é que mesmo contra nossa vontade, devemos reconhecer que as pessoas, mesmo as cristãs, podem sofrer graus variáveis de influência demoníaca e a solução que temos quando identificamos isso, é clamar a Deus, fazer jejum, oração, ler a Palavra e repreender o demônio em nome de Jesus, ordenando que ele saía.

Como podemos identificar influências demoníacas?

Até esta parte do estudo, vemos que existem muitas evidencias que podem indicar uma possível obsessão espiritual, contudo, é importante salientar que apresentar apenas um desses sintomas, não pode ser a causa principal da obsessão, é a soma de comportamentos, pensamentos e sentimentos que podem estabelecer uma possível manifestação. Se você não tem certeza ou acredita que está sob influência de algum espírito, procure ajuda, arme-se espiritualmente, clame a Deus, mude sua maneira de ver, agir, pensar, sentir, substituindo-as por sentimentos, atos e pensamentos de amor a Deus e ao próximo.

Algumas pessoas citam como sinais de uma influência demoníaca a falta de paciência, onde a pessoa demonstra irritação constante ou intolerância, tem o estopim curto e não consegue se controlar. Outros apontam que a pessoa influenciada apresenta uma fragilidade emocional onde dão vazão a emoções fortes, choram sem causa aparente, tem sentimentos constantes de angustia e tristeza por motivos sem importância ou ainda, surgem dores no corpo sem associação a qualquer problema físico. Também descrevem a sensação de pressão na cabeça, peso nos ombros, mas devemos estar atentos, pois muitas pessoas podem apresentar dores e sensação de cansaço, por outros motivos que descarte a possibilidade de manifestação espiritual.

O surgimento de pensamentos impróprios, imorais, pervertidos ou destrutivos, também são apontados, mas devemos nos lembrar que alguns pensamentos impróprios ou negativos, podem ser consequência de nossos medos ou por estarmos atravessando algum tipo de desconforto mental. Outros ainda citam que o simples fato de bocejar em excesso ou a sensação contínua de cansaço físico seja uma evidência, no entanto, sabemos que o bocejar é as vezes um ato involuntário e até normal, o excesso no bocejar e a sensação de cansaço físico constante, pode apontar para outros problemas de ordem física e ou alimentar.

Mas a verdadeira questão está em como podemos identificar as influências demoníacas. Higginbotham lista doze sinais de possessão ou opressão que não apresentaremos na integra. Esse autor lembra que a identificação, não se limita apenas a esses doze sinais, assim é mais prudente considerar como doze sinais mais observados, apesar de alguns sintomas apontados por esse autor, não expressar o modo de pensar dos cristãos. Citaremos sua vertente, apenas como meio didático, lembrando que não podemos espiritualizar tudo, nem atribuir qualquer mal que aconteça, ser de origem demoníaca e esse acaba sendo um lapso cometido por Higginbotham. Os doze sinais descritos são:

1. Explosões de raiva – É uma maneira muito comum dos espíritos maus agirem, fazendo com que as pessoas se tornem extremamente sensíveis, irritando-se com facilidade até que simplesmente explodam de raiva descontrolada e violentamente
2. Dores de cabeça constantes – Os demônios usam todo tipo de doença para oprimir as pessoas, mas dores de cabeça constantes são tão comuns que elas merecem uma atenção especial [...] Dores de cabeça constantes e dores em geral que não respondem ao uso de Aspirina ou Tylenol, ou até mesmo a tratamentos médicos, são claramente demoníacas

[...] Elas causam confusão e exaustão, situações das quais os demônios tiram proveito.

3. Insônia – [...] Como isso pode ser demoníaco? Dormir é tão necessário ao corpo quanto a comida e a água, e a falta de sono é a morte lenta do corpo, mente e espírito. Quando se está exausto, perde-se o prazer da vida e também a habilidade de se concentrar. Você deixa de ser cuidadoso com as responsabilidades, e a saúde deteriora dia após dia.

4. Doenças incuráveis – [...] Eu diria que há dois tipos de doenças causadas pelos demônios: tem o demônio que se esconde por trás de uma doença genuína, exagerando os sintomas e impedindo a cura; e tem o demônio que não usa uma doença em particular, mas produz todos os tipos de sintomas terríveis que não fazem sentido algum para os médicos.

5. Medo – [...] O medo é o oposto da fé. [...] A fé sempre acredita que o melhor virá, não porque é irracional, mas porque ela conhece Deus intimamente. O medo, por outro lado, é pateticamente lastimável e fraco!

6. Epilepsia – Na Bíblia, um jovem rapaz cujo pai o levou a Jesus para ser curado, é um exemplo de alguém com esse espírito maligno.

7. Pensamentos suicidas – [...] Pensamentos de suicídio surgem em momentos de extremo desespero e desesperança, quando as pessoas sentem que ninguém pode ajuda-las e que estão totalmente sozinhas. No entanto, estes sentimentos e pensamentos são mentiras oriundas da boca de satanás e seus demônios. Não há motivos para nos desesperarmos em um mundo onde Deus está no controle. [...] As pessoas com pensamentos suicidas precisam de uma grande quantidade de amor e compaixão. São vítimas das mentiras dos demônios, mas que não devem ser condenadas como pessoas más apenas porque perderam a vontade de viver.

Por meio de orações fortes de libertação, aconselhamento, cuidado e apoio, os ataques dos demônios podem ser superados e suas vidas libertas.

8. Depressão – [...] É claro que a depressão pode ser um problema psicológico ou psiquiátrico em que o paciente pode ser ajudado, embora superficialmente, com tratamento especializado e medicamentos [...] A depressão, em resumo, é a rejeição da verdade de Deus. Se ela é tratada apenas com medicamentos, a raiz do problema nunca será removida. Há pessoas que passaram toda a sua vida adulta tomando medicamentos, incapazes de trabalhar normalmente, porque o espírito da depressão e tristeza que fica encoberto, ocupava a sua mente e o seu coração.

9. Vícios – A nocividade do vício em nicotina, álcool ou drogas encontra-se não somente nos danos físicos, mas também em seus efeitos no caráter e na moral do indivíduo. O autocontrole é abandonado e um estado mental alterado é estabelecido, e é especificamente este aspecto do vício que abre caminhos para os demônios controlarem uma pessoa. Quanto menos autocontrole nós temos sobre nossa natureza carnal, mais os demônios conseguem agir e, com a mente alterada, eles ficam livres para fazer o que quiserem...

10. Vida sentimental instável – O casamento e a família são dois dos maiores inimigos do diabo. Deus ama o casamento e o considera santo [...] Quando a pessoa não consegue se casar, cai em profunda depressão e solidão por causa da não satisfação de suas carências.

11. Audição de vozes e visão de vultos – [...] Os demônios usam poderes místicos tais como adivinhação, profecia, visões, sonhos e interpretação de sonhos para atrair as pessoas; depois eles usam os mesmos meios para enganá-las

e destruí-las [...] É importante lembrar que, assim como Deus, o diabo também tem poder; embora este nem se compare ao de Deus. Porém, o simples fato de que certas experiências envolvem poderes sobrenaturais não significa que são boas para nós ou que vêm de Deus (veja Mateus 7.21-23; Marcos 13.22; 2 tessalonicenses 2.9,10).

12. Envolvimento com feitiçaria e ocultismo – Este é um sinal óbvio que muitos cristãos aceitam como demoníaco, apesar de, surpreendentemente, poucos saberem como lidar com um feiticeiro entrando em sua igreja, pedindo ajuda. Embora as pessoas envolvidas no ocultismo gostem de imaginar que fazem somente "a boa magia" e que nada têm a ver com o satanismo, a Bíblia mostra que eles são a mesma coisa. A comunicação com qualquer espírito que não seja o Espírito de Deus é demoníaca e um convite aberto para o diabo entrar na vida da pessoa.

Estes são os doze sinais levantados por Higginbotham que compreende desde a página 75 a 86, entretanto, reafirmamos que como cristão, discordo de pontos elencados, como por exemplo, os itens 2, 3 e 4. No entanto, acrescentamos ser real o fato de um dos muitos anjos de Satanás, poder se manifestar na vida de qualquer ser humano, porém, o que se torna importante para nós, é de que temos a convicção que Deus nos deixou a sua Palavra e seu Espírito (o Espirito Santo) para nos consolar, ajudar, tanto a nos defender, como também, para discernir espíritos. Embora não podemos querer ser espirituais demais e taxar tudo como influência demoníaca, pois alguns sintomas são de ordem física e podem ser tratados eficazmente com um profissional da saúde, mas sempre é bom lembrar que o primeiro passo para a cura, deve partir da pessoa oprimida.

Pelo fato delas estarem sob influência de anjos caídos, não devemos nos afastar delas com receio dele passar para nós. Essas pessoas não são necessariamente ruins, mas necessitam de nossa ajuda, porque a maioria delas são apenas vítimas que não compreendem em sua totalidade o que realmente está acontecendo e não conseguem exercer a fé que Deus nos deu. Higginbotham sabiamente nos diz que "as coisas nem sempre são o que parecem, e o diabo não está desejoso de ser descoberto. Desmascarar a presença de demônios é o início do processo de expulsá-los e de encontrar a verdadeira libertação em Cristo".

Os milagres bíblicos

Antes mesmo de escrever sobre milagres, inicialmente é necessário definir o que milagre. Segundo definição do dicionário Aurélio, milagre é um feito ou ocorrência extraordinária, que não se explica pelas leis da natureza, acontecimento admirável, espantoso, prodígio, maravilha, qualquer manifestação da presença ativa de Deus na história humana. Acrescentando a esta definição, podemos dizer que milagre é uma intervenção direta de Deus no mundo pela qual Deus dá testemunho de si mesmo. O milagre é também um evento impossível de explicar por causas naturais.

Seguindo essa linha de raciocínio, de um modo geral, nós costumamos banalizar a palavra milagre de tal forma que chegamos, por exemplo, a empregar o termo milagre de maneira frouxa e até mesmo relapsa. Podemos exemplificar dizendo que quando um estudante relapso em seus estudos é aprovado nas matérias escolares, é comum dizer: "foi um milagre ele ter passado!". Outro exemplo também comum é quando uma pessoa viaja de uma localidade a outra em um veículo velho que não passa sistematicamente por uma revisão, consegue ir e voltar sem apresentar qualquer tipo de problema, também é comum dizer: "é um milagre que esta lata velha, foi e voltou sem qualquer problema e tenha conseguido andar".

Nesses exemplos simples que podem acontecer em algum momento de nossas vidas, vemos um fator comum: eles nada fizeram para mudar a situação, como se preparar para as provas ou revisar o veículo antes de viajar. É muito bom lembrar que relapso e preguiça nada tem a ver com fé e mesmo confiança que tudo daria certo no fim, isto nada mais é que relaxamento, displicência da parte de pessoas que adotam esse tipo de atitude e isto não pode ser confundido com fé. Mas que a aprovação e ausência de problemas no carro sem qualquer acidente, pode ser considerado milagre.

Na realidade, acontece que empregamos o termo milagre para indicar qualquer coisa fora do comum ou mesmo inesperada. Não queremos dizer com isso que a mão de Deus deixou de operar, pois sabemos que os milagres acontecem até os dias de hoje, por causa de dois motivos: primeiro porque Deus existe e trabalha até os dias de hoje; segundo, porque se milagre não existisse, as igrejas hoje, estariam completamente vazias e milhares de pessoas não teriam suas vidas transformadas pelas verdades do evangelho.

Os milagres, conforme encontramos registrados na

Bíblia Sagrada, é o resultado da ação direta de Deus, seja ela de modo natural ou sobrenatural e isso difere inteiramente do conceito do senso comum. O uso bíblico, indica um ato de Deus que age no curso de eventos normais, alterando-os ou interrompendo-os. Nos escritos bíblicos, vemos que os milagres relatados transmitem uma ideia parcial do poder de Deus em ação que nos causa admiração e na linguagem bíblica, é chamado de sinal, prodígio, milagre ou poder miraculoso.

É usando a maioria das vezes como sinais e prodígios ou sinais e maravilhas, como por exemplo, em Êx 7.3; Dt 6.22; Sl 135.9; At 4.30; 5.12; Rm 15.19; às vezes os três termos aparecem combinados, milagres, prodígios e sinais, conforme podemos ver em At 2.22 ou sinais, prodígios e poderes miraculosos como em 2 Co 12.12; Hb 2.4. Tendo isto em mente, vemos, por exemplo, que os sinais miraculosos que Moisés operou quando o seu bordão se transformou em serpente, ou quando a sua mão ficou leprosa (Êx 4.2-8), esses sinais miraculosos, foram concedidos para que Moisés demonstrasse ao povo de Israel que Deus o havia enviado.

Quando o profeta Elias no Monte Carmelo enfrentou os 400 sacerdotes de Baal, Deus fez o fogo descer do céu (1 Rs 18.17-40) ou quando ele ressuscitou o filho da viúva em 1 Rs 17.21 ou ainda quando Elias orou para que não chovesse (1 Rs 17.2), todos esses milagres demonstravam que o Senhor é o Deus único e verdadeiro e sempre tinham um objetivo, pois não era apenas uma demonstração de poder. Já no Novo Testamento, vemos também os milagres realizados por Jesus quando ele cura doenças de todas as espécies, curou leprosos, expulsou demônios, multiplicou pão e peixe, transformou água em vinho, todos esses milagres também tinham o objetivo de demonstrar quem é o verdadeiro Deus e aquele a quem Ele enviou. Nicodemos o reconheceu: *"Ninguém pode fazer estes sinais que tu fazes, se Deus não estiver com ele"* (Jo 3.2).

Citamos ainda outro milagre que foi a libertação de Pedro da prisão, em resposta às orações (At 12.5-17), o fato dos apóstolos pregarem o evangelho que era acompanhado por operação de milagres e diversos outros que podemos encontrar nas páginas da Bíblia, confirmavam o evangelho que eles anunciavam.

A Bíblia registra vários tipos de milagres

Este é um fato indiscutível e alguns desses milagres que se encontram descrito nas páginas bíblicas, podem até ter uma explicação natural devido ao conhecimento que possuímos nos dias de hoje, mas muitos deles, não deixam sombra de dúvida que é o poder sobrenatural de Deus agindo.

Sabemos hoje que muitas doenças, em vez de terem uma origem orgânica, surgem da própria mente e quando mudamos nossa atitude mental, naturalmente elas se corrigem e a doença desaparece por si mesma. Alguns peritos médicos informam que aproximadamente mais de 80% das doenças são de origem psicossomática, ou seja.

"que concerne simultaneamente ao corpo e ao espírito. Ligado especialmente a fatores de ordem psíquica (conflitos etc.), quando faltam sintomas de doença mental (diz-se de perturbações orgânicas)", segundo definição do dicionário on-line.

Podemos até questionar dizendo que isso não é o que vemos nos relatos bíblicos. Um exemplo que podemos citar de doença que não tem origem psicossomática é a lepra e não apenas nós, mas também os profissionais de saúde, nunca poderiam considerar a lepra como uma doença psicossomática. Há, também, o caso do homem cego de nascença descrito no evangelho de João, capítulo 9 e diversos outros. Nesses casos em questão, vemos que todos eles experimentaram o poder direto de Deus e não foi apenas a mudança de atitude mental.

No entanto, até mesmo nos dias atuais, podemos encontrar curas onde a ciência ainda não consegue apresentar uma explicação cientifica que descarte a possibilidade de aquela cura ser considerada como milagre. Isto nos leva para uma outra questão que alguns cristãos erram quando apresentam seu testemunho de cura; devemos ser cuidadosos em não exagerar no relato, pois precisamos evitar o erro de deixar de glorificar e agradecer a Deus por tudo aquilo que Ele tem nos feito. Alguns descrentes ou mesmo aqueles que pretendem banalizar o conceito de milagre bíblico, às vezes utilizam o argumento de que as pessoas daqueles tempos eram ignorantes cientificamente, ingênuas e até mesmo supersticiosas. Eles estão corretos nessas afirmações, entretanto algumas coisas que foram consideradas como miraculosas naqueles tempos, para nós hoje, com os recursos, benefício e desenvolvimento da ciência moderna, podemos reconhecer como sendo fenômenos naturais ou reativos que as pessoas daquela época não entendiam e hoje nós não as consideramos como milagres.

Em contrarresposta, apesar de que à primeira vista parece plausível essa argumentação, ela é falha e não se aplica ao caso, pois muitos dos milagres relatados nos textos tanto vetero como neotestamentário, não se encaixam nessa modalidade. Por exemplo, no caso do homem cego, temos o relato do povo reconhecendo que desde começo da história humana, nunca se tinha ouvido falar de um cego de nascença que tivesse recebido sua vista. A conclusão única que podemos chegar mediante esse relato, é que não existe hoje qualquer explicação plausível, mais natural do que o milagre.

Vocês já perceberam que os milagres relatados no Antigo Testamento, ocorriam quando determinado líder operava? Foi assim com Moisés, Elias, Eliseu, e outros, mas no Novo Testamento, a partir do início do ministério terreno de Jesus, a figura muda. Os milagres aconteciam e a autoridade de operar milagres e de expulsar demônios, não ficou restrita ao próprio Jesus e os milagres, não cessaram após a ascensão de Jesus ao céu.

Jesus deu a autoridade a seus discípulos de curar os doentes, de expulsar os demônios e esta autoridade não ficou limitada a apenas a seus doze discípulos, mas aos setenta discípulos (Mt 10.8; Lc 9.49,50). Essa autoridade é vista depois na igreja de Corinto e também em outras cidades. Isso quer dizer que a realização de milagres não ficou restrita aos setenta discípulos de Jesus, mas era uma característica das igrejas do Novo Testamento, ela continua valendo ainda hoje como sinal da ação do Espírito Santo, que começou no Pentecostes e perdurará até que Cristo volte.

Qual é o propósito dos milagres?

Na realidade, vemos mais de um propósito, porém, o principal deles, como citado, é autenticar a mensagem do evangelho de Jesus Cristo e isso ficou evidente no próprio ministério de Jesus, pois à medida que o evangelho passou a ser pregado, Deus dava *"testemunho juntamente com eles, por sinais, prodígios e vários milagres e por distribuições do Espírito Santo, segundo a sua vontade"* conforme Hb 2.4. No entanto, uma pergunta interessante que devemos fazer é se os milagres confirmam as Escrituras ou o evangelho? Há pessoas que respondem que os milagres confirmavam as Escrituras, mas eles se esqueceram de que a operação de milagres, não se limitava somente àqueles que escreveram a Bíblia ou falaram com autoridade apostólica. Isso implica dizer que os milagres operados confirmavam o evangelho e que esses sinais devem continuar por toda a era da igreja.

Um segundo propósito dos milagres que podemos apontar é que eles davam testemunho da vinda do reino de Deus: *"Se porém, eu expulso demônios pelo Espírito de Deus, certamente é chegado o reino de Deus sobre vós"*

(Mt 12.28). Lembrando ainda que Jesus deu aos seus discípulos poder para curarem e expulsar demônios e que pregassem o reino de Deus. Outro propósito dos milagres é ajudar os necessitados para que eles glorifiquem a Deus.

Neste momento, se faz necessário escrever algumas linhas sobre os falsos milagres. Nas páginas bíblicas, temos o relato onde os mágicos do faraó foram capazes de repetir alguns dos milagres realizados dado a Moisés para comprovar que este foi escolhido para representar a vontade de Deus (Êx 7.11,22; 8.7), embora posteriormente eles fossem obrigados a admitir que o poder de Deus era maior do que o deles (Êx 8.19). Outro exemplo é o de Simão, o mágico da cidade de Samaria (At 8.9-11), e como aconteceu com Janes e Jambre (2 Tm 3.8), Simão também teve de admitir que os milagres realizados por intermédio de Filipe eram maiores daquele que ele apresentava (At 8.13).

Mais um exemplo de falso milagre, vemos na cidade de Filipos, quando Paulo encontrou uma mulher possessa de espírito adivinhador e repreendeu esse espírito (At 1618). Apocalipse 13.11 também indica que uma segunda besta operará grandes sinais. Esses exemplos indicam que aqueles que operavam falsos milagres sempre existiram e nos dias de hoje, não é diferente.

Com esses exemplos, nós podemos aprender duas lições: primeiro vemos que o poder de Deus é maior do que tudo o que podemos imaginar. Mesmo comparado ao poder de Satanás que pode operar sinais miraculosos, pois é comum vermos nas igrejas uma comparação absurda do poder das trevas com o poder divino. O outro aprendizado é que sempre saberemos que se trata de falso milagre, pois o Espírito Santo que faz morada em nós, nos revelará e também não existe em lugar nenhum das Escrituras que cristãos verdadeiros, inspirados pelo Espírito Santo, operarão falsos milagres e muito menos negaram as Escrituras.

Devemos buscar milagres hoje?

Inicialmente queremos chamar a atenção para um detalhe: uma coisa é dizer que os milagres podem acontecer hoje, outra bem diferente é pedir que Deus realize aqueles milagres mirabolantes descritos nos textos bíblicos. A resposta para esta pergunta, dependerá do motivo pelo qual estamos buscando esses milagres. Pedir a Deus que realize milagres através de nós, é justo, porém, pedir que os milagres da Bíblia se repitam como demonstração pura de se provar a verdade descrita nos textos ou simplesmente para exibição, indicam uma ponta de descrença nas Escrituras, imaturidade, falta de conhecimento das Escrituras, além de falta de comunhão para o Senhor de nossas vidas, pois aqueles milagres tinham por objetivo demonstrar quem é o único e verdadeiro Deus, criador dos céus e da terra e também para apontar para aquele a quem Deus enviou e o sacrifício vicário de Jesus Cristo em benefício de toda a humanidade para aqueles que o aceitassem como Deus e Salvador.

Esse saudosismo bíblico, apresenta certos perigos,

pois pode estar mascarando um desejo oculto em se adquirir fama ou o poder próprio, como o fez o mágico Simão. É também errado pedir a Deus para realizar milagres por mera diversão ou curiosidade, como fez Herodes (Lc 23.8) ou para provar ou mesmo intimidar pessoas descrentes simplesmente para validar sua crença ou a mensagem que você está pregando. Devemos nos lembrar de que o papel de convencer a pessoas é do Espírito Santo e não sua.

Gostaria de salientar que não há nada de errado em buscar milagres para os fins corretos pelos quais são dados por Deus: para confirmar a mensagem do evangelho, para levar auxílio aos necessitados, para dar glória a Deus. Mas devemos nos lembrar de que muitas pessoas se aproximavam de Jesus apenas em busca de milagres, movidos apenas por interesse próprio.

Depois do Pentecostes, os cristãos oravam pedindo ousadia para pregar o evangelho e que Deus realizasse milagres: *"Agora, pois, ó Senhor, olha para as suas ameaças, e concede aos teus servos que falem com toda a ousadia a tua palavra; enquanto estendes a tua mão para curar, e para que se façam sinais e prodígios pelo nome de teu santo Filho Jesus"* (At 4.29,30). Apesar de evitar ensinar que não devemos pedir milagres a Deus, o exemplo de Atos 4 nos incentiva a fazê-lo.

No entanto, devemos nos lembrar de que não devemos supor que um milagre que venha acontecer à resposta de uma oração, seja em certo sentido, melhor do que um milagre que aconteça por meios comuns, como por exemplo, o tratamento médico de uma doença através de medicamento, ou ainda, a simples regressão de determinada doença. O importante é que devemos perceber que pedir a Deus para realizar um milagre diante de uma necessidade que estejamos passando ou enfrentando, ou que estejamos intercedendo em prol de outra pessoa, não garante que a oração será atendida, pois devemos sempre pedir que tudo seja feito conforme a vontade permissiva e soberana de Deus.

Milagre é obra de Deus, e Ele os realiza para glorificar a si mesmo e a maioria das vezes, o milagre acontece para fortalecer a nossa fé. Ao encontrarmos pessoas cometidas por graves necessidades, é mais do que justo pedir que Deus intervenha, mas nunca devemos pedir que a nossa vontade prevaleça, como algumas pessoas oram, mas para que a vontade de Deus seja feita sempre, independente do nosso desejo e resultado que desejemos.

Como podemos constatar, a palavra milagre tem um sentido amplo e aplica-se a qualquer acontecimento maravilhoso. Na Bíblia, a palavra milagre é usada em sentido restrito, significando um ato de Deus que de maneira visível é diferenciado do modo de agir comum ao seu poder, visando principalmente autenticar uma mensagem divina, embora possa servir também para outros fins. Crer no Deus de milagres é a chave para vencermos as oposições e tentações que podemos encontrar. Não crer é o mesmo que pedir a Deus para não manifestar o seu poder sobre nossas vidas.

A Bíblia relata que onde a glória de Deus mais se

manifestou, onde ocorreu o maior número de milagres, foi o local onde mais morreu pessoas: no deserto. Durante 40 anos ininterruptos, Deus realizou milagres todos os dias, sustentando milhares de pessoas e foi exatamente neste mesmo deserto que toda uma geração morreu. Esse relato, deveria nos servir de lição, pois devemos aprender nesse episódio do êxodo egípcio, que Deus é o Deus de milagres; Ele tem poder para suprir todas as nossas necessidades. Deus é o Eu Sou, isso quer dizer que Deus é. Deus não tem princípio nem fim.

Creiam em Deus, creia no Deus dos milagres, no Deus do impossível e não se decepcione caso o milagre não manifeste em sua vida da forma que você deseja. Deus é sábio e onisciente e sabe exatamente aquilo que nós precisamos e sempre nos dará o melhor, se assim nós o permitirmos.

Os anjos na visão bíblica

O que são anjos? Segundo definição do dicionário Aurélio, anjo é um "ser espiritual que, segundo a teologia cristã, a hebraica e a islâmica, serve de mensageiro entre Deus e os homens". Buckland e Williams definem anjos como assistentes de Deus e mensageiros de sua vontade. J. D. Douglas (2006, pág. 54) acrescenta: "é, etimológica e conceptualmente, um mensageiro de Deus, familiarizado com ele face a face, e por isso mesmo pertence a uma ordem de ser superior ao homem. Certamente, trata-se de uma criatura, mas também de um espirito que é santo e não-corrompido em sua essência geral, ainda que dotado de livre arbítrio".

Seguindo essas linhas de definições, diremos que os anjos são seres criados por Deus, tem poder, inteligência, não possuem corpo físico como o nosso e conforme o autor de Hebreus relata, eles são espíritos ministradores (Hb 1.14). No entanto, podemos encontrar relatos que em algumas ocasiões, eles assumem forma humana, como aqueles dois anjos que apareceram juntamente com o Senhor a Abraão (Gn 18) e os que visitaram Ló em Sodoma, conforme descrito no livro de Gn 19.1 e algumas vezes aparecem revestidos de glória como em Dn 10.5,6 e Lc 24.4. Salientando que com relação a inteligência desses seres, sabemos que o nível de conhecimento deles, normalmente está acima de nós seres humanos e sua sabedoria é limitada, pois o próprio Senhor Jesus disse que os anjos, apesar de estarem nos céus, não sabem o dia nem a hora do final dos tempos (Mc 13.32).

A Bíblia não informa precisamente quando Deus criou esses seres, mas de acordo com a Palavra de Deus, podemos supor que eles foram criados no máximo até o sexto dia da criação, pois nas Escrituras cita que Deus descansou de sua obra no sétimo dia, fato esse também confirmado no livro de Êxodo 20.11; dizer mais do que isso é pura especulação e extrapola o que as Escrituras nos ensinam a respeito dos anjos. A Bíblia também nos revela que entre os anjos não são todos iguais, pois ela nos apresenta os querubins que tem como missão guardar a entrada do jardim do Éden conforme Gn 3.24. Há também os serafins que são mencionados em Is 6.2 que adoram ao Senhor, outro tipo de anjo que circunda o trono de Deus que são os seres viventes conforme Ez 1.4-14 e Ap 4.6-8.

Outra coisa que podemos dizer sobre os anjos é que nem todos eles têm asas como os querubins mencionados em Ez 1.6 ou no caso de Gabriel em Dn 9.21 e o anjo do apocalipse (Ap 14.6). Sabemos também que eles são imortais, não morrem, também não aceitam adoração, pois somente o Senhor é digno de ser adorado. Eles foram criados um pouco acima de nós, pois no Sl 8.5 diz que nós seres humanos fomos criados um pouco menor que os anjos. São possuidores de grande força ou poder, pois no relato de Is 37.36 diz que um anjo em apenas uma noite matou 185 mil assírios. Entretanto, é um erro pensar que essa força ou poder é inerente deles, essa força ou poder é dado por Deus.

Sabemos também que os anjos encontram-se na presença de Deus (Mt 18.10), pois eles adoram a Deus continuamente (Ap 5.11,12) e que eles tem prazer nas obras do Senhor. É bom enfatizar que os anjos nunca foram mediadores entre Deus e as pessoas, e não é lícito que nós os adoremos, *"pois há só um Deus e um só mediador entre Deus e os homens: o homem Cristo Jesus"* (1 Tm 2.5). É interessante ainda citar que apenas dois anjos são nomeados na Bíblia Sagrada e seus nomes são Miguel e Gabriel. Não sabemos quantos anjos existem, pois as Escrituras não nos apresenta esse número, mas sabemos que esse número é incalculável, pois no Sl 68.17 está escrito que *"os carros de Deus são vinte milhares, milhares de milhares"*.

A adoração aos anjos

Como já mencionamos anteriormente, não devemos adorar qualquer tipo de anjo, pois em parte alguma dos escritos sagrados, encontramos o ensino de que devemos invocar ou adorar os anjos. Adorar é cultuar; render ou prestar culto a; idolatrar uma divindade, "por extensão é reverenciar; demonstrar excesso de admiração; venerar algo ou alguém" segundo definição do dicionário on-line. Não é lícito a invocação e ou adoração aos anjos. Afirmamos isto porque podemos ler que em Ap 19.10 o apóstolo João se lança aos pés de um anjo para o adorar e ele diz para adorar somente a Deus. Isto também quer dizer que não devemos também orar aos anjos, como alguns irmãos menos esclarecidos fazem. Se fizermos isso, orar a eles, é como se estivéssemos atribuindo a esses anjos, a posição paralela a Deus e também, não há exemplo em toda a Bíblia de alguém que ore a algum anjo, ou que peça socorro a eles. Devemos orar sim, mas somente a Deus, pois só Ele é onipotente, é capaz de atender a oração; só Ele é onisciente e pode ouvir nossas orações e os anjos não tem esse poder.

A Bíblia também não nos garante de que os anjos possam aparecer para nós quando eles querem ou quando desejamos que eles apareçam. Na realidade, eles se manifestam sem que sejam procurados, contudo, essa manifestação sempre é conforme o desejo soberano de Deus. Apesar deles terem aparecido a algumas pessoas em diversos relatos na Bíblia, essas pessoas aparentemente jamais buscaram tais aparições. No entanto, alguém pode até perguntar sobre o Anjo do Senhor que aceitava adoração. Como conciliar estas duas informações? Inicialmente, antes de responder a pergunta, se faz necessário apresentar outra pergunta: quem é o Anjo do Senhor que aceitava adoração?

O anjo do Senhor, quem é ele?

Não sei se vocês já perceberam, mas na Bíblia pode-se constatar que aparece a descrição de dois anjos do Senhor. O primeiro deles, é grafado com letra maiúscula e outro com a letra minúscula. A diferença entre esses dois anjos, não está simplesmente na grafia, mas no modo de agir da cada um deles. Por exemplo, várias passagens bíblicas, especificamente do Antigo Testamento, relatam do Anjo do Senhor com a letra "A" em maiúsculo de um modo que sugere que ele é o próprio Deus revestido de forma humana, como se fosse uma extensão da personalidade divina, porque ele fala como se fosse o próprio Deus, aceitando inclusive adoração, fato que os outros anjos com a letra "a" em minúsculo são unânimes em não aceitar tal adoração.

Os estudiosos de teologia, tem uma resposta satisfatória que acaba de uma vez por todas com tal questionamento. Essa resposta é apresentada através de um fenômeno chamado de teofania, ou seja uma manifestação física de Deus e é quase senso comum dizer que esse anjo com "A" maiúsculo é o próprio Jesus se manifestando antes de sua encarnação através de Maria.

É interessante dizer que algumas passagens tratam este anjo como "o anjo do Senhor" e não "um anjo do Senhor". Por exemplo, o Anjo do Senhor apareceu a Agar no deserto e lhe promete multiplicar a descendência de Ismael (Gn 16.10), no sacrifício de Isaque (Gn 22.11s) entre outros. Do mesmo modo, quando Abraão estava para sacrificar o seu filho Isaque, o Anjo do Senhor o chamou do céu e o impediu de sacrificar seu filho: *"Não estendas a mão sobre o rapaz e nada lhe faças; pois agora sei que temes a Deus, **porquanto não me negaste o filho, o teu*** *único filho*" (Gn 22.12, ênfase do autor).

Ele também apareceu a Jacó em um sonho, dizendo que ele é o Deus de Betel: *"O Anjo de Deus me disse no sonho: 'Jacó!' Eu respondi: 'Eis-me aqui!' Então ele disse: 'Olhe e veja que todos os machos que fecundam o rebanho têm listras, são salpicados e malhados, porque tenho visto tudo o que Labão lhe fez. Sou o Deus de Betel, onde você ungiu uma coluna e me fez um voto. Saia agora desta terra e volte para a sua terra natal*" (Gn 31.11-13). Vemos que esse Anjo do Senhor com "A" maiúsculo, age como um agente de destruição e julgamento (2 Sm 24.16; 2 Rs 19.35; Sl 35.5,6), age também como agente de proteção e livramento (Sl 34.7; Is 63.9), orienta (Gn 24.7,40; 1 Rs 19.7; 2 Rs 1.3,15).

E quanto ao anjo do Senhor com "a" minúsculo, pode-se perceber nitidamente que ele não aceitava adoração e nem ao menos falava como sendo Deus. Este fato, geralmente indica um anjo como o anjo enviado por Deus como Êx 23.20; Nm 20.16; 1 Rs 13.18. Conforme já mencionamos, os anjos não tem um corpo físico como nós ou como o nosso, embora há ocasiões em que eles assumem a forma humana, com um objetivo, cumprir uma missão vinda dos céus, como os dois anjos que foram visitar Ló em Sodoma (Gn 19) ou ainda pode ser um anjo caído que queira agir.

Os anjos têm asas?

Esta é uma pergunta interessante e ao mesmo tempo pode apresentar polêmica, pois devido ao fato do catolicismo romano impregnar e de certa forma contaminar os pensamentos de milhares de pessoas, independente de sua crença religiosa, eles apresentam os anjos como criaturas que possuem asas. Contudo, essa alegação não tem respaldo bíblico quando nos referimos simplesmente a uma classe de anjos. Nas Escrituras, se lermos atentamente, veremos que os anjos aparecem normalmente na forma humana com os membros superiores e inferiores (braços e pernas), não se apresentam com asas como ilustra o catolicismo romano. Já os querubins e serafins são os únicos seres alados mencionados nas Escrituras Sagradas que possuem asas.

Vemos na visão de Ezequiel capítulo 1 e 10, que os querubins são chamados de seres viventes e em Apocalipse 4, cada querubim é descrito cada um deles possuindo quatro asas: duas esticadas para cima, para cobrir o rosto e duas para baixo, para cobrir o corpo deles. Os serafins são mencionados apenas na visão de Isaías 6 e eles têm seis asas e podem voar. Mais uma vez afirmamos que qualquer acréscimo a este ensino, é extrapolar os ensinamentos bíblicos.

Entretanto, é bom perguntar se os anjos ainda podem ser vistos e aparecer às pessoas hoje como apareciam nos tempos bíblicos? Em resposta, basta dizer que no período inicial da história da igreja, os anjos se achavam mais ativos com relação aos dias de hoje, entretanto, parece não haver motivo para excluir a possibilidade deles aparecer ainda hoje. Alguns cristãos podem contestar essa afirmação com base no argumento de que a suficiência das Escrituras e o encerramento do cânon excluem a possibilidade de manifestações angélicas hoje.

Porém, eles diriam que não devemos esperar que

Deus se comunique conosco por intermédio de anjos, pois hoje, o Espírito Santo faz habitação em nós e basta deixarmos ele se manifestar e ouvi-lo. Embora doutrinariamente os anjos não venham a acrescentar nada as Escrituras, Deus pode nos transmitir informações por intermédio de anjos como também o faz por meio da profecia ou da comunicação normal de outras pessoas, ou ainda por meio da nossa observação e raciocínio lógico. Se Deus pode enviar outro ser humano para nos alertar do perigo ou para nos encorajar quando nos sentimos desencorajados, então nada impede de eventualmente, Deus enviar um anjo com o mesmo intuito.

Outra questão interessante é a afirmação de que as pessoas possuem um anjo guardião que nos acompanha sete dias por semana, vinte e quatro horas por dia, desde o nosso nascimento até nossa morte ou glorificação. A pergunta se as pessoas têm anjos da guarda, deve ser respondida levando em consideração o que as Escrituras dizem a respeito. As Escrituras relatam claramente sem deixar qualquer sombra de dúvidas que Deus envia anjos para nos proteger conforme Sl 91.11,12: *"Aos seus anjos dará ordens a teu respeito, para que te guardem em todos os teus caminhos. Eles te sustentarão nas suas mãos, para que não tropeces com teu pé em pedra"*.

Mas algumas pessoas foram além dessa ideia de proteção geral concedida por Deus e veem este relato como se Deus concedesse um "anjo da guarda particular" para cada pessoa do mundo, ou pelo menos, para cada cristão como se fosse uma espécie de guarda-costas. Talvez a origem dessa ideia pode ser o fato de que quando uma serva de nome Rode foi atender a porta e reconhecendo a voz de Pedro, disse que era ele, no entanto, os discípulos conforme vemos em At 12.15 disseram que é o anjo de Pedro que estava batendo à porta. Tal relato, não tem base suficiente para afirmar que anjos da guarda nos acompanham todos os segundos de nossas vidas. Isso seria uma interpretação muito além do que os discípulos pretendiam dizer e também não implica necessariamente na crença em um anjo da guarda individual.

McArthur nos informa que "segundo superstição judaica, cada pessoa teria seu próprio anjo da guarda, que podia assumir a forma dessa pessoa", na mesma linha de pensamento, Champlin citando Adam Clarke relata:

> "Entre os judeus, até mesmo nos tempos dos apóstolos conforme aparece nos escritos de Filo, havia a opinião de que as almas partidas de homens bons oficiavam como anjos ministradores. E é possível que os discípulos, na casa de Maria, tivessem imaginado que Pedro já fora assassinado na prisão e que o seu espírito agora viera anunciar essa ocorrência, ou tivesse vindo dar algum aviso particular à igreja" (CHAMPLIN, 2014, volume 3, pág. 303).

Pelo relato apresentado, podemos conjecturar que aquele anjo estivesse guardando ou protegendo Pedro apenas naquele momento específico. Não parece haver, fundamento convincente para a ideia de anjos da guarda individuais no texto das Escrituras. Esse texto, talvez simplesmente queira dizer que os anjos incumbidos da tarefa de nos proteger momentaneamente e depois voltam para a presença de Deus. Se não fosse assim, algumas pessoas teriam razão ao dizerem ou zombarem dizendo que o anjo da guarda de fulano estava dormindo quanto algum incidente grave aconteceu a determinada pessoa.

Concluímos dizendo que os anjos podem nos

servir de exemplo, devido a obediência, pois no céu a vontade de Deus é feita pelos anjos, imediata e sem questionamentos. Esses anjos também podem nos servir de exemplo na sua adoração a Deus, pois segundo a Bíblia, os serafins não param de proclamar diante do trono de Deus: *"Santo, santo, santo é o Senhor dos Exércitos; toda a terra está cheia da sua glória"* (Is 6.3). Com isso devemos nos acautelar ao receber orientação de um anjo, caso nos ocorra tal evento incomum. O fato de demônios poderem aparecer como anjos de luz conforme 2 Co 11.14 deve nos servir de alerta. Nosso guia deve ser a Bíblia Sagrada e nenhum anjo pode transmitir ensinamentos autorizados que sejam contrários às Escrituras. Gl 1.8 está escrito: *"Mas, ainda que nós mesmos ou um anjo do céu vos anuncie outro evangelho além do que já vos tenho anunciado, seja anátema"*.

Satanás e seus anjos segundo à Palavra de Deus

Normalmente quando falamos de anjos, não nos referimos a anjos maus ou caídos, pois desde tenra idade somos condicionados a pensar que anjos são criaturas angelicais, no entanto, se faz necessário entender sobre Satanás e seus anjos segundo à Palavra de Deus. Quando nos propomos a entender sobre este assunto, naturalmente surgem alguns questionamentos sobre a existência de Satanás, a origem dos demônios, se os demônios e até mesmo Satanás estão ativos nos dias de hoje, como um cristão deve encarar Satanás, se um cristão pode ser possuído por demônios e qual a perspectiva cristã sobre Satanás.

Mesmo que muitas pessoas achem desnecessário falar sobre a existência de Satanás, pois creem que de fato ele existe, mas por outro lado, muitos não aceitam a sua existência, afirmando que ele é simplesmente um ser mitológico que existe apenas na mente de pessoas impressionáveis e frágeis. No entanto, ao invés de responder diretamente se Satanás existe ou não, gostaria de dizer que o nome Satanás é uma palavra hebraica (sātān) que significa adversário ou oponente. Com esta definição em mente, fica fácil perceber o motivo de considerarmos Satanás como o opositor, inimigo de Deus e até mesmo de seu povo.

Também podemos dizer que a exemplo dos anjos, Satanás é também um ser espiritual, dotado de poder e elevada inteligência, no entanto, ele é desprovido de corpo físico e os demônios são anjos maus que pecaram contra Deus, segundo os ensinamentos bíblicos, e até os dias de hoje continuamente praticam o mal no mundo. O fato de algumas pessoas considerarem que a crença da existência desse ser descrito na Bíblia ser pura invenção para frear o desejo primitivo que todo ser humano tem e outros creem que é pura superstição, é algo significativo e deve ser considerado. Há aqueles que ainda creem que o diabo é apenas uma personificação poética do mal no mundo, criado na Idade Média e maior absurdo ainda é a crença medíocre de dizer que Satanás se veste de vermelho, tem chifres, de cavanhaque, rabo, algumas vezes é descrito com asas de morcego, com tridente e pês de bode como normalmente é figurado e descrito.

É bom dizer que esses conceitos distorcidos, não têm qualquer respaldo bíblico, pois a Palavra de Deus em lugar nenhum o descreve dessa forma. A descrição ou imagem que normalmente ele é descrito, isso sim, é mitologia e deve ser descartado de nossas mentes.

Biblicamente falando, a existência de Satanás é real, ele existe. Lemos um interessante relato de sua atividade em Jó 1.6-12 e depois em Jó 2.1-7, Satanás comparecendo perante a Deus desafiando-o a respeito da pessoa de Jó. Outro exemplo bíblico encontra-se em Mt 4.1-11 quando ele aparece para tentar Jesus no deserto.

Foi dito que Satanás é o opositor, o inimigo de Deus e de seu povo segundo a descrição constante na Bíblia. Como prova de sua existência, a Bíblia o nomeia por outros nomes, tais como diabo (Mt 4.1), Belzebu (Mt 12.24), maligno (Mt 13.19), príncipe deste mundo (Jo 12.31; 14.30. 16.11), Belial (2 Co 6.15), tentador (1 Ts 3.5), adversário (1 Pe 5.8), serpente (Gn 3.1,14; 2 Co 11.3; Ap 12.9, 20.2), príncipe da potestade do ar (Ef 2.2) ou maligno (Mt 13.19; 1 Jo 2.13) e Jesus o chamou de pai da mentira e assassino (Jo 8.44). Assim, através desses nomes, podemos ver a natureza desse ser. Sobre a origem dos demônios, podemos apenas conjecturar e dizer que quando Deus finalizou a obra da criação, a Bíblia diz que *"Viu Deus tudo quanto fizera, e eis que era muito bom"* (Gn 1.31). Muitos estudiosos, apontam a origem dos demônios a um intervalo de tempo entre Gn 1.1 e Gn 1.2, pois o versículo 2 menciona que a terra era sem forma e vazia. Essa alegação tem como prerrogativa de que tudo o que Deus cria, é perfeito e não precisa de melhoramento. Assim, uma terra sem forma e vazia, foge do escopo divino.

Outros estudiosos, no entanto, defendem que em algum momento entre os eventos de Gn 1.31 e Gn 3.1 deve ter acontecido a rebelião no mundo angelical, onde Satanás e um terço dos anjos rebelaram contra Deus e se tornaram maus, pois em Gn 3, vemos Satanás, na forma de uma serpente, tentando Eva e versículo 6 de Judas, está escrito que os anjos não guardaram o seu estado original. Entretanto, é verdade afirmar que sabemos pouco sobre esses seres, com exceção do que é revelado pelas páginas da Bíblia. Mas, pela revelação divina, aprendemos que todos os anjos foram criados bons e que alguns se preservaram, enquanto outros deixaram o seu estado primitivo.

Já ouvi questionamentos sobre como eles puderam pecar, levando em consideração que ainda não havia o mal no universo, outras vezes o questionamento era apenas como eles puderam pecar contra Deus. A resposta não sabemos com certeza, porque não nos foi revelado na Palavra de Deus, nem quando foi a ocasião de sua apostasia, nem qual foi o efeito produzido neles. Pode ser que quando Satanás tenha dado lugar à tentação, querendo si comparar a Deus: *"Você, que dizia no seu coração: Subirei aos céus; erguerei o meu trono acima das estrelas de Deus; eu me assentarei no monte da assembleia, no ponto mais elevado do monte santo. Subirei mais alto que as mais altas nuvens; serei como o Altíssimo"* (Is 14.13,140).

No entanto, é importantíssimo sempre enfatizar que Deus criou os anjos perfeitos e bons. Eles não eram originalmente, corrompidos. Eles tinham o livre-arbítrio e decidiram estar sujeitos ao pecado. Como o pecado entrou na experiência de uma criatura perfeita, é outro mistério, mas o que aconteceu está bem claro e as respostas que podemos formular com relação a isto, só a teremos quando estivermos na eternidade.

Os demônios estão ativos ainda hoje no mundo?

Esta é uma pergunta que algumas pessoas formulam, pois estão influenciadas por uma cosmovisão simplória, que só admite a realidade daquilo que se pode ver, tocar ou ouvir. Essas pessoas negam a existência de demônios, argumentando que a crença nessa realidade, é uma visão do mundo antiquado ensinado na Bíblia e em outras culturas antigas. Entretanto, partimos do princípio de que se bíblia explica o mundo como ele verdadeiramente é, então é preciso levar a sério o envolvimento demoníaco na sociedade humana. Como não somos capazes de perceber essa realidade com nossos cinco sentidos, de modo algum isso quer dizer que os demônios não existem, mas simplesmente revela nossas deficiências na compreensão do mundo espiritual.

Gostaria de salientar de que não temos motivo para pensar que haja menos atividade demoníaca no mundo do que havia no tempo do Novo Testamento. Estamos no período da era da igreja ou era da nova aliança e o milênio ainda não veio, período em que a influência de Satanás será removida da terra. A relutância da sociedade moderna em reconhecer a presença da atividade demoníaca hoje, deve-se à cegueira das pessoas diante da realidade, isto visto pelo ponto de vista bíblico. Mas que tipo de atividade os demônios desenvolvem hoje? Como podemos reconhecer a ocorrência dessa atividade demoníaca?

Ao invés de responder esta pergunta, gostaria de levar vocês a refletirem sobre a ênfase das epístolas do Novo Testamento de um modo geral. Assim, teremos o entendimento e a capacidade de perceber que quase não encontraremos discussão sobre atividade demoníaca na vida dos cristãos, ou fórmulas para resistir a eles. Essa ênfase está em exortar os cristãos a não pecar, levando uma vida de justiça.

Por exemplo, em 1 Co 1.10 está escrito: *"Irmãos, em nome de nosso Senhor Jesus Cristo suplico a todos vocês que concordem uns com os outros no que falam, para que não haja divisões entre vocês; antes, que todos estejam unidos num só pensamento e num só parecer"*. Depois desse apóstolo elogiar a igreja de Corinto, ele começa a tratar do problema de divisão que afligia a igreja naquela época. Paulo não diz para a igreja que repreenda o espírito da divisão, como alguns líderes religiosos gostam de dizer, mas aconselha a eles simplesmente para falar a mesma coisa e unir-se na mesma disposição mental e no mesmo parecer. Até os dias de hoje, ainda existe divisões na igreja, porém devemos salientar que essa divisão é a maioria das vezes provocadas por pessoas que não têm compromisso com a verdade de Deus e muito menos com o amor de Cristo, pois eles centram em si próprios.

O problema da divisão daquela época, é tão sério e mesmo um absurdo, como nos dias de hoje, pois naqueles tempos a divisão tinha o potencial de dizer que Paulo pregava um tipo de Cristo, Apolo pregava outro tipo de

Cristo e Cefas pregava ainda outro tipo de Cristo. Contudo, não podemos aceitar isso, pois há somente um Cristo, um Salvador, um evangelho e como igreja, devemos influenciar o mundo e não sermos influenciados pelo mundo. Deixar que a igreja seja influenciada pelo mundo é o mesmo que dizer que a igreja é carnal e não tem maturidade espiritual.

Diante do problema do incesto, o apóstolo Paulo não diz aos coríntios para repreenderem o espírito do incesto, mas que eles devem exercer a disciplina na igreja até que o culpado se arrependa (1 Co 5.1-5). Diante da desordem na Ceia do Senhor, o apóstolo não ordena que expulsarem o espírito da glutonaria, como já ouvi em algumas igrejas, mas ordena que esperem uns pelos outros e se alguém tiver fome, que coma em casa (1 Co 11.33,34). Confesso que existe uma coisa que me deixa invocado, é a alegação de muitos cristãos de atribuir responsabilidade a Satanás e seus anjos, a tudo aquilo que acontece de ruim. Nós precisamos deixar de ser fariseus e aprender a assumir responsabilidades, principalmente as nossas, pois nem todo mal e pecado vêm somente por parte de Satanás e de seus anjos, muitas delas podem ser simplesmente consequências de nossas atitudes tomadas a parte de Deus.

Grande parte do que acontece é na realidade, nossa responsabilidade, são consequências de nossos atos, decisões e pensamentos. Existe ainda a parte que compete ao diabo realizar, mas essa pode ser apenas uma ponta da responsabilidade que deveríamos assumir, lembrando também da permissão de Deus nesses acontecimentos com o objetivo de nos retratar perante a Ele. Embora o Novo

Testamento reconheça a influência da atividade demoníaca no mundo e até na vida dos cristãos, a ênfase principal recai sobre as decisões e atitudes tomadas pelas pessoas. Precisamos aceitar nossa própria responsabilidade de obedecer ao Senhor, sem atribuir a culpa das nossas iniquidades a alguma força demoníaca.

Diante de tudo que foi escrito até o momento, vemos que Satanás é tido como fonte de mentira, assassínio, logro, falso ensino e do pecado em geral, então parece razoável concluir que a Palavra de Deus quer que acreditemos que existem um certo grau de influência demoníaca em toda iniquidade e pecado que ocorre hoje. Mas é preciso enfatizar que nem todo pecado é provocado por Satanás ou por seus demônios, por isso Paulo disse em Ef 4.26,27 para nos irarmos conosco mesmo e não pecar e nem dar lugar ao diabo. 1 Jo 5.18 está escrito: *"Sabemos que todo aquele que é nascido de Deus não vive em pecado; antes, aquele que nasceu de Deus o guarda, e o maligno não lhe toca"*.

Um cristão pode ser possuído por demônios?

Sobre a questão de que se um cristão pode ser possuído por demônios, apesar de já haver sido tratado antes em possessão demoníaca, vale a pena retornar ao assunto, pois devemos ter em mente que "possessão demoníaca", é uma expressão incorreta e ao mesmo tempo infeliz que se apresentam em algumas traduções da Bíblia, mas que na verdade não é uma tradução sugerida pelo texto grego. O Novo Testamento grego fala de gente que "tem demônio" (Mt 11.18; Lc 7.33; Jo 7.20), ou de gente que sofre de influência demoníaca (grego daimonizomai) mas nunca é utilizado a linguagem que sugere que um demônio "possui" alguém. A palavra daimonizomai tem uma melhor tradução "sob influência demoníaca" ou "estar endemoninhado", que ocorre 13 vezes nos evangelhos. Todos indicando influência demoníaca e não possessão como em Mt 4.24; 8.16 ou endemoninhado como em Lc 8.36 e Jo 10.21).

Como citado anteriormente, a palavra endemoninhado pode sugerir uma influência ou um controle demoníaco bastante forte, mas que acabou se tornando comum, especialmente no meio cristão, dizer que pessoas que se acham sob qualquer grau de ataque demoníaco estão endemoninhadas. Conforme sugere o texto grego, seria mais prudente reservar o termo endemoninhado para casos mais severos de influência demoníaca. O problema dos termos possessão demoníaca e endemoninhado é que eles sugerem uma influência demoníaca impossível da pessoa não ser capaz de resistir, não ter escolha, senão fazer as coisas contra sua vontade, pois está completamente sob domínio do espírito maligno.

Contudo, vamos a questão principal, um cristão pode ser possuído pelos demônios? Conforme nosso entendimento e de acordo com escrevemos anteriormente, a resposta depende do significado da atribuição dada a palavra "possuído", pois o termo possuído não se baseia em qualquer palavra encontrada no Novo Testamento grego e as pessoas comumente, a definem de maneira diversa, dando outro sentido à palavra. Após esclarecido e definido o que quer dizer com "possuído por demônios", então teremos condições de apresentar uma resposta adequada. Se "possuído por demônios" significa a anulação da vontade de uma pessoa, sendo usada como se fosse uma marionete, não tenha mais capacidade de controlar seu próprio corpo, suas atitudes, inclusive decidir em fazer o bem ou mal e mesmo obedecer a Deus ou rejeitar sua divina vontade, então a resposta correta é não.

Não, porque a Bíblia nos garante que o pecado não terá domínio sobre nós, já que somos ressuscitados com Cristo: *"Pois o pecado não os dominará, porque vocês não estão debaixo da Lei, mas debaixo da graça"* (Rm 6.14). Por outro lado, o verdadeiro cristão, longe de estar vivendo em um mundo de fantasia, se encontrar a parte da realidade, ser considerado um fanático, não descarta a possibilidade de que qualquer pessoa, possa sofrer graus variáveis de influência demoníaca. Embora os cristãos tem o Espírito Santo agindo fazendo morada em si, não podemos racionalmente descartar um fato, no entanto, devemos nos lembrar de que com esta morada do Espírito Santo para aquele que entregaram sua vida à Jesus Cristo, o seguem e obedecem fielmente seus ensinamentos, fomos capacitados com uma poderosa arma que nos possibilita triunfar sobre esses ataques demoníacos.

Então, a pergunta correta seria: até que ponto pode um verdadeiro cristão deixar que sua vida seja dominada pelo pecado? Confessamos que a resposta para esta pergunta seja fácil de responder, entretanto, argumentaremos dizendo que apesar do cristão procurar não viver em pecado, ele pode ainda sofrer um certo grau de influência demoníaca e mesmo cair em pecado. Contudo, mesmo que caia em pecado e sofra certo grau de influência demoníaca, não podemos concluir com isso que tenha deixado de ser um verdadeiro cristão; isto porque não sabemos o motivo real dessa influência. Pode ser que tudo esteja acontecendo segundo a vontade permissiva de Deus, assim como aconteceu com Jó.

Desse modo, devemos perguntar quanta influência demoníaca pode penetrar na vida de um verdadeiro cristão? Também, esta questão contém um certo grau de dificuldade em se dar uma resposta conclusiva, pois estamos na verdade perguntando até que ponto a vida cristã pode tornar-se anormal, especialmente quando a pessoa, não conhece nem utiliza as armas da batalha espiritual disponíveis, se ela insiste em persistir em algum tipo de pecado, dando brecha ao inimigo, deixando assim, uma porta aberta para o inimigo agir. Nesse caso, o grau de ataque ou influência demoníaca na vida de um cristão pode ser bastante forte, pois até mesmo aqueles chamados de santarrão, podem baixar a guarda, deixando o pecado se instalar. Por este motivo, somos incentivados a nos policiar, vigiando sempre e orar. Contudo, não seria correto dizer que não pode haver tal influência, só porque a pessoa é cristã. Somos cristãos, estamos em processo constante de santificação, portanto, se alguém perguntar: se um cristão possa estar sob forte influência ou ataque de demônios, a resposta é sim.

Contudo, não é prudente utilizar a expressão "possuído por demônios", especialmente quando estejamos nos referindo aos cristãos. A melhor opção é reconhecer que as pessoas, mesmo as cristãs, podem sofrer graus variáveis de ataque ou influência demoníaca e ponto final. Não estamos sendo evasivos, mas ao invés de determos nessa questão de influência demoníaca na vida de um cristão, é mais aproveitável saber que não podemos derrotar Satanás com nosso próprio poder, sem a ajuda de Deus. Mesmo os discípulos de Jesus tiveram problemas com os espíritos maus e o próprio Jesus disse em Mc 9.29 que existe uma espécie de demônios que só são expulsos pela oração e jejum. Apesar do grande poder que Satanás e seus anjos possuem, nós cristãos, não precisamos temê-lo se estiverem em comunhão com o Senhor Jesus.

A realidade da presença do Espírito Santo em nós, garante nossa segurança. *"Filhinhos, vocês são de Deus e os venceram, porque aquele que está em vocês é maior do que aquele que está no mundo"* (1 Jo 4.4). Por este motivo, devemos saber que o poder de influência de Satanás e seus anjos sobre o cristão, é limitado. Lembrando mais uma vez de que ele não conseguiu tocar em Jó sem a permissão de Deus e suas obras em breve, chegará ao fim. 1 Jo 3.8 está escrito: *"Para isso o filho de Deus se manifestou: para destruir as obras do diabo"*. A verdade que devemos enfatizar é que tanto Satanás como seus anjos, já estão derrotado e o senhor Jesus, o venceu na cruz do Calvário. Portanto, devemos resistir ao diabo, permanecendo firmes na Palavra. Tg 4.7 está escrito: *"Sujeitai-vos, pois, a Deus, resisti ao diabo, e ele fugirá de vós"*.

Novo céu e nova terra

Assim como muitas pessoas que costumam evitar abordar determinado tema, devido à sua complexidade, ou ainda, porque algumas pessoas têm o costume de deter determinado tempo em assuntos polêmicos ou mesmo alguns pontos de ensino que não se tem material escriturístico como embasamento, a não ser no campo especulativo, a maioria das vezes procuro ser evasivo, porque sei que algumas pessoas preferem desperdiçar seu tempo em detalhes que para mim, não é tão relevante. Um exemplo disso, é quando pessoas querem travar conhecimento sobre o milênio e neste ponto, muitos gostam se saber se você defende a posição pré milenista, meso milenista, pós milenista ou ainda se é amilenista. Costumo dizer que independentemente da posição que defendo, o ponto comum de todas elas é que Jesus vem. Para mim, não importa se será antes, depois ou no meio e muito menos se não acontecerá; importa que Jesus vem e isto é mais que suficiente. Explico depois que não é à toa que o livro de

Apocalipse tem catorze capítulos para descrever o período de sete anos, comparado aos dez versículos para tratar do período de mil anos de paz sobre a terra.

No entanto, abordar sobre o tema proposto, novo céu e nova terra, é também desafiador, porém não menos importante, visto que existem mistérios ainda a serem desvelados que encontram-se além de nossa capacidade humana de compreender plenamente alguns mistérios que se encontram na Bíblia. Diremos inicialmente que a primeira vista, ao abordar esse tema, logo nos vem à mente que este será um lugar onde viveremos eternamente com Deus após o juízo final; onde entraremos no pleno gozo da vida na presença de nosso Deus, pois foi o próprio Jesus quem disse em Mt 25.34: *"Vinde, benditos de meu Pai! Entrai na posse do reino que vos está preparado desde a fundação do mundo"*.

Em si tratando de palavras ditas por Jesus, cremos que esse reino, seja um reino onde entraremos e lá não haverá qualquer tipo de maldição, morte ou pecado, pois na Nova Jerusalém, se encontra o trono de Deus e o trono de nosso Cordeiro pascal, onde os seus servos o servem: *"Já não haverá maldição nenhuma. o trono de Deus e do Cordeiro estará na cidade, e os seus servos o servirão. Eles verão a sua face, e o seu nome estará na testa deles. Não haverá mais noite. Eles não precisarão de luz de candeia nem da luz do sol, pois o Senhor Deus os iluminará; e eles reinarão para todo o sempre"* (Ap 22.3-5).

Normalmente, quando nos referimos ao céu onde Deus se encontra, no sentido geral, muitos têm continuam com aquela ideia ensinada em nossos tempos de criança, dizendo que é um lugar que fica acima das nuvens, que não podemos ver e onde os anjos e os espíritos das pessoas boas vão após a sua morte. No entanto, este conceito, não tem respaldo bíblico e muitos cristãos pensam que é apenas um lugar onde viveremos para sempre ao lado de Deus; Mas na verdade, o ensino bíblico vai além desse entendimento simplório e, nos revela algo extraordinário, pois o texto nos diz que haverá novos céus e uma nova terra, ou seja, haverá uma nova criação inteiramente renovada, onde então, viveremos com Deus.

No entanto, para entendermos melhor o assunto, devemos perguntar o que é o céu e segundo definição do Dicionário Aurélio, céu é o espaço ilimitado e indefinido onde se movem os astros. Espaço acima de nossas cabeças, limitado pelo horizonte; firmamento. É também a parte superior de uma armação; dossel; é a região para onde, segundo as crenças religiosas, vão as almas dos justos e qualquer lugar onde se possa ser feliz; paraíso. Essas definições nos facilita perceber o motivo de quase todos tem em referir ao céu, como a morada de Deus. Esta ideia também é mencionada nas Escrituras, pois lemos em Is 66.1, Deus dizendo que o céu é o trono dele, lembrando ainda a oração dominical que Jesus ensina seus discípulos a orar dizendo *"Pai nosso, que estás nos céus"* em Mt 6 e na primeira carta de Pedro, capítulo 3, versículo 22 dizendo que Jesus subiu aos céus e está à direita de Deus.

Em contrapartida, existe pessoas que afirmam que o verdadeiro céu não é esse espaço que vemos acima de nós e nem é um lugar, pois segundo o entendimento deles, isso é a atmosfera; o céu é apenas um estado mental, tendo como seu oposto, o inferno que se encontra dentro de nós. É interessante dizer que a palavra céu ou céus pode ser usado com sentidos diferentes nas Escrituras. No sentido geral, céu ou céus é tudo aquilo que é diferente da terra. Em um sentido mais limitado, pode descrever a atmosfera que envolve a terra tal como "o orvalho do céu" em Dn 4.15 ou as nuvens dos céu (Dn 7.130 ou mesmo como a chuva vinda do céu (Tg 5.18).

Algumas vezes como em Dt 33.26; Sl 18.11; Is 45.18; 2 Sm 22.12, a palavra céus pode representar apenas as nuvens; outras vezes como firmamento, como em Jó 37.18; Jr 51.9. Já no ponto de vista teológico céu ou céus é visto com referência ao campo invisível do qual podemos dizer que é a morada de Deus. O cristão normalmente acredita que o céu seja um lugar físico real, porque Jesus foi assunto ao céu e também disse que na casa de Deus há muitas moradas. O céu é o lugar onde a dimensão espiritual da realidade de Deus, será conhecida de forma mais completa, onde gozaremos de sua benção e misericórdia, onde o louvaremos, porque Ele é santo, digno de glória e é onde veremos Jesus ressurreto à sua destra, onde teremos um corpo glorificado, semelhante ao corpo ressurreto de Jesus.

Há, no entanto, pensamentos incrédulos a respeito do novo céu e nova terra, pois alguns pensam que a palavra novo significa que algo deve acabar para se fazer "novo", em outras palavras, o céu e a terra terá que ser destruído, para dar lugar ao novo céu e nova terra. Sou da opinião de que Deus não destruirá o céu ou a terra completamente, o que implica dizer que Ele não destruirá também toda a humanidade, pois em Gn 1.31 Deus afirma que sua criação é muito boa, por isso acredito que aqueles que estiverem vivos no tempo da volta de Cristo, será transformado em um corpo glorificado.

O novo céu e a nova terra não será um novo que não existia, mas um novo do que já existe, porque assim como o nosso corpo glorificado é a partir do nosso corpo existente e não a partir de um novo corpo, então assim, será com o céu, será uma renovação e não uma destruição. O céu e a terra será purificado pelo fogo conforme está escrito em 2 Pe 3.12. Também creio que o céu e a terra será apenas um e não haverá separação do céu com a terra, pois será a habitação de Deus, da igreja glorificada e onde Deus está e se manifesta, é o céu.

Ap 21.1 está escrito: *"E vi um novo céu e uma nova terra. Porque já o primeiro céu e a primeira terra passaram, e o mar já não existe"*. O que isso quer dizer? Algumas pessoas creem que Deus fará um novo céu após destruir o céu que vemos e conhecemos; outros tratam o novo céu como uma figura de linguagem. Hernandes Dias Lopes comentando a respeito, diz:

> O novo céu e a nova terra não são um novo que não existia, mas um novo a partir do que existia (Is 65.17 e 66.22). Assim como nosso corpo glorificado é a partir do nosso corpo, assim será o universo. O céu e a terra serão purificados pelo fogo (2 Pe 3.12-13). Não é aniquilamento, mas renovação. Não é novo de edição, porque há continuidade entre o antigo e o novo.
>
> Não vai mais existir separação entre o céu e a terra

> (21.1,3). O céu e a terra serão a habitação de Deus e de sua igreja glorificada [...] alguns estudiosos aceitam o conceito da aniquilação do atual cosmos e de uma descontinuidade absoluta entre a antiga terra e a nova. A despeito dos eventos cataclísmicos que acompanharão o juízo sobre esta terra, rejeitamos o conceito de aniquilação total a favor da renovação... (LOPES, 2005, pág. 360,361).

O que podemos dizer quando o apóstolo Paulo, escrevendo aos coríntios diz que conheceu um homem que foi arrebatado ao terceiro céu em 2 Co 12.2? É interessante dizer que a Bíblia começa com as seguintes palavras: *"No princípio criou Deus os céus e a terra"*. Devemos notar que a palavra céu, está no plural e isso por si só, é uma indicação de que existe mais de um céu. Antes da era cristã, os judeus dividiam os céus em sete estratos e com o advento da vinda de Cristo, os cristãos de um modo geral, citam apenas três céus: o primeiro céu é este que vemos a olho nu, o segundo céu, é o céu fora da nossa atmosfera, e o terceiro céu, é o céu espiritual onde se encontra o trono de Deus.

Vale a pena enfatizar que no novo céu e na nova terra, não será um lugar de ociosidade, pois lá haverá atividades, onde segundo as Escrituras, algumas coisas não existirão, como por exemplo, lá não haverá lágrima, morte, enfermidade, dor, cansaço conforme Ap 21.4; também não haverá maldição (Ap 22.3) ou noite (Ap 22.5), não será possível casar-se e nem dar-se em casamento (Lc 20.34-36). Vemos também em Ap 21 que lá não estará presente os covardes, os incrédulos, os abomináveis, os assassinos os impuros, os feiticeiros os idólatras e os mentirosos.

A título de aprendizagem, os covardes são aquelas

pessoas que temem o perigo, fogem das consequências de confessar o nome de Cristo; os incrédulos são aqueles que buscam qualquer outro caminho para a sua salvação, descartando a oferta gratuita do evangelho de Cristo. Em relação aos abomináveis, dentro do contexto, são aqueles que se entregam abertamente ao pecado do mundo, tem prazer nos vícios, são aqueles que escarnecem da santidade e de Deus. Os impuros, por outro lado, são os que se entregam a luxúria, a perversidade moral, são os chamados depravados. Os assassinos e feiticeiros, todos com o mínimo de conhecimento bíblico, sabem suas implicações. Já os idólatras são aquelas pessoas que adoram ou mesmo veneram ou se prostram diante de ídolos de qualquer espécie. Por fim, os mentirosos esses segundo as Escrituras, tem como pai Satanás que é pai da mentira e este já tem seu lugar reservado desde séculos passados.

Por esses motivos que defendemos que seremos transformados e viveremos em harmonia com todos os propósitos para os quais Deus nos tem criado. Em outras palavras, podemos dizer que o novo céu e a nova terra será um lugar onde reina eternamente a harmonia, porque essa nova terra e novo céu, segundo Ap 21.23 não receberá a luz vinda do sol, pois a glória de Deus será suficiente. Será um lugar onde não haverá noite, de acordo com Ap 21.25; no entanto, isso não significa que lá será um lugar onde não teremos condições de distinguir o tempo, ou o dia e noite. Lá também será um lugar onde estaremos revestidos da imortalidade, pois as Escrituras em 1 Co 15.26 diz que a morte será o último inimigo a ser aniquilado. A nova terra e o novo céu será um lugar onde reinará grande beleza, onde desfrutaremos abundantemente a presença de Deus, porque no novo céu e na nova terra, teremos uma profunda comunhão com Deus.

É interessante dizer que podemos encontrar cristãos pensando que após sua morte, ele irá para a glória onde passará a eternidade no céu, no entanto, em nenhum lugar das Escrituras faz tal afirmação. As Escrituras ensinam que Deus fará uma nova terra e não que essa nova criação, será apenas um enfeite, mas será um lugar para ser habitado, Is 45.18 está escrito que Deus formou a terra para ser habitada e não para ficar vazia. Isto implica dizer que se Deus criou a terra para ser habitada e não para ficar vazia, é natural então pensar que a terra transformada, será um lugar de habitação para os santos.

Os textos bíblicos relatam uma cidade celestial que está preparada para habitação dos santos, conforme Hb 11.10-16 que descerá. Ap 21.2 conforme disse o apóstolo João que viu a cidade santa descer do céu da parte de Deus. Ela é uma cidade preparada no céu, para ser morada dos que foram redimidos por Jesus Cristo, depois das Bodas do Cordeiro. As Escrituras descrevem essa cidade como Nova Jerusalém que foi aguardada por Abraão (Hb 11.10,16), prometida por Jesus (Jo. 14.2,3), é uma cidade que virá de cima (Gl 4.26), mencionada como "a cidade do Deus vivo, a Jerusalém celestial" (Hb 12.22), e descrita como "a Santa Cidade" (Ap 21.2) e santa Jerusalém que de Deus descia (Ap 21.10), é a habitação de Cristo e da igreja que está acessível a todas as nações salvas.

Recorrendo mais uma vez a Lopes (2005, pág. 371), ele diz que "a cidade eterna não é somente o lar da noiva, ela é a noiva. A cidade não são os edifícios, mas pessoa, a cidade é santa e celestial. Ela desce do céu. Sua origem está no céu. Ela foi escolhida por Deus". Devido a tudo isso, pode-se concluir que nós não subiremos para habitar a cidade celestial, mas é a própria cidade celestial que descerá para que nós possamos habitá-la. Esta ideia é reforçada quando o versículo 3 diz que o tabernáculo de Deus está com os homens. Costumo brincar com as pessoas dizendo que como a Bíblia é a verdade revelada por Deus, então não somos nós que habitaremos com Deus no céu, mas é o próprio Deus que habitará com os homens na terra.

Acredito que talvez seja esta a razão pela qual Jesus disse no monte das bem-aventuranças em Mt 5.5: *"Bem-aventurados os mansos, pois eles herdarão a terra"*. Notem que Jesus disse que os mansos herdarão a terra e não herdarão os céus. Vale a pena lembrar algumas coisas que as Escrituras diz a respeito dessa nova criação como um lugar de grande beleza e alegria. Na descrição do céu em Ap 21 e 22, diz que é uma cidade santa (21.2), onde a morte não existirá, não haverá pranto, nem dor (21.4). Lá beberemos da fonte da água da vida (21.6). É uma cidade de tamanho inimaginável, pois as Escrituras diz que seu comprimento é de doze mil estádios (21.16), isso segundo os estudiosos, equivale aproximadamente a 2.400 quilômetros cada lado. Por curiosidade, pesquisei na internet no site distância entre cidades e o comprimento dessa cidade seria aproximadamente de Belo Horizonte/MG ao Amapá na região Norte do Brasil em linha reta. Os muros dessa cidade são de 144 côvados. Considerando que um côvado mede aproximadamente 46 centímetros, então o muro tem aproximadamente 66 metros de altura.

Nos versículos de 18 a 21 de Apocalipse, diz que partes da cidade é construída com várias joias e metais preciosos (21.18-21). Onde também não entrará algo que a contamine, não haverá mentira e será um lugar onde habitará apenas às pessoas inscritas no Livro da Vida do Cordeiro (21.27). No entanto, assim como iniciei este estudo dizendo que não importa a posição que defendo sobre algumas questões bíblicas, finalizo dizendo que o mais importante de tudo isso que mencionamos sobre o novo céu e a nova terra, não está relacionado a esta beleza ou riqueza material da cidade celestial, nem que todo o mal será erradicado; também não será que exerceremos autoridade no reino de Deus; o mais importante de tudo isso, é a comunhão eterna que gozaremos, que estaremos na presença de Deus juntamente com todas as pessoas que estão inscritas no livro da vida, pois o novo céu e a nova terra será um lugar de adoração a Deus.

Céu, inferno e purgatório

Recordemos que no estudo anterior, mencionamos que a palavra céu ou céus, é utilizada nas Escrituras Sagradas de três formas distintas. A primeira forma, é utilizado em um sentido geral e a palavra céu ou céus, serve para diferenciar aquilo que é diferente da terra. A segunda forma, quando empregada junto com a palavra terra, normalmente abrange todo o universo de Deus. A terceira forma é usada em sentido mais limitado, pois a palavra céu é empregada para descrever a atmosfera que envolve a terra. Assim por exemplo, poderemos ler sobre o orvalho do céu (Dn 4.15), aos pássaros do céu (MT 8.20; 13.32) as nuvens do céu (Mt 24.30; 26.64) e a chuva vinda do céu (Tg 5.18). Neste sentido, com frequência, esta palavra compreende mais do que a atmosfera terrestre, ela é usada também para abranger tudo o que é visível na expansão do universo acima do homem. Chafer relata:

> As Escrituras parecem indicar que há três céus. O primeiro e o segundo não são especificamente

> mencionados como tais, mas "o terceiro céu" e declarado como existente (2 Co 12.2). Fica evidente que não pode ser falado de um terceiro céu, sem o primeiro e o segundo.
>
> O primeiro céu deve ser a atmosfera que circunda a terra. Certamente uma referência é feita às aves dos céus (Os 2.18) e às nuvens do céu (Dn 7.13). Ali é a habitação nativa dos seres humanos e de toda a vida criada sobre a terra.
>
> O segundo céu pode ser os espaços estelares (cf. Gn 1.14-8 para as estrelas do céu) e assim é o lugar de morada de todas as criaturas angelicais.
>
> O terceiro céu (sua localidade contudo totalmente não revelada) é a moradia de Deus – o Pai, o Filho e o Espirito Santo, e este nunca foi penetrado por um ser humano. O propósito divino presente é povoar o terceiro céu. Ele é chamado glória (Hb 2.10) e representa antes um lugar do que um estado de mente ou de existência (Jo 14.1-3). Aqueles que entrarem lá tornar-se-ão "idôneos" (Cl 1.12). Mais especificamente, eles se tornarão efetivos filhos de Deus (Jo 1.12; 3.3). Eles serão aperfeiçoados para sempre (Hb 10.14), justificados (Rm 5.1) e tornar-se-ão participantes do πληρωμα de Cristo (Jo 1.16), que é toda sua plenitude (Cl 1.19), a própria natureza da divindade corporalmente (Cl 2.29) (CHAFER, 2003, pág. 59,60, volumes 7,8).

Antes mesmo da era cristã, os judeus dividiam o céu em sete tipos, já os muçulmanos admitem haver nove céus, enquanto Ptolomeu contava onze. A teologia cristã reconhece três céus, assim, vemos o apóstolo Paulo dizendo 2 Co 12.2 que foi *"arrebatado até ao terceiro céu"*. O primeiro céu, é o céu que podemos ver acima de nossas cabeças, mais particularmente a parte que está acima do nosso horizonte; o segundo, o espaço em que giram os astros e o terceiro, é a morada do Altíssimo, onde se encontra o trono de Deus e onde um dia, poderemos completar Jesus face a face.

Nas Escrituras, é bem explícito que o apóstolo mencionando o terceiro céu, está falando do céu que é o lugar de moradia de Deus e o fato dele usar a expressão *"terceiro céu"*, significa que o apóstolo "falava ou do céu, no seu caráter mais exaltado, ou do céu que é alcançado pelas almas dos abençoados depois que eles passam pelas duas regiões inferiores da atmosfera e do espaço que contém os corpos celestiais[6]".

Lembrando que a palavra céu nas Escrituras, é utilizado no sentido geral, para distinguir tudo aquilo que é diferente da terra e quando falamos do céu como a morada de Deus ou o lugar onde sua presença se manifesta integralmente, de forma alguma transgredimos a doutrina de sua divina onipresença. Embora as Escrituras nos ensinam que Jesus ascendeu em corpo aos céus e que ele virá dos céus para um dia nos julgar, sabemos que assim como Deus Pai, Jesus, é infinito e se manifesta onde ele já se encontra.

Grudem (1999, pág. 988, 989) por outro lado, assim descreve o que é o céu: "Na era presente, o lugar em que Deus habita é frequentemente chamado céu nas Escrituras. O Senhor diz "o céu é o meu trono" (Is 66.1) e Jesus nos ensina a orar "Pai nosso, que estás nos céus" (Mt 6.9). Jesus agora, "depois de ir para o céu, está a destra de Deus" (1 Pe 3.22). De fato, o céu pode ser definido da seguinte maneira: céu é o lugar em que Deus torna

---

[6] PFEIFFER, VOS e REA, 2009, pág. 406

conhecida da forma mais completa a sua presença para abençoar". PFEIFFER, VOS e REA acrescentam:

> Grande parte da descrição do céu em seu sentido mais puro, é dada em termos figurados, porque é impossível expressar coisas celestiais se não for em linguagem figurada e, consequentemente, simbólica. No entanto, essa linguagem de forma nenhuma significa que não haja nada literal sobre o céu, e que ele seja simplesmente um estado ou uma condição.
>
> [...] A respeito do céu, algumas coisas são claramente reveladas nas Escrituras. Uma atenção considerável é dada às coisas que não serão encontradas ali. Por exemplo, não será possível casar-se nem ser dado em casamento (Lc 20.34-36). Não haverá lágrimas, nem morte, nem sofrimento, nem clamor, nem dor, nada que corrompa, e não haverá mais maldição. Não haverá noite, e não haverá necessidade de luz, porque o Filho de Deus será a luz do céu (Ap 21.4, 27; 22.3, 5) (PFEIFFER, VOS e REA, 2009, pág. 406-407).

É importante dizer que algumas coisas que sabemos a respeito do céu, estão revelados nas Sagradas Escrituras e que a palavra céu é mais utilizada nas cartas paulinas. O céu da Bíblia é diferente do que alguns imaginam, ele é um lugar de amor, de santidade, sendo diferente da opinião popular e da versão de religiões pagãs, não apela para os desejos mundanos e egoístas do ser humano. McGrath acrescenta:

> Embora seja natural pensar no céu como algo futuro, o pensamento de Paulo parece abranger tanto uma realidade futura como uma esfera ou domínio espiritual que coexiste como o mundo material do espaço e do tempo. Assim, ele refere-se ao "céu" tanto como a futura morada do cristão (2 Co 5.1,2; Fp 3.20) quanto como a morada atual de Jesus Cristo, de onde ele virá no dia do juízo final (Rm 10.6; 1 Ts 1.10; 4.16) (MCGRATH, 2005, pág. 642).

Assim, podemos concluir sem sombra de dúvida que o céu é um lugar real e não apenas um estado de espírito como alguns afirmam. É real porque o próprio Senhor Jesus, sendo o verdadeiro Deus, mais que qualquer outra pessoa, falou sobre o estado futuro tanto dos salvos como dos perdidos, referindo-se como um lugar existente. Incluindo a isto, podemos também dizer que ele também ensinou que veio do céu, iria para o céu para preparar um lugar para os salvos e afirmou ainda que voltaria do céu nos últimos dias, no dia do julgamento.

O inferno ou o hades

O termo hades no grego transmite a mesma ideia que a palavra hebraica sheol: o invisível, o mundo dos espíritos. Ela está em conformidade com a doutrina de um estado futuro, que é ensinada com menos clareza no Antigo Testamento, onde o sheol é indefinido e diz respeito aos ímpios, enquanto no Novo Testamento, o hades aparece dividido em paraíso e geena ou gehenna. Hades significa às vezes o mundo invisível em geral e outras vezes, uma de suas divisões. Embora não sejam mencionadas no Antigo Testamento, as duas divisões podem ser identificadas pela diferença do destino dos justos e dos ímpios, outras vezes tratados como perdidos ou não salvos.

Segundo as concordâncias bíblicas, o termo hades ocorre 12 vezes no Novo Testamento (às vezes traduzido por morte ou inferno). Mt 11. 23; 16.18; Lc 10.15; 16.23; At 2.27,31; 1Co 15.55; Ap1.18; 6.8; 20.13,14. O termo sheol é traduzida por inferno em Dt 32.22, além de outras 34 ocorrências com sepultura ou inferno. Contudo, sheol significa o lugar para onde vão as almas dos mortos, sem distinção de bons e maus, conforme Sl 16.10.

O nome inferno aparece em dez lugares, como uma tradução do grego hades. Lembrando que hades, geralmente corresponde a sheol. O rico avarento (Lc 16.23) estava no hades, onde também esteve Jesus (At 2.27). Chamamos a atenção para o texto de Lc 16.23,26 onde parece haver uma separação dos bons e dos maus. Assim, para o mau, hades é um lugar de tormento, embora não seja o lugar final, salientando que nada tem a ver com o purgatório.

O termo inferno aparece em 12 passagens como Geena, composto de duas palavras hebraicas, Ge-Hinom, "o vale de Hinom" que é um lugar perto de Jerusalém onde crianças eram sacrificadas no fogo ao deus Moloque, ídolo dos amonitas (2 Cr 33.6). De todas as doutrinas do cristianismo, a do inferno é provavelmente a mais difícil de defender e a mais incômoda de se crer, porque muitos procuram insistentemente recusar sobre a existência de uma doutrina da perdição. Este é um dos motivos pela qual sabemos mais sobre o céu do que o inferno, principalmente porque estamos destinados a ir para o céu.

Chafer diz que as mentes sem instrução, neste caso, referindo-se as pessoas que desconhecem a doutrina do inferno e não ao grau de instrução escolar recebida, "se revoltam diante da doutrina da perdição eterna e quanto mais simpáticos esses homens são por natureza, mais eles se revoltam; contudo, a doutrina não se origina na razão humana nem é influenciada pela simpatia humana" (CHAFER, 2003, pág. 750,751, volume 3,4) e acrescenta:

> Como o céu é um lugar e não um mero estado de mente, de igual modo os reprovados vão para um lugar. Esta verdade é indicada pelas palavras Hades (Mt 11.23; 16.18; Lc 10.15; 16.23; Ap 1.18; 20.13,14) e Gehenna (Mt 5.22, 29, 30; 10.28; Tg 3.6) – um lugar de "tormento" (Lc 16.28). Esta é uma condição de miséria indizível e é indicada por termos figurativos usados para descrever os seus sofrimentos – "fogo eterno" (Mt 25.41); "lago ardente de fogo e enxofre" (Ap 21.8); "poço do abismo" (Ap 9.2); "trevas exteriores", um lugar de "choro e ranger de dentes" (Mt 8.12); "fogo inextinguível" (Lc 3.17); "fornalha de fogo" (Mt 13.42); "escuridão de trevas" (Jd 13), e "a fumaça do seu tormento sobe para todo sempre; e não têm repouso nem de dia nem de noite" (Ap 14.11) (CHAFER, 2003, pág. 753, volume 3,4)

Apenas pelo fato de algumas pessoas tentarem convencer outras pessoas ou simplesmente negar a existência real do céu e do inferno, nos leva a pensar sobre o quão importante são essas doutrinas. No entanto, poderíamos perguntar o que aconteceria se a deixássemos de lado a crença do inferno? Qual seria a diferença entre um mundo onde existisse apenas céu e não inferno? É bom enfatizar neste momento que a descrença no inferno como um lugar real, dito por Jesus, gera consequências que destroem a fé cristã, em outras palavras, isto quer dizer que crer na não existência do inferno, é o mesmo que afirmar que a Bíblia, a igreja, seus profetas, Jesus, seus discípulos mentiram e se qualquer um desses, especialmente a Bíblia mentiram sobre sua existência, então, seria o mesmo que afirmar que ela tenha mentido também a respeito das outras coisas.

Se deixarmos de lado a crença do inferno apenas por ela nos parecer correta ou para adequar ao nosso modo de vida, esta atitude, implicaria no princípio de que podemos alterar ou mesmo adequar qualquer doutrina que também não aceitemos como sendo correta, isto quer dizer que qualquer doutrina seria negociável e o cristianismo se tornaria uma ideologia humana e não uma revelação divina inspirada pelo Espírito Santo. Outra implicação na descrença do inferno, é que as escolhas de vida, não fariam qualquer diferença para a vida futura. Removendo o inferno, o céu se tornaria acessível a todos, inclusive aos maiores pecadores, onde não existiria punição pelos nossos erros e todos no final das contas, seriam salvos. Isto é universalismo.

Acrescentando ainda que se não existisse um inferno do qual poderemos ser salvos, então Jesus deixaria de ser nosso Salvador, seria apenas um mestre, um profeta, um guru ou um modelo de ser humano para nos espelhar como alguns afirmam. De forma análoga, poderemos dizer que assim como se o fogo não existisse, do mesmo modo, o corpo de bombeiros seria uma corporação inútil ou mesmo sem sentido, no combate contra incêndio. Da mesma forma, caso o inferno não existisse, haveria indiferença religiosa. Se a fé em Jesus Cristo como filho do Deus vivo, nosso mediador, advogado e salvador não teria razão de ser e poderíamos acrescentar aos nossos erros, a culpa de enviar missionários para pregar a Palavra de Deus, então, seríamos indesculpáveis os olhos de Deus por todos aqueles que morreram em nome de Jesus.

Se não existisse razão para crermos na doutrina do inferno, também não haveria razão para crermos na doutrina de que Deus é amor (1 Jo 4.8). *"E nós conhecemos, e cremos no amor que Deus nos tem. Deus é amor; e quem está em amor está em Deus, e Deus nele"* (1 Jo 4.16). Sabemos que Deus é amor, não pela observação da natureza, como alguns afirmam, nem pelo raciocínio filosófico, também não é pela ciência e nem pela consciência, pois a consciência nos diz o que é certo, o que é errado, mas não nos diz que somos perdoados. A razão de alguém ter a ideia de que Deus é amor, é por causa da misericórdia e pelo perdão que Ele nos concede, mesmo que sejamos pecadores e não merecedores dessa misericórdia.

Esta razão é o caráter de Deus revelado na Bíblia; revelação essa que culmina em Jesus Cristo que veio a este mundo, para nos salvar. Entretanto, devemos descartar a ideia de que pelo fato de Deus ser misericordioso, perdoador que está pronto a nos perdoar, por Ele ser soberano a quem quer e quando quer, é uma falácia. Essa costuma ser a argumentação daqueles que nada entendem sobre o caráter de Deus. Deus é amor como citado, contudo, Ele também é santidade e justiça. A Palavra de Deus é absoluta, por isto não pode ser mudada, principalmente quando se refere ao pecado e santidade.

A doutrina do purgatório

O Evangelho em parte alguma faz menção do

purgatório ou de sua existência, por este motivo, os cristãos afirmam que além dos dois lugares mencionados na Bíblia (o paraíso ou céu e a geena ou inferno), segundo estudiosos, a igreja católica romana concebeu a ideia do purgatório no final do século VI pelo papa Gregório I, embora fosse conhecida na literatura pagã. Naturalmente, essa foi uma das doutrinas que foram repudiadas pelos reformadores, principalmente pelo fato dos romanistas a relacionarem com as indulgências e outros meios para abreviar o tempo ou o sofrimento que a alma de alguém haveria de passar naquele lugar. Chafer é enfático quando relata sobre o purgatório:

> A igreja de Roma tem concebido a ideia e a desenvolve no sentido de que a morte de Cristo e uma satisfação aos pecados cometidos antes do batismo, mas que aqueles batizados, se pecarem, devem ter esses pecados expiados no purgatório, antes que possam ser admitidos na presença de Deus. Esta teoria encoraja tanto orações pelos mortos quanto grandes contribuições para a igreja, a fim de que as preces sejam feitas nas missas. A doutrina de que Cristo é a propiciação pelos pecados do crente (1 Jo 2.2) e por ela o crente é perdoado e purificado com base na confissão do pecado a Deus (cf. 1 Jo 1.9), é negada por Roma (CHAFER, 2003, pág. 749, volume 3,4).

Segundo o ensino romanista, as pessoas que morreram na graça, embora tivessem garantida sua salvação eterna e não estão completamente purificados, após sua morte passa por uma purificação para se "obter a santidade necessária para entrar na alegria do céu".

> A igreja denomina Purgatório esta purificação final dos eleitos, que é completamente distinta do castigo dos condenados. A igreja formulou a doutrina da fé

relativa ao Purgatório sobretudo no Concílio de Florença e de Trento fazendo referência a certos textos da Escritura, a tradição da igreja fala de um fogo purificador.

No que concerne a certas faltas leves, deve-se crer que existe antes do juízo um fogo purificador, segundo o que afirma aquele que é a Verdade, dizendo, que, se alguém tiver pronunciado uma blasfêmia contra o Espírito Santo, não lhe será perdoada nem no presente século nem no século futuro (Mt 12.32). Desta afirmação podemos deduzir que certas faltas podem ser perdoadas no século presente, ao passo que outras, no século futuro.

Este ensinamento apoia-se também na prática da oração pelos defuntos, da qual já a Sagrada Escritura fala: "Eis por ele [Judas Macabeu] mandou oferecer esse sacrifício expiatório pelos que haviam morrido, a fim de que fossem absolvidos de seu pecado" (2 Mc 12.46). Desde os primeiros tempos, a igreja honrou a memória dos defuntos e ofereceu sufrágios em seu favor, em especial o sacrifício eucarístico, a fim de eu, purificados, eles possam chegar à visão beatífica de Deus. A igreja recomenda também as esmolas, as indulgências e as obras de penitência em favor dos defuntos... (Catecismo da Igreja Católica, 1999, pág. 290,291).

Discordamos da teologia romanista que ensina que após a morte, serão purificados com as penas do purgatório. Esses castigos, segundo seus ensinamentos, pode ser aliviado com o apoio dos vivos, isto é, pelo sacrifício da missa, pelas orações e esmolas e por outras obras piedosas designadas pela igreja romana, exceto para aqueles que morrem em pecado mortal, esses irão diretamente para o inferno. Na doutrina católica romana, só os que morrem em pecado venial (não mortal) como a desonestidade, a ira ou a luxúria, pode ser perdoado, por meio de indulgências ou após expiar seus pecados no purgatório. Já o pecado mortal é aquele que provoca a morte espiritual, como o suicídio, este não pode ser perdoado.

Esse conceito de pecado venial e mortal do catolicismo, tem o problema de nos fazer negligenciar alguns pecados que se impõe à santificação e a eficácia da obra salvífica na obra do Senhor Jesus, pois cria um certo medo e algumas vezes gera a expectativa de impossibilidade da certeza do perdão. Segundo as referências da Bíblia, todos os pecados são mortais, pois o mais leve deles nos torna legalmente culpados perante a Deus e nos torna merecedores do castigo eterno. Contudo, ela também assevera que até o mais grave dos pecados pode ser perdoado, quando a pessoa se entrega verdadeiramente a Jesus Cristo em busca de salvação.

Em 1 Co 6.9-11 está escrito: *"Não sabeis que os injustos não hão de herdar o reino de Deus? Não erreis: nem os devassos, nem os idólatras, nem os adúlteros, nem os efeminados, nem os sodomitas, nem os ladrões, nem os avarentos, nem os bêbados, nem os maldizentes, nem os roubadores herdarão o reino de Deus. E é o que alguns têm sido; mas haveis sido lavados, mas haveis sido santificados, mas haveis sido justificados em nome do Senhor Jesus, e pelo Espírito do nosso Deus.*

A doutrina do purgatório pregado pelo catolicismo romano, não tem base total nas Escrituras Sagradas, pois também faz uso de tradições e de livros deuterocanônicos ou apócrifos. Eles não são consistentes com os ensinamentos ortodoxos cristãos. Basta dizer que quem conhece a doutrina da justificação pela fé em Jesus Cristo, sabe que o sangue de Cristo nos purifica de todo o pecado. O fato é que não há lugar intermediário para que alguém seja salvo.

A Bíblia não ensina a doutrina do purgatório

O fato de que a alma do cristão ir imediatamente para a presença de Deus, significa que não existe um lugar intermediário como o purgatório. Como mencionado, o purgatório é ensinado na doutrina católica romana, como o lugar onde a alma do cristão vai para ser purificada do pecado, até que esteja pronta para ser aceita no céu. É interessante recordar que o romanismo achou apoio para a existência do purgatório, não nas páginas do cânon das Escrituras, mas nos escritos apócrifos, principalmente 2 Mac 12.42-45 que relata que Judas Macabeu enviou duas mil dracmas de prata à Jerusalém em oferecimento a um sacrifício expiatório pelos pecados daqueles que haviam morrido, com a finalidade deles serem absolvidos de seus pecados.

Vale salientar que essa literatura, não tem autoridade como as Escrituras, e não deve ser vista como fonte autorizada de doutrina. Além do mais, quando o texto fala do sacrifício expiatório feito por Judas Macabeu, isto está contra o ensino do Novo Testamento de que somente Jesus Cristo faz e fez a expiação em nosso favor. No entanto, o problema mais sério com essa doutrina, é que ela ensina a necessidade de acrescentar algo à obra redentora de Jesus na cruz e que a sua obra redentora em nosso favor, não foi suficiente para pagar a pena por todos os nossos pecados.

Este tipo de ensinamento, tira dos cristãos o consolo que encontramos e temos, pois se o purgatório existe, nós não seríamos salvos imediatamente e não estaremos na presença do Senhor. Acrescento ainda que somente pelo fato de que as almas dos salvos irem imediatamente para a presença de Deus, mostra que não devemos orar pelos mortos. Embora essa ideia também seja ensinada em 2 Mac 12.42-45, ela não é ensinada em nenhum texto bíblico. Basta vermos que em nenhuma página do Novo Testamento há indicação de que tenha sido uma prática cristã.

Na realidade, orar pelos mortos não resulta em bem algum, pois o destino final deles já foi determinado por seus pecados e por sua rebelião contra Deus nesta vida. Assim sendo, orar pelos mortos, é orar por algo que Deus nos disse que já está decidido. Mas alguém pode dizer que no Antigo Testamento isso era válido e de novo afirmamos que em nenhuma página do cânon das Escrituras ensina tal prática. Vejamos um exemplo tirado de um texto veterotestamentário que é quando o filho do rei Davi estava prestes a morrer e Davi orou, jejuou a favor dessa criança que era fruto de uma união sexual ilícita com Batseba e quando essa criança morreu, a Bíblia diz que Davi parou de orar, levantou-se, lavou-se, mudou de roupa, entrou na Casa do Senhor para adorar a Deus e somente depois que ele comeu (2 Sm 12.20). No versículo 23, Davi percebe que como a criança havia morrido e seus esforços de orar por ela haviam chegado ao fim.

Ensinar as pessoas a orarem pelos mortos, é incentivar uma falsa esperança de que o destino das pessoas depois da morte pode ser mudado. Isto pode levar pessoas a desperdício de tempo em oração aos mortos, sem que haja qualquer resultado e também desviar a atenção de orações intercessórias que poderiam ser feitas para alguém que realmente precisa.

Tg 5.16 está escrito: *"Confessai as vossas culpas uns aos outros, e orai uns pelos outros, para que sareis. A oração feita por um justo pode muito em seus efeitos"*.

Devemos reconhecer que não haverá segunda chance de aceitar Jesus Cristo depois da morte. A verdadeira condenação não vem somente por causa da rejeição a Jesus Cristo, mas por causa dos pecados que cometemos e da rebelião cometida contra Deus. A Bíblia diz: *"Quem crê nele não é condenado; mas quem não crê já está condenado, porquanto não crê no nome do unigênito Filho de Deus. E a condenação é esta: Que a luz veio ao mundo, e os homens amaram mais as trevas do que a luz, porque as suas obras eram más"* Jo 3.18,19.

Considerações práticas sobre o juízo final

O tema juízo final ultimamente tem sido pouco abordado em nossas igrejas e é relatado nas Escrituras através da visão que o apóstolo João teve na ilha de Patmos quando escrevia o livro de Apocalipse. As Escrituras afirmam que no fim dos tempos haverá um grande julgamento final que inclui todas as pessoas, sejam elas cristãos ou não. O mais interessante é que este tema aparece em outros livros da Bíblia, porém teve maior ênfase em Apocalipse. Como exemplo disso, podemos ver em Mt 10.15; 11.22,24; 12.36 falar sobre o dia do juízo e um pouco mais adiante, no capítulo 25.31-46 em relato mais explícito sobre esse dia.

No livro de Atos, vemos o apóstolo Paulo dizer aos atenienses no areópago o seguinte: *"Mas Deus, não tendo em conta os tempos da ignorância, anuncia agora a todos os homens, e em todo o lugar, que se arrependam; porquanto tem determinado um dia em que com justiça há de julgar o mundo, por meio do homem que destinou; e disso deu certeza a todos, ressuscitando-o dentre os mortos*" (At 17.30,31).

Sobre esse dia, podemos ler também quando o apóstolo Paulo cita veladamente sobre esse dia, mencionando a frase "*...até que o Senhor venha...*" em 1 Co 4.5. Do mesmo modo, 2 Pe 2.4 e Jd 1.6 fala desse grande dia, mas apesar disso, há desencontros na visão escatológica, pois de acordo com a posição dispensacionalista, haverá mais de um julgamento. São eles: (1) o julgamento das nações descrito em Mt 25.31-46; (2) o julgamento das obras dos crentes, onde os cristãos receberão os galardões, e (3) o julgamento do grande trono branco ao final do milênio descrito em Ap 20.11-15, onde será declarado o castigo eterno para os incrédulos.

Particularmente, creio que tudo isso seja parte de um mesmo julgamento e Jesus atuará nesse período como juiz, não mais como nosso intercessor entre Deus e os homens. Como tocamos no assunto de Jesus ser nosso juiz e não mais o nosso intercessor, é bom lembrar o que diz At 10.42, onde Deus constituiu Jesus como juiz sobre os vivos e mortos. Também é bom lembrar que em 2 Tm 4.1 está escrito que Jesus haverá de julgar os vivos e os mortos na sua vinda e no seu reino.

É interessante verificar que qualquer tipo de julgamento, demanda um veredito e consequentemente uma sentença, seja ela uma punição ou absolvição. Conforme está escrito em Apocalipse, capítulo 20 a partir do versículo 11, os mortos serão julgados segundo as suas obras.

Quando cito mortos, quer dizer mortos literalmente e não em sentido figurado, pois todos os mortos, o que inclui Adão, Eva, Caim e tantos outros personagens que conhecemos pelos textos bíblicos. Nesse julgamento, todos sem exceção, incluindo aqui os cristãos receberão o merecido, pois em 2 Co 5.10 está escrito: *"Porque todos devemos comparecer ante o tribunal de Cristo, para que cada um receba segundo o que tiver feito por meio do corpo, ou bem, ou mal"*.

Neste dia, todas as oportunidades de salvação estarão esgotadas e todas as nossas obras ficarão às claras, ou seja, nada ficará em oculto, isto porque nada é encoberto para Deus e esse julgamento, não virá para amenizar a situação daqueles que se encontram perdidos e afastados de Deus, esse julgamento virá para agravar ainda mais a situação desses, pois em Ap 20.15 está escrito que esses serão lançados no lago de fogo.

Temos conhecimento de pessoas que temem esse dia, mesmo que não levem muito a sério este assunto. Esse temor expressado por eles, está mais baseado no receio do que o próprio temor, pois todas as palavras ditas e atos praticados, bem como todos os seus pecados, serão descobertos nesse dia, conforme podemos ver em 1 Co 4.5: *"Portanto, nada julgueis antes do tempo, até que venha o Senhor, o qual não somente trará à plena luz as coisas ocultas das trevas, mas também manifestará os desígnios dos corações; e então, cada um receberá o seu louvor da parte de Deus"*. Salientando que a referência as "coisas ocultas das trevas" e "desígnios do coração" tem muito a ver com nossas motivações, pensamentos e atitudes.

Mas isto também não quer dizer que ninguém saberá disso, pois em minha visão, Deus não ocultará esses pecados praticados, não confessados e arrependidos, mas mesmo que eles se tornem conhecido; minha opinião é que esses pecados, serão conhecidos como pecados que foram perdoados pela misericórdia do Senhor e então, isto será mais um motivo para glorificarmos a Deus. É imperativo lembrar que nossos pecados já foram perdoados na cruz do Calvário e quando aceitamos Jesus Cristo como nosso único salvador e Senhor. Este é o motivo pela qual devemos confessar nossos pecados e arrepender de cada um deles, para que possamos estar na condição de glorificar a Deus nesse grande dia.

Sempre procuro enfatizar para essas pessoas que demonstram este tipo de receio ou mesmo medo, que se eles realmente se arrependerem de seus pecados, confessá-los a Deus, não a um sacerdote e a pessoa envolvida, mudar sua atitude a partir daquele momento, não se deve recear ou aguardar uma punição maior, porque a Palavra de Deus nos ensina em Hb 8.12 que Deus não se lembrará de nossos pecados: *"Pois, para com as suas iniquidades, usarei de misericórdia e dos seus pecados jamais me lembrarei"*.

Uma coisa interessante que as Escrituras ensinam é que nós cristãos teremos uma participação ativa no processo de julgamento no dia do juízo, conforme está escrito em 1 Co 6.2,3: *"Ou não sabeis que os santos hão de julgar o mundo? Ora, se o mundo deverá ser julgando por vós, sois, acaso, indignos de julgar as coisas mínimas? Não sabeis que havemos de julgar os próprios anjos? Quanto mais as coisas desta vida!"*. Isto quer dizer que não seremos meros espectadores, teremos uma participação ativa e isto também pode ser visto em Ap 20.4 quando o apóstolo João diz que viu tronos e nesses tronos assentaram-se almas e foi-lhes dado poder para julgar.

MacArthur apresenta um entendimento sobre esses versículos, pois para ele, nós cristãos temos a capacidade de julgar o mundo, porque nós ajudaremos "Cristo a julgar o mundo durante o reino milenar (Ap 2.26,27; 3.21 cf. Dn 7.22)", pois somos "mais do que capacitados com a verdade, com o Espírito, com os dons e com os atuais recursos que têm nele para resolver pequenas questões que surgem entre eles nesta vida atual". Mencionando sobre julgar os próprios anjos, ele escreveu: "a palavra grega pode significar 'dominar ou governar'. Uma vez que o próprio Senhor jugará os anjos caídos (2 Pe 2.4; Jd 6), significa provavelmente, que na eternidade nós teremos um certo domínio sobre os santos anjos. Posto que os anjos são 'espíritos ministradores' para servir aos santos (Hb 1.14), parece razoável que eles nos servirão na glória" (nota marginal ao versículo).

Isso por si só, é uma indicação de que Jesus não reservou para si o direito exclusivo de julgamento, mesmo que nesse texto seus cooperadores não sejam enumerados como o texto de Mt 19.28 que diz que seus discípulos se assentaram sobre o doze tronos e julgaram as doze tribos de Israel. O fato é que diversas pessoas não tem a Bíblia como regra de fé e conduta, não creem no juízo final descrito em suas páginas. Algumas dessas pessoas, apelam para o lado científico ou mesmo de acontecimentos naturais, dizendo que o sol em alguns milhares de anos se extinguirá e junto com ele o nosso planeta; outros ainda, creem nas catástrofes que levarão a humanidade ao extermínio completo como guerras nucleares, químicas ou bacteriológicas. Mas independente de como será o fim da humanidade, o fato interessante é que muitos deles, de algum modo acreditam que haverá um juízo final; isto porque é algo gravou no coração do ser humano.

Digo gravou, porque isso é inato do ser humano e também porque Deus colocou em nossos corações este ensinamento. Independente da religião que professamos, no íntimo sabemos que todo mal precisa de uma reparação e isto, demonstra a justiça de Deus e de que Ele está no controle de todas as coisas, mesmo que as pessoas não aceitem esse fato. Esse sentimento do juízo final tem o seu lado positivo, pois nos torna mais tolerantes e nos capacita a perdoar mais os outros, pois percebemos que não vale a pena perseguir quem quer que for para buscar vingança. Rm 12.19-21 está escrito: *"Não vos vingueis a vós mesmos, amados, mas daí lugar à ira, porque está escrito: Minha é a vingança; eu recompensarei, diz o Senhor. Portanto, se o teu inimigo tiver fome, dá-lhe de comer; se tiver sede, dá-lhe de beber; porque, fazendo isto, amontoarás brasas de fogo sobre a sua cabeça. Não te deixes vencer do mal, mas vence o mal com o bem"*.

Além do mais, isso também é uma exortação para todo cristão procurar ter uma vida justa, produzindo bons frutos. O juízo virá e haverá condenação eterna ou gozo eterno. Mesmo que toda a humanidade pereça, o que não acredito, cada um de nós terá consciência após o julgamento final. O inferno, como enfatizamos anteriormente, é um lugar real e está reservado para Satanás e seus anjos e também a todo aqueles que rejeitaram a misericórdia de Deus. Grudem se posiciona da seguinte maneira ao referir-se sobre a necessidade do juízo final:

> Já que ao morrer os crentes passam imediatamente para a presença de Deus, e os incrédulos para o estado em que são separados de Deus e submetidos ao castigo, podemos perguntar por que Deus estabeleceu um momento de juízo final. Berkhof observa de maneira sábia que o juízo final não tem o propósito de permitir que Deus descubra a condição de nosso coração ou o padrão de conduta de nossa vida, pois ele já os conhece nos mínimos detalhes. Berkhof diz antes sobre o ajuízo final:

> Seu propósito é, antes, expor diante de todas as criaturas racionais a glória declarativa de Deus num ato formal e forense que engrandecerá, por um lado, a sua santidade e justiça, e, por outro lado, a sua graça e misericórdia. Além disso, devemos ter em mente que o juízo do último dia será diferente, em mais de um aspecto, daquele que ocorre na morte de cada indivíduo. Não será secreto, mas público; não dirá respeito somente à alma, mas também ao corpo; não se referirá apenas a um único indivíduo, mas sim a todos os homens (GRUDEM, 1999, pág. 980).

Para aqueles que defendem a posição de que morreu e não tem nada mais, ou morreu e acabou, fica aqui um alerta: segundo as Escrituras, a morte será o último inimigo a ser derrotado. Depois da parábola dos talentos, Jesus fala sobre o julgamento e no versículo de número 46 de Mt 25, ele diz que uns sofrerão tormento eterno e os justos, a vida eterna. Notem a palavra eterno tanto em tormento quanto à vida e nesse texto, o paralelo entre "tormento eterno" e "vida eterna", indica que ambos os estados não terão fim. Este ensino de modo algum dá apoio àqueles que creem na doutrina do aniquilacionismo que nega o castigo eterno, porque acreditam que morreu e nada mais tem por vir, também aqueles que defendem seu ponto de vista reencarnatório, sabem que o planeta está se transformando e está deixando de ser um planeta de provas e expiações e a condição dos que não evoluírem não será boa.

Também tem o ponto de vista daqueles que creem na doutrina do purgatório, lugar esse, nunca defendido nem ensinado pela Bíblia Sagrada, seja ela em qual versão for, eles defendem a realidade do juízo final e do castigo para o pecado, mas pecam ao ensinar que depois de sofrerem um certo período a ira de Deus contra seus pecados, esses serão expurgados. Para esses, o castigo é consciente mas não eterno. Neste ponto, eles esquecem de dizer que se toda a humanidade será extinta, quem estará no planeta para orar pelos mortos e apresentar sacrifícios para expurgar suas culpas?

Gostaria de enfatizar, mais uma vez, que nossos pecados foram perdoados na cruz do Calvário; somos purificados no sangue de Jesus e devemos aceitá-lo Jesus como nosso único intercessor entre Deus e os homens; aceitá-lo como nosso único salvador e Senhor. O tempo urge, Jesus em breve voltará e ainda há tempo para fazermos a coisa certa. Em 1 Co 15.52 está escrito que a vinda de Jesus será num abrir e fechar de olhos. Mt 24.27 complementa: *"Porque, assim como o relâmpago sai do oriente e se mostra até ao ocidente, assim será também a vinda do Filho do homem*". A data da volta de Jesus ninguém sabe ou poderá predizer, não se engane, então o melhor a si fazer é não esperar o momento certo ou a oportunidade adequada, porque talvez, amanhã talvez seja tarde demais.

Mt 24.27 está escrito: "*Porque, assim como o relâmpago sai do oriente e se mostra até ao ocidente, assim será também a vinda do Filho do homem*". As Escrituras afirmam que no fim dos tempos haverá um grande julgamento final de cristãos e não cristãos. Você está preparado para este dia?

Predestinação, eleição e livre arbítrio

Sabemos através da Bíblia que Deus é antes de todas as coisas (Gn 1.1; Cl 1.17), o que implica dizer que Deus criou todas as coisas e sem Ele nada do que foi feito se fez, conforme Jo 1.3; também está escrito em Cl 1.16 *"Porque nele foram criadas todas as coisas que há nos céus e na terra, visíveis e invisíveis, sejam tronos, sejam dominações, sejam principados, sejam potestades. Tudo foi criado por ele e para ele"*. Ap 4.11 está escrito: *"Digno és, Senhor, de receber glória, e honra, e poder; porque tu criaste todas as coisas, e por tua vontade são e foram criadas"*.

Se Deus criou todas as coisas então é certo dizer que Ele sustenta todas as coisas, conforme Hb 1.3b e 1 Co 8.6a. Isto quer dizer que Deus também está acima de todas as coisas, pois Ele é transcendente. Ef 4.6 está escrito: *"Um só Deus e Pai de todos, o qual é sobre todos, e por todos e em todos vós"*, também está escrito no Sl 97.9 *"Pois tu,*

Senhor, és o mais alto sobre toda a terra; tu és muito mais exaltado do que todos os deuses".

Assim queremos dizer também que Deus é onisciente, ou seja, Ele conhece todas as coisas. O Sl 147.5 declara que é impossível medir o entendimento de Deus, também Sl 139.4,6 diz que Deus tudo conhece e que tal ciência era tão elevado que ele não conseguia atingir. Deus é antes de todas as coisas, sustenta todas as coisas, conhece todas as coisas e está no controle de todas as coisas. Esse controle absoluto sobre todas as coisas é chamado em teologia de soberania de Deus e a Bíblia confirma essa soberania em diversas passagens.

Com esta introdução, iniciaremos perguntando: somos todos predestinados ou temos livre arbítrio? Este assunto apesar de ser polêmico, foi discutido desde o século IV por Agostinho de Hipona, mais conhecido como santo Agostinho, sendo depois enfatizado por João Calvino no século XVI. O arminianismo enfatiza o livre arbítrio, a responsabilidade humana quanto à salvação, no entanto, eles negam que todas as coisas tenham sido predestinadas desde a eternidade.

Por outro lado, a Bíblia ensina tanto a predestinação bem como o livre arbítrio e por esse motivo a fé cristã de um modo geral, apresenta um dilema; de um lado, nós cristãos, cremos que Deus nos criou dando-nos a livre escolha ou o livre arbítrio. Isto quer dizer que somos moralmente responsáveis pelas decisões que tomamos e achamos ser correta. Se fosse o contrário, ou seja, se nós não fôssemos capazes de tomar decisões significativas e não fôssemos responsáveis pelas nossas escolhas e atos, então, porque a Bíblia nos exorta a resistir ao mal e fugir das tentações?

O Dicionário on-line explica que predestinação é a "crença de que cada acontecimento é determinado de antemão por Deus. Os defensores dessa doutrina argumentam que se Deus não ordenar cada acontecimento, não se pode dizer que Ele é todo-poderoso" e livre-arbítrio é a "oportunidade ou possibilidade de tomar decisões por vontade própria, seguindo o próprio discernimento e não se pautando numa razão, motivo ou causa, estabelecida".

Assim, se levarmos em consideração como alguns fazem, crer que tudo o que fazemos, estava determinado por Deus e não poderia acontecer de outra maneira, então, de que maneira podemos afirmar que somos livres? Se tudo já está determinado, o que vai acontecer, irá inevitavelmente acontecer independente do que venhamos a fazer, então, isto quer dizer que não temos escolha e como poderemos ser considerados responsáveis pelas nossas ações se não tivemos a liberdade de agir por conta própria. De que maneira Deus poderia nos punir ou mesmo nos recompensar de maneira justa, mediante esta linha de pensamento?

Sem dúvida alguma, os cristãos creem que Deus está no controle de todas as coisas, nada pode atrapalhar seus planos e tudo que acontece, está de acordo com sua soberana, amorosa e divina vontade, seja ela decretiva ou permissiva. Entretanto, é bom perguntar: será que a doutrina da predestinação e livre arbítrio como a entendemos, expressam toda a verdade? Note bem, se nós somos capazes de tomar decisões morais importantes, então não deveríamos também concluir que podemos agir contra a vontade de Deus? Sabemos que Deus é onisciente, está no controle de todas as coisas, até mesmo daquilo que faremos antes mesmo de nós o fazermos e que Deus não erra. Concordo com estas afirmativas, no entanto, logo em seguida podemos nos perguntar: como podemos ser culpado de alguma coisa, se Deus controla tudo?

Se Deus tem o controle soberano de tudo, então poderia parecer que Deus nos fez praticar tal ato! A resposta do livre arbítrio, pode vir ao nosso encontro; esclarecendo que podemos fazer o que desejarmos e que somos moralmente responsáveis pelas nossas escolhas, apesar de Deus sempre estar no controle de tudo. Lembremos que Deus não viola nossos direitos, nem nos manipula como se fôssemos marionetes. Justamente por este motivo, é que não devemos atribuir a Deus a responsabilidade por todas as ações praticadas por nós.

É interessante dizer que Deus exerce controle sobre todos os eventos e ao mesmo tempo, somos livres para agir. O detalhe aqui é a concepção que temos da palavra livre, pois a Bíblia em lugar algum nos diz que somos livres no sentido de estar além do controle de Deus, nem nos diz que somos capazes de agir retamente por conta própria sem auxílio do poder divino. Se fôssemos completamente livres, soberanos de todas as nossas ações e escolhas, então seríamos iguais a Deus.

Podemos encontrar na Bíblia, citações de que

Deus determinou o futuro de Israel e o futuro da igreja, no entanto, não creio que Deus tenha determinado o futuro individual de cada um, ou seja, que o homem ao nascer já está predestinado ao céu ou ao inferno, conforme a vontade de Deus.

Efésios 1.4,5 está escrito: *"Como também nos elegeu nele antes da fundação do mundo, para que fôssemos santos e irrepreensíveis diante dele em amor; e nos predestinou para filhos de adoção por Jesus Cristo, para si mesmo, segundo o beneplácito de sua vontade"*. Sabe o que o apóstolo Paulo está querendo dizer com estas palavras? Ele diz que Deus não é igual ao ser humano que faz as coisas de improviso ou seus atos dependem das circunstâncias.

Paulo nesta passagem entra na área dos atributos de Deus e dentro do atributo da onisciência de Deus, existe a presciência de Deus, isto quer dizer que Deus sabe todas as coisas e as sabe antecipadamente. Resumindo, o apóstolo Paulo quer dizer que Deus preparou um grande plano para cada um de nós.

Um detalhe é que nos versículos citados não encontramos uma palavra no singular, mas sempre no plural: Deus nos elegeu e nos predestinou e não me elegeu ou me predestinou. Assim a eleição de Deus não foi feita individualmente, mas para um grupo de pessoas. Deus predestinou um grupo para ir para o céu e esse grupo é a igreja de Cristo. Deus predestinou o futuro da igreja para o céu, o futuro de um povo e não de pessoas individualmente.

1 Pe 2.9,10 diz que somos raça eleita, nação santa,

somos um povo de propriedade exclusiva de Deus. Por que somos raça eleita, nação santa, sacerdócio real? A resposta é por causa de Jesus Cristo e seu sacrifício vicário por toda a humanidade. Aqui também a ideia está no plural e não no singular. Pedro estava se dirigindo a igreja. Isso quer dizer que somos predestinados por Deus para salvação e a igreja de Cristo, não existe por causa dos predestinados, mas ao contrário, nós que somos os predestinados existimos porque a igreja existe.

Algumas pessoas dizem que Judas Iscariotes estava predestinado a trair a Jesus, mas as pessoas esquecem que a Bíblia diz em Jo 13.2 que o diabo "havia induzido" Judas a trair Jesus. Esse detalhe torna-se importante em relação a este assunto, porque vemos que o diabo não forçou Judas a trair Jesus, ele apenas induziu Judas a trair. A traição de Judas, foi um ato livre que o próprio Judas decidiu levar em frente, embora o diabo o tenha induzido. A decisão de cometer tal ato, partiu inteiramente de Judas, foi um ato livre, pois ele mesmo admitiu em Mt 27.4 que havia pecado após haver traído Jesus.

No evangelho de Marcos (Mc 14.10,11), é mais explícito quando escreveu que Judas encontrou com os principais sacerdotes e mediante a promessa de receber dinheiro, buscou uma ocasião oportuna para trair Jesus. Esta passagem desacredita a argumentação de que Judas estava predestinado e destinado a trair Jesus como normalmente se afirma.

Do mesmo modo, também a ideia que algumas

pessoas dizem que Deus dá a disposição de uns praticarem o bem e a outros não, é incoerente. No final, nós sabemos que quase sempre, os maus desejos são resultados de nossa natureza pecaminosa. Vamos a Bíblia que deve ser a nossa regra de fé e conduta, pois ela joga por terra essa tese. Sabemos através de seus relatos que Lúcifer e Adão foram criados perfeitos, ou seja, sem pecado; isso equivale dizer que nenhum dos dois tinha a natureza má ao serem criados, no entanto, mesmo assim, eles pecaram. Então devemos questionar: Quem causou o pecado de Lúcifer, se o pecado não existia? Por que Deus daria o desejo de fazer o bem somente a uns e não a todos?

Devemos ter em mente que Deus é essencialmente, por natureza, bom, ele não erra, não peca e não tenta ninguém, conforme Tg 1.13. Então, se dissermos que todos os desejos vem de Deus, implica dizer que Deus fez Lúcifer pecar, e isso quer dizer que Deus é a causa do pecado e assim, estaremos dizendo que Deus pecou. Se Deus pecou, Ele não é Deus, porque isso quer dizer que Deus seja bom e ruim ao mesmo tempo.

Também se dissermos que Deus dá apenas desejos bons, teremos outro problema em mãos e teríamos que responder por que Deus daria o desejo apenas a algumas pessoas de praticarem o bem e não a todos? A Bíblia afirma que Deus é amor em 1 Jo 4.16. Se Deus é a representação do próprio amor e a essência do amor reflete o seu caráter, então certamente ele ama a todos e não faz acepção de pessoas, conforme Rm 2.11.

Daí teríamos outro problema em explicar a origem

do desejo de Lúcifer de pecar, pois como podemos facilmente perceber, o desejo não veio de Deus. De forma alguma, poderemos pensar que Deus pode ser parcialmente amor, então, como Ele pode amar somente algumas pessoas, dando-lhes o desejo e a condição de serem salvos? Se Deus é amor e ama integralmente a todos. Esta prova de amor a todos os seres humanos, vemos quando Deus chega ao ponto de dar o seu filho para que não perecêssemos. Por que então, Ele não daria esse mesmo desejo a todos e somente a alguns eleitos?

Deus não predestinou a Lúcifer antes de cria-lo a ser o que ele é, porque como diz o Sl 119.137: justo é o Senhor e retos são os seus juízos, então, a resposta que podemos apresentar é que esse desejo só pode ter vindo do próprio Lúcifer. Se o desejo de pecar veio do próprio Lúcifer, então comprovamos que podemos utilizar o livre arbítrio e tomar atitudes que estão em desencontro com o desejo de Deus.

É importante dizer neste momento, que Deus não fez o diabo e nem fez o diabo pecar. Deus fez um anjo bom chamado Lúcifer e este pecou livremente. Deus fez apenas boas criaturas, veja o relato da criação em Gênesis, que diz "e viu Deus que era bom".

Neste meio tempo, podemos pensar que o livre arbítrio possa ser a origem do mal, pois temos a capacidade de escolher o bem que Deus nos destinou, como também temos a capacidade rejeitar esse mesmo bem. Gosto de dizer as pessoas que é muito bom ser livre, mas a liberdade pode dar asas ao mal, ou seja, pode tornar o mal possível, porque nós temos a capacidade de escolher coisas ruins, devido à nossa natureza pecaminosa.

Isto quer dizer apenas que a origem do mal, está no uso indevido da liberdade que temos e apenas nós, somos responsáveis pelas decisões que fazemos. Não tem desculpa para aliviar nossa incompetência, culpando o diabo ou quem quer que seja. A verdade é que herdamos a natureza pecaminosa e não podemos culpar nem mesmo a Deus por isso.

Um fato interessante é que mesmo herdando essa natureza pecaminosa, nós cristãos, ainda temos a capacidade de ouvir a voz de Deus. A Bíblia nos ensina que Deus criou o homem a sua imagem e semelhança e ao pecar, essa imagem não foi apagada, mas apenas desfigurada. Mesmo aqueles que chamamos de não salvos, tem a livre escolha de receber a salvação ou rejeitar a salvação que vem de Deus.

A realidade é que a salvação não depende do ser humano, depende única e exclusivamente de Deus. A salvação não vem pelas obras, a salvação vem pela graça de Deus para que ninguém se glorie, conforme está escrito em Ef 2.8,9.

Se a fé é dom de Deus, então ela é oferecida a todas as pessoas e não somente a algumas pessoas. Seria incoerente Deus ordenar que nos arrependêssemos de nossos pecados, se não providenciasse salvação para todos. Está escrito em 1 Tm 2.3,4 *"Porque isto é bom e agradável diante de Deus nosso Salvador, que quer que todos os homens se salvem, e venham ao conhecimento da verdade"*.

Deus amou o mundo de tal maneira que deu seu filho para ser nossa propiciação. Jesus não morreu na cruz para que alguns poucos eleitos fossem salvos. Jesus morreu na cruz pelos pecados de todo o mundo, de toda a humanidade, conforme 1 Jo 2.2.

Alguém pode até dizer que a doutrina da predestinação conflita com o livre arbítrio, mas a verdade é que até o momento, nenhum estudioso argumentou que existe conflito entre os acontecimentos predeterminados por Deus e a livre escolha que temos em nossos atos. É interessante dizer que um acontecimento pode ser livre e determinado ao mesmo tempo, pois apesar de nossas ações serem livres, elas também são determinadas do ponto de vista da presciência de Deus.

Simplificando, isso quer dizer que nossas ações são livres com relação à nossa escolha, mas são também determinadas em relação a presciência que Deus tem de nossos atos e isso não pode ser chamado de conflito. Para haver conflito, uma posição tem que ser verdadeira enquanto a outra tem deve necessariamente, ser falsa e como podemos ver, as duas opções são verdadeiras, elas não se contradizem.

Acontece que os cristãos de um modo geral, defendem a soberania divina e também a liberdade que temos de agir, mas quando acontece algo de ruim com eles, normalmente tem-se a tendência de enfatizar uma delas em detrimento a outra. Nós somos livres para aceitar ou rejeitar a Deus e as suas verdades, é o primeiro ponto a considerar.

Apesar de Deus ser soberano sobre todo o

universo, Ele não usará meios para nos forçar a aceitar o ponto de vista divino, mas poderá utilizar influência das circunstâncias que possa nos levar entender essa realidade e possibilitar meios, caso nós queiramos, para seguir o caminho que deve ser trilhado. Em resumo, podemos dizer que nossas ações são livres e que Deus determina que assim seja feito. Deus é soberano e está no controle de tudo no sentido de que realmente determina o que acontece, mas o ser humano, ou seja, cada um de nós, individualmente, é responsável pela própria escolha.

A predestinação de Deus e a livre escolha que temos acaba sendo uma espécie de mistério, mas nunca uma contradição e pode até ser complementar uma da outra. Não devemos separar a presciência de Deus e sua predeterminação, pois antes da própria eternidade, mesmo antes dele criar o mundo e mesmo antes que nascêssemos, Deus sabe exatamente o que haveríamos de fazer. Lembrando que Deus não nos força a fazer as coisas, pois tudo aquilo que é forçado, não é livre. Com isso podemos dizer: somos eleitos, mas livres para fazer nossas escolhas e também sofrer as consequências dessas escolhas.

É um erro pensar que não podemos resistir à graça de Deus, pois até a graça de Deus tem uma condição e essa condição é o arrependimento. Não estou me referindo a graça irresistível dos cinco pontos do calvinismo, o que estou tentando dizer é que um coração não arrependido, pode resistir a vontade de Deus, tanto é que sabemos que muitos serão salvos, do mesmo modo que muitos já se encontram perdidos.

A graça de Deus somente é irresistível para aquele que a deseja verdadeiramente. A Bíblia é a Palavra de Deus e afirma tanto a soberania de Deus quanto à livre escolha que temos, ensina também que Deus está no controle de todas as coisas, que os seres humanos podem fazer suas próprias escolhas, podem receber a salvação ou mesmo rejeitá-la. Não há contradição em sermos co-cooperadores entre a soberania de Deus e o livre arbítrio.

O detalhe é que Deus está no controle de tudo e que recebemos a capacidade de escolher, somos eleitos e ao mesmo tempo somos livres. Deus nos pede apenas que creiamos nele, em seu filho Jesus Cristo, que tomemos a nossa cruz e o sigamos, não que as harmonizemos todas as coisas.

A questão que pode ser um pouco difícil de digerir, encontra-se provavelmente no conhecimento que temos a respeito da onisciência de Deus, dele saber antecipadamente o que faremos e ainda assim poder afirmar que somos livres. Creio que Deus é onisciente, porém também creio que Ele não determina que a maneira de como agiremos, embora já esteja preestabelecido. O futuro para Deus não existe, o futuro para Deus é agora. Deus independe do tempo, por isso o passado, o presente e o futuro; é; para Deus e não foi ou será.

Com isso em mente, posso dizer que apesar da onisciência de Deus; de Ele saber antecipadamente todos nossos atos e pensamentos, mesmo utilizando nossa livre vontade de decidir, Ele continua controlando todos os eventos da história de nossa vida, sem que sejamos uma marionete em suas mãos. Lembrem-se que dentro do atributo da onisciência de Deus, está a presciência de Deus.

Devemos nos lembrar ainda que as escolhas que fazemos, normalmente são feitas com base, na maioria das vezes, na razão, por isso, creio que as coisas acontecem porque foram determinadas mediante uma causa. Não creio que tudo que acontece seja porque não haveria outra maneira dela acontecer, mas porque é consequência do ato que decidimos tomar. Podemos até nos perguntar Deus é soberano sobre todas as coisas e como podemos ser livres para aceitar ou mesmo rejeitar a vontade de Deus? Como os planos de Deus podem se cumprir, se a Bíblia diz que nenhum de seus planos podem ser frustrados?

A resposta que posso apresentar para estas perguntas, é que acredito na soberania de Deus e que Ele está no governo de tudo que acontece, no entanto, Deus pode ao mesmo tempo, garantir que seus objetivos sejam atingidos de maneira livre, sem que Ele nos force a fazer tal coisa; pois creio que o decreto de Deus, inclui não apenas os fins determinados por Ele, mas também as formas com que faremos para que seus planos sejam atingidos.

Essas formas, nada mais são do que as circunstâncias do momento que nos leva a tomar algumas atitudes e mesmo assim, a vontade soberana de Deus não está naquilo que Ele prevê que acontecerá, mas determina os fatos que Ele decreta. O que estou tentando dizer é que algumas coisas, compete apenas a Deus realizar e a maioria é feito por nós.

Deus não prevê o que vai acontecer, Ele

simplesmente sabe o que vai acontecer. A presciência de Deus não significa que Ele tenha preordenado tudo o que acontecerá e nem que Ele preveja os acontecimentos antes de ocorrem, Deus não prevê os fatos, Ele apenas conhece os fatos. Também, a soberania de Deus não quer dizer que Ele pode realizar tudo o que deseja e muito menos que tudo que acontece esteja segundo a sua vontade. O exemplo clássico disso somos nós mesmos, pois sabemos que a vontade soberana de Deus é que todos sejam salvos, conforme está escrito em 1 Tm 2.3,4, no entanto, sabemos que nem todos se salvarão.

Isso também vale para sua onipotência, pois a palavra onipotente, segundo os dicionários, quer dizer "que pode tudo; que tem poder absoluto; todo-poderoso". Assim a onipotência de Deus está restrita a alguns outros atributos divinos. O conceito de onipotência que temos, é de certa forma muito distorcida, pois acreditamos que se pode realizar qualquer coisa sem depender de quem quer que seja. Deus não é assim, pois existe conceitos que normalmente desprezamos.

Um exemplo citado por aqueles que desejam provar que Deus não é onipotente, costuma perguntar se Deus pode criar qualquer coisa, diante de uma resposta afirmativa, eles costumam perguntar se Deus pode criar uma pedra tão grande e tão pesada que seja impossível de se levantar. Normalmente, pensando pela lógica humana, respondemos que sim, então eles concluem, se existe uma pedra que é impossível de se levantar, então Deus não é onipotente, pois existe algo que ele não conseguirá fazer.

Outro exemplo muito popular, é dizer se Deus pode criar um círculo quadrado. Devido a essas incoerências ou exemplos ridículos, temos aqui uma boa argumentação que a palavra onipotente, não tem o significado normalmente aplicado ou imaginado por nós, seres humanos, visto que racionalmente, sabemos que há determinadas coisas que são impossíveis fazer, no entanto, tal impossibilidade de realizar determinado ato não contraria sua onipotência e o simples fato de perguntar se Deus pode criar um círculo quadrado, demonstra antes de tudo, a ignorância de quem pergunta.

O fato é que um Deus onipotente, onisciente não erra acerca do que Ele, desde a eternidade já sabe, mesmo que entre algumas variáveis como o ser humano e o livre arbítrio, pois um ato pode ser determinado no ponto de vista da presciência de Deus e ao mesmo tempo ser livre do ponto de vista humano. É certo de que a soberania divina e o livre arbítrio que conhecemos, é um mistério que está além da lógica humana.

Alguns estudiosos defendem a tese de que a soberania de Deus está no fato dele existir por si mesmo e de criar tudo ex nihilo, ou seja, a partir do nada, ou como diz a Bíblia Sagrada, criou as coisas pelo poder de sua palavra. Mas voltemos a questão de sermos responsáveis por cada uma de nossas ações. O ponto crucial não é se essas ações foram determinadas por Deus, mas a maneira como elas foram determinadas.

Por exemplo, quando fazemos alguma coisa de livre e espontânea vontade, somos moralmente responsáveis pelos nossos atos, mas quanto somos forçados sob ameaças a fazer algo contra nossa vontade ou como dizem, de livre e espontânea pressão, apesar de termos parcela de culpa, nós não fomos livres em escolher praticar ou não fazer aquele ato. Nesse caso, até mesmo a lei humana que falha em diversos pontos, atribui um certo grau de culpabilidade àquele que praticou o ato, sem isentá-lo integralmente. Simplificando o que estou tentando dizer, é que Deus sabe todas as coisas, inclusive os meios e os fins de como acontecerá, porque tudo que acontece está dentro da vontade permissiva de Deus.

Já que falamos da vontade permissiva de Deus, vale a pena lembrar que existe uma grande diferença entre a vontade de Deus e a vontade permissiva de Deus. Sabemos que a vontade de Deus é sempre boa, porém a vontade permissiva de Deus, é aquilo que Deus permite que aconteça e que normalmente está contra seus bons desejos para nós.

Devemos ainda abordar outro assunto que parece não ter ficado claro que é sobre aqueles que Deus predestinou a serem salvos. Minha concepção a respeito é contrária, pois se Deus predestinasse algumas pessoas à salvação, então Ele seria um Deus separatista que faz acepção de pessoas, conforme Dt 10.17; At 10.34 e Rm 2.11, então Ele não poderia ser Deus, mas apenas mais um deus qualquer.

O problema é que fazer acepção de pessoas, é condenável pela Bíblia, Tg 2.9 diz: *"Mas, se fazeis acepção de pessoas, cometeis pecado, e sois redarguidos pela lei como transgressores*". Se fazer acepção de pessoa é cometer pecado, então Deus nunca e em hipótese alguma poderia fazer. Então, dizer que Deus predestinou apenas alguns para a salvação é torcer o que as Escrituras dizem.

Levando ainda em consideração do fato de que se Deus predestinou alguns para salvação e a outros não, então, a salvação não teria como base a graça divina, mas naquilo que fazemos para alcançar a salvação. A Bíblia nos ensina que a salvação não depende dos seres humanos, mas da misericórdia de Deus.

Vejamos o que está escrito em Tt 3.5-7: *"Não pelas obras de justiça que houvéssemos feito, mas segundo a sua misericórdia, nos salvou pela lavagem da regeneração e da renovação do Espírito Santo, que abundantemente ele derramou sobre nós por Jesus Cristo nosso Salvador; para que, sendo justificados pela sua graça, sejamos feitos herdeiros segundo a esperança da vida eterna"*. "É somente pela misericórdia divina que somos libertos da pena de nosso pecado. A expressão lavagem da regeneração se refere à obra do Espírito Santo, que, em um momento, renova a pessoa por meio da limpeza da regeneração (o novo nascimento). Essa nova natureza é a base para uma vida cristã e a realização das boas obras (RADMACHR, ALLEN, HOUSE, 2010, pág. 627).

O ser humano pode ser infiel a Deus, porém, Deus nunca poderá ser infiel a quem quer que seja, pois Ele estaria negando a si mesmo e isso está em conformidade com o que está escrito em 2 Tm 2.13: *"Se somos infiéis, ele permanece fiel, pois de maneira nenhuma pode negar-se a si mesmo*". Só isso basta para dizer que a salvação nunca dependeu do ser humano para que o homem possa se gloriar, mas sempre dependeu de Deus e de sua eterna misericórdia e graça.

Em outras palavras, isso quer dizer que para sermos salvos, existe uma condição: o arrependimento que gera a fé salvadora e não a nossa vontade em ser salvo, pois como somos pecadores, não podemos salvar a nós mesmos. No entanto, podemos recebê-la, pois nossa fé é a condição para Deus nos conceder a salvação e isso é inegociável.

Creio que as pessoas tem a liberdade de fazer suas escolhas, por isso digo que as pessoas tem o poder de aceitar as coisas de Deus e até mesmo rejeitá-la, pois as pessoas podem optar em aceitar ou rejeitar o plano de salvação proposto por Deus. No entanto, mesmo que elas rejeitem, isso de nada impedirá a vinda do reino de Deus, conforme aguardamos.

Como disse anteriormente, temos o poder de rejeitar até as bênçãos de Deus para nós mesmos, mas não podemos ser capazes de frustrar os planos de Deus para o mundo, pois isso é uma atitude parecida dos escribas que rejeitaram os propósito de Deus para a vida deles, conforme descrição de Lc 7.30a que diz que os fariseus e doutores da lei rejeitaram o conselho de Deus.

Deus predeterminou a salvação de todos, mas nem todos serão salvos, apenas aqueles que participam da igreja de Cristo, pois é a igreja de Cristo que está predestinada ir para o céu e aqueles que rejeitarem essa predestinação, sabem para onde irão. Por este motivo, não creio que Deus tenha predestinado somente alguns para a salvação e escolheu aleatoriamente outros para a perdição. Nós temos o livre arbítrio, a livre escolha para decidirmos o que queremos, somos inteligentes, temos vontade própria, temos sentimentos e nossas escolhas acabam sendo baseadas nesses itens.

Deus nos deu o livre arbítrio, ou seja, Ele nos deu o direito de decidir, porque somos uma pessoa que pensa, analisa a questão e decide o que quer. Você quer ver que temos vontade própria e que podemos fazer escolhas? Dt 30.15-19 está escrito:

Vê que proponho hoje, a vida e o bem, a morte e o mal; se guardares o mandamento que hoje te ordeno, que ames o Senhor, teu Deus, andes nos seus caminhos, e guardes os seus mandamentos, e os seus estatutos, e os seus juízos; então, viverás e te multiplicarás, e o senhor, teu Deus, te abençoará na terra à qual passas para possuí-la. Porém, se o teu coração se desviar e não quiseres dar ouvidos e fores seduzido, e te inclinares a outros deuses e os servires, então, hoje, te declaro que, certamente, perecerás, não permanecerás longo tempo na terra à qual vais, passando o Jordão, para a possuíres. Os céus e a terra tomo, hoje, por testemunhas contra ti, que te propus a vida e a morte, a bênção e a maldição; escolhe, pois, a vida, para que vivas, tu e a tua descendência

Sabemos pelas Escrituras que Deus predestinou Israel à terra prometida, no entanto, aqui nestes versículos, Deus trata não um povo, uma nação, mas trata individualmente com cada pessoa. Podemos ver isso nas palavras *"hoje te tenho proposto"* no versículo 15 e *"escolhe pois"* no versículo 19. Se tudo que o homem faz está predestinado, então por que Deus diz para a pessoa escolher?

Ez 18.20-24 está escrito: *"A alma que pecar, essa morrerá; o filho não levará a iniquidade do pai, nem o pai, a iniquidade do filho; a justiça do justo ficará sobre ele, e a perversidade do perverso cairá sobre este. Mas, se o perverso se converter de todos os pecados que cometeu, e guardar todos os meus estatutos, e fizer o que é reto e justo, certamente, viverá; não será morto. De todas as transgressões que cometeu não haverá lembrança contra ele; pela justiça que praticou, viverá. Acaso, tenho eu prazer na morte do perverso? – diz o Senhor Deus; não desejo eu, antes, que ele se converta dos seus caminhos e viva? Mas, desviando-se o justo da sua justiça e cometendo iniquidade, fazendo segundo todas as abominações que faz o perverso, acaso, viverá? De todos os males de justiça que tiver praticado não se fará memória; na sua transgressão com que transgrediu e no seu pecado que cometeu, neles morrerá"*.

Atentem para as palavras do versículo 21 *"se o ímpio se converter de todos os pecados que cometeu"* e no versículo 24 *"desviando-se o justo da sua justiça, e cometendo a iniquidade"*, é muito importante, porque diz que o justo pode deixar de ser justo e o ímpio pode deixar de ser ímpio por livre escolha. Então, se houvesse predestinação no sentido de Deus escolher antecipadamente uns para o céu e outros para o inferno, Deus não diria que desejava a conversão do ímpio dos caminhos dele e que ele viva. A questão aqui está em Deus desejar algo e fazer outra coisa.

Os textos neotestamentários também indicam que Deus tem direito de escolher e que o homem não está predestinado a ir para o inferno ou céu, mas dependerá de sua escolha pessoal: Hb 10.38 está escrito que o justo viverá da fé e caso o justo recuse, Deus não terá prazer nele. Chamo novamente a atenção para a palavra "se ele recusar". Outra passagem que nos mostra que temos a liberdade de escolher, está no fato de recebermos um convite da parte de Jesus para entrar pela porta estreita em Mt 7.13,14; se não tivéssemos a liberdade de escolher, então Jesus mandaria entrar.

Jesus mostra as duas portas e que uma delas leva a perdição, enquanto a outra leva a salvação, então aconselha, dizendo "entrai". Quem decide em qual porta vai entrar é você, Jesus te deu a opção, os meios e o conhecimento de qual porta deve-se entrar. Mais uma passagem que mostra que somos nós que decidimos, é quando Jesus apresentando seu discurso em Jo 6 a partir do versículo 22, começa apertar o seu discurso e seus discípulos no versículo 60 chegam a ponto de dizer "duro é este discurso". No versículo 66 diz que muitos discípulos o deixaram de seguir e no versículo 67 Jesus vira para os 12 e pergunta: *"Quereis vós também retirar-vos?"*. Olha Jesus dando aí opção de escolha para os discípulos restantes e não determinando ou mandando o que eles deveriam fazer.

O fato é que Deus deseja a salvação para todos e não escolhe, nem determina ou predestina alguém para salvação porque Deus não faz acepção de pessoas e Deus é amor conforme 1 Jo 4.16 e se Deus deseja a salvação de todos, não faz acepção de pessoas, então Ele não predestinou alguns para salvação e outros para perdição, mas com toda certeza, preparou uma salvação que contempla todos os homens e não apenas a alguns predestinados.

Tt 2.11 está escrito: *"Porque a graça de Deus se há manifestado, trazendo salvação a todos os homens"*. Observem que o versículo também afirma que Deus trouxe salvação a todos os homens e não apenas aos predestinados. Essa salvação que a graça de Deus trouxe a todos os homens para salvação, é Jesus Cristo que foi morto desde a fundação do mundo, conforme Ap 13.8.

Isso por si só demonstra que Deus preparou um plano de salvação para todos os homens antes da fundação do mundo, para que pudéssemos nos salvar do inferno. A salvação é individual, no entanto o plano de salvação de Deus não é para poucos predestinados, mas para todos os homens.

Deus quer que todos se salvem; a graça de Deus é para todos; por este motivo é que Ele nos convida a decidir e não decidiu por nós antes de nascermos. Jesus disse em Jo 10.9: *"eu sou a porta, se alguém entrar por mim, salvar-se-á, e entrará, e sairá, e achará pastagens"*. Eis aí outro convite, se alguém entrar por mim; e em nome de Jesus Cristo, eu te convido a entrar por esta porta. Decida, você foi predestinado para a salvação desde a eternidade, mas somente você pode tomar a decisão de ser salvo ou não.

Ap 3.20 está escrito: *"Eis que estou à porta, e bato; se alguém ouvir a minha voz, e abrir a porta, entrarei em sua casa, e com ele cearei, e ele comigo"*. Você é livre para abrir esta porta ou deixá-la fechada. Se você decidir abrir, Ele vai entrar e cear com você e cear no sentido bíblico, é ter um relacionamento mais íntimo e não apenas o simples ato de comer. Por esse motivo, ore, busque a Deus, seja fiel a Ele e como me referi anteriormente, mesmo que você não entenda todos os aspectos da predestinação, eleição e livre arbítrio, não se preocupe com essas questões teológicas, porque Deus quer que creiamos nele e não que harmonizemos todas as coisas.

Fontes de consulta

ANDRADE, Claudionor Corrêa de – Dicionário Teológico, Nova Edição Revista e Ampliada – Um suplemento biográfico dos grandes teólogos e pensadores, Casa Publicadora das Assembleias de Deus, Rio de Janeiro, 2010

BEAUMONT, Mike – Enciclopédia Bíblica Ilustrada, Sociedade Bíblica do Brasil, São Paulo, 2013

Bíblia de Estudo Aplicação Pessoal – Casa Publicadora das Assembleias de Deus, Rio de Janeiro, 2009

Bíblia de Estudo de Genebra – Editora Cultura Cristã e Sociedade Bíblica do Brasil, São Paulo, 2009

Bíblia de Estudos – Batalha espiritual e Vitória financeira – Editora Central Gospel, 2007, Rio de Janeiro.

Bíblia de Estudo Dake – Casa Publicadora das Assembleias de Deus, Rio de Janeiro, 2009

Bíblia de Estudo MacArthur – Sociedade Bíblica do Brasil – São Paulo, 2011

Bíblia de Estudo Nova Versão Internacional – Editora Vida, São Paulo, 2003

Bíblia de Estudo Scofield – Sociedade Bíblica Trinitariana do Brasil, São Paulo, 2009

Bíblia Sagrada – ARC, Geográfica Editora, São Paulo, 2016

BOA, Kennetth D. & JR., Robert M. Bowman – 20 evidências de que Deus existe – Descubra por que crer em Deus faz tanto sentido, Casas Publicadoras das Assembleias de Deus, Rio de Janeiro, 2008

BOICE, James Montgomery – Fundamentos da fé cristã – Um manual de teologia ao alcance de todos, Editora Central Gospel, Rio de Janeiro, 2011

BRUCE, F. F. – Comentário Bíblico NVI – Antigo e Novo Testamento, Editora Vida, São Paulo, 2012

BUCKLAND, A. R. & WILLIAMS, Lukyn – Dicionário Bíblico Universal, Editora Vida Acadêmica, São Paulo, 2007

Catecismo da igreja católica – Edição revisada em acordo com o texto oficial em latim – Editora Loyla, São Paulo, 1999

CHAFER, Lewis – Sperry – Teologia Sistemática, Editora Hagnos, São Paulo, 2003

CHAMPLIN, R. N. – O Antigo Testamento interpretado versículo por versículo – Editora Hagnos, São Paulo, 2001

CHAMPLIN, R. N. – O Novo Testamento interpretado versículo por versículo – Editora Hagnos, São Paulo, 2014

CINTRA, Ângela Valadão – Escola dos Gideões da oração – Volume 1 – Belo Horizonte, 2006

COENEN, Lothar & BROWN, Colin – Dicionário Internacional de Teologia do Novo Testamento, Editora Vida Nova, São Paulo, 2000

DANIEL, Silas – A sedução das novas teologias – O perigo por trás de modismos como Igreja Emergente, Teologia Narrativa, Teísmo Aberto, Teologia Quântica, Ortodoxia Generosa e Evangelho da Auto-Ajuda, Casas Publicadoras das Assembleias de Deus, Rio de Janeiro, 2007

Dicionário da Bíblia de Almeida 2ª Edição – Sociedade Bíblica do Brasil, São Paulo, 2009

Dicionário on-line de Português

DOUGLAS, J. D. – O novo Dicionário da Bíblia, Editora Nova Vida, São Paulo, 2006

ERICKSON, Millard J. – Dicionário Popular de Teologia, Editora Mundo Cristão, São Paulo, 2011

FALWELL, Jerry – O jejum bíblico – Por que? Quando? Como? – Editora Betânia, Belo Horizonte, 1983

GARDNER, Paul – Quem é quem na Bíblia Sagrada – Editora Vida Acadêmica, São Paulo, 2008

GEISLER, Norman – Enciclopédia Apologética – Respostas aos críticos da fé cristã, Editora Vida, São Paulo, 2002

GOMES, Geziel - Onde encontrar na Bíblia? – Editora Central Gospel – Rio de Janeiro, 2008

Grande Enciclopédia Delta Larousse, Editora Delta S/A, 1971, Rio de Janeiro

Grande Enciclopédia Larousse Cultural, Editora Nova Cultural, 1995

GRUDEM, Wayne – Teologia Sistemática, Atual e Exaustiva – Editora Nova Vida, São Paulo, 1999

HIGGINBOTHAM, David – Crentes possessos – 12 sinais de possessão ou opressão – Unipro Editora, Rio de Janeiro, 2011

HUNT, Dave – Em defesa da fé cristã – Respostas a perguntas difíceis, Casa Publicadora das Assembleias de Deus, Rio de Janeiro, 2006

JOINER, Eduardo – Manual Prático de Teologia – Editora Central Gospel, Rio de Janeiro, 2004

KARDEC, Allan – O livro dos médiuns ou Guia dos médiuns e dos evocadores, Editora Pensamento, São Paulo, 1963

KARDEC, Allan – O céu e o inferno – ou a justiça divina segundo o espiritismo – Federação Espírita Brasileira, Rio de Janeiro, 1995

KREEFT, Peter & TACELLI, Ronald K. - Manual de Defesa da Fé – Apologética Cristã – Editora Central Gospel – Rio de Janeiro, 2008

LADD, George – Série Cultura Bíblica – Apocalipse, Introdução e Comentário, Editora Vida Nova, São Paulo, 2008

LANGSTON, A. B. – Esboço de Teologia Sistemática, Editora JUERP, Rio de Janeiro, 1999

LAWRENCE, Paul – Atlas Histórico e Geográfico da Bíblia, Sociedade Bíblica do Brasil, São Paulo, 2008

LITTLE, Paul E. – Saiba em quem você crê – A conexão entre Deus e o homem, Editora Central Gospel, Rio de Janeiro, 2009

LOPES, Hernandes Dias – Comentários Expositivos Hagnos – Apocalipse – O futuro chegou – As coisas que em breve deve acontecer, Editora Hagnos, São Paulo, 2005

LOPES, Hernandes Dias – Comentários Expositivos Hagnos – Tiago – Transformando provas em triunfo, Editora Hagnos, São Paulo, 2006

LOPES, Hernandes Dias – Comentários Expositivos Hagnos – 2 Coríntios – O triunfo de um homem de Deus diante das dificuldades, Editora Hagnos, São Paulo, 2007

LOPES, Hernandes Dias – Comentários Expositivos Hagnos – 1 Coríntios – Como resolver conflitos na Igreja, Editora Hagnos, São Paulo, 2008

LOPES, Hernandes Dias – Comentários Expositivos Hagnos – João, As glórias do Filho de Deus, Editora Hagnos, São Paulo, 2015

MALAFAIA, Silas Vencendo as tentações – Editora Central Gospel, Rio de Janeiro, 2007

Manual Bíblico SBB – Sociedade Bíblica do Brasil, São Paulo, 2008

MATHER, George A. & NICHOLS, Larry A. – Dicionário de religiões, crenças e ocultismo, Editora Vida, São Paulo, 2007

MCDOWELL, Josh – Novas evidências que demandam um

veredito – Evidência I & II, Editora Hagnos, São Paulo, 2013

MCGRATH, Alister E. – Teologia Sistemática, Histórica e Filosófica – Uma introdução à teologia cristã, Shedd Publicações, São Paulo, 2005

MENZIES, Wiliam W. & HORTON, Stanley M. – Doutrinas Bíblicas – Os fundamentos da nossa fé, Casa Publicadora das Assembleias de Deus, Rio de Janeiro, 2011

MILLER, Stephen M. e HUBER, Robert V. – A Bíblia e sua história – O surgimento e o impacto da Bíblia, Sociedade Bíblica do Brasil, São Paulo, 2007

OLIVEIRA, Oséias Gomes – Concordância Bíblica Exaustiva Joshua, Editora Central Gospel, Rio de Janeiro, 2012

PFEIFFER, Charles J, VOS, Howard J., REA, John – Dicionário Bíblico Wycliffe, Casa Publicadora das Assembleias de Deus, Rio de Janeiro, 2009

RADMACHER, Earl D., ALLEN, Ronald B., HOUSE, H. Wayne – O novo comentário bíblico – Novo Testamento – com recursos adicionais, Editora Central Gospel, Rio de Janeiro, 2010

SCHÜLER, Arnaldo – Dicionário Enciclopédico de Teologia, Universidade Luterana do Brasil e Concórdia Editora, Porto Alegre, 2002

TARRY, Joe E. – As armadilhas de Satanás contra o povo de Deus – Um estudo no Velho Testamento, Editora

Hosana, São Paulo, 2005

TOGNINI, Enéas – O Período Interbíblico – 400 anos de silêncio profético, Editora Hagnos, São Paulo, 2009

WIERSBE, Warren W. – Comentário Bíblico Expositivo – Novo Testamento 2, Geográfica Editora, São Paulo, 2008

SOBRE O AUTOR

Márcio José Pinheiro, é Bacharel em Teologia pelas Faculdades Pan-Americana e Unitheo. Casado com Maria Aparecida e pai de dois filhos Renato Luiz e Ricardo Luiz.

Outros títulos do autor:

- A ilusão das drogas

- Líderes, liderança e liderados

- Orientações práticas para noivos e casais

- A filosofia kardecista segundo a Bíblia

- A propiciação pelos nossos pecados

- O Catolicismo Romano – Seus ensinamentos segundo a história e Bíblia Sagrada (Edição revisada e ampliada)

- A Maçonaria à luz da Bíblia

- Verdades bíblicas sobre dons espirituais

- Dom de línguas – O que a Bíblia ensina

- Festa Junina – O que todo cristão deve saber

- A propiciação pelos nossos pecados

- A páscoa cristã

- Ofertas – O que a Bíblia diz a respeito

- Dízimo – Nosso relacionamento com Deus

- Jejum – O entendimento bíblico

- Por que aceitar Jesus? Cinco passos para sua decisão

- Batismo – Um passo de fé

- Entendendo o livro de Rute - A história de uma moabita dos tempos bíblicos

www.ingramcontent.com/pod-product-compliance
Lightning Source LLC
Chambersburg PA
CBHW020827160426
43192CB00007B/551